세대욕망

일러두기

1. 이 책에 등장하는 각 데이터의 출처는 특별한 표시가 없다면 아래와 같다.

   – 설문조사: 대홍기획 한국인의 가치관 및 라이프스타일 조사(서울·수도권 15~64세
   　　　　　 남녀 2,000명 대상)

   – 소셜빅데이터: 대홍기획 소셜빅데이터 분석 플랫폼 디빅스

2. 이 책에서 구분하는 총 다섯 가지 세대의 출생 연도별 구분은 아래와 같다.

   – 알파 세대: 2010년 이후 출생

   – Z세대: 1996~2009년생 (성인 Z세대는 1996~2004년생)

   – 밀레니얼 세대: 1980~1995년생

   – X세대: 1970~1979년생

   – 베이비부머 세대: 1955~1969년생

3. 차트의 단위에 표기된 Top2%란 5점 척도 설문에서 응답자들이 4점(동의함)과 5점
   (매우 동의함)에 응답한 비율을 합산한 값을 의미한다.

4. 외래어 표기는 국립국어원의 외래어표기법을 따랐으나, 일반적으로 굳어진 표현은
   존중했다.

세대욕망

대홍기획 데이터인사이트팀
강승혜 이수진 채수정

알파에서 베이비부머까지

욕망의 방향

데이터로 읽어낸

한스미디어

추천의 글

세계 정세의 불안과 함께 작금의 경제 상황은 많은 기업들에게 큰 도전을 안겨주고 있습니다. 이는 광고 시장에서도 예외가 아닙니다. 전문가들은 경제의 불확실성 속에서 광고 시장이 앞으로도 쉽지 않을 것임을 전망하고 있습니다. 그러나 이러한 어려움 속에서도, 광고 업계는 늘 선두에서 트렌드를 이끌며 끊임없이 변화하고 진화해왔습니다. 소비자 행동, 구매 패턴 등 방대한 양의 데이터를 AI가 분석하여 캠페인의 효율성을 극대화하는 데 사용되기도 하고, 크리에이티브 단계에서 AI로 제작한 광고가 등장하기도 했습니다. 이렇듯 AI의 부상은 이미 광고 시장에 혁신적인 변화를 가져오기 시작했으나 분명한 것은 그것들을 전략적으로 활용하고, 창의적인 아이디어로 뒷받침하며, 인간적인 감성을 불어넣는 것은 변함없이 사람의 몫이라는 것입니다.

그래서 광고는 여전히 소비자의 욕망을 추적하고, 그들의 진짜 속마음이 무엇인지를 파악하는 데 집중하고 있습니다. 이는 광고가 단순히 상품을 판매하는 수단을 넘어, 소비자의 삶과 깊이 연결되어 있음을 의미합니다. 대홍기획은 한국의 광고 시장에서 앞장서 끊임없이 소비자의 욕망과 행동을 탐색하고, 탐구해왔습니다. 과거에도 소비자 인식과 행동을 바탕으로 한국인들의 소비 행동 및 라이프스타일 변화를 수록한『한국사람들』을 발간한 바 있습니다. 지금은 데이터 분석 전문가들을 중심으로 롯데그룹의 유통사 구매 행동 빅데이터는 물론 대홍기획 고유의 소셜빅데이터 분석 플랫폼인 '디빅스'를 활용하여 깊은 통찰을 제시하고 있습니다. 이를 토대로 회사 구성원 모두가 소비자 이해를 기반으로 광고주의 성공을 위한 마케팅과 캠페인 전략을 실행해오고 있습니다.

『세대욕망』은 바로 이러한 대홍기획의 오랜 노력이 총망라된 서적입니다. 대홍기획의 통찰이 담긴 이 책이 많은 광고인과 마케터, 그리고 시대의 변화를 읽고자 하는 모든 이들에게 소중한 가이드가 되길 바랍니다.

2024년 2월

대홍기획 대표이사 홍성현

우리 시대 전 세대를 망라한
소비 욕망의 실체를 마주하다

30여 년 전, 대학에 갓 입학했을 때 모든 미디어에서 우리 또래들을 X세대라 부르며 정체성을 도대체 알 수 없는 이상야릇한 집단으로 묘사했습니다. 대중매체 발달과 그에 따른 문화 개방의 시류 속에 문화의 다양성에 거부감이 없는 세대, 오히려 흡수한 문화를 독특하고 개성 있게 내면화시켜 자기만의 강한 세계관을 갖고 있는 세대로 불렀습니다. 심지어 당대의 유명 남자 배우가 등장한 "나를 알 수 있는 건 오직 나"라며 외쳐대는 X세대 화장품은 'X세대' 자체를 도발적 화두로 제시하며 시장의 1등 브랜드를 제치고 그해 가장 높은 시장 점유율을 달성했습니다. 시대가 주목한 특정 세대가 또 다시 그 시대의 사회·문화 현상들에 영향을 주고 소비를 주도하는 주체가 됨으로써 '특정하게 묘사되는 세대'에 대한 연구와 담론은 끊임없이 이어졌고 마케팅 전략을 구상하는 핵심적인 요소가 되었습니다.

대홍기획의 『세대욕망』은 그런 맥락에서 출발했습니다. '특정하게 묘사되는 세대', 그 세대 간에 나타나는 특징과 다양성을 일시적인 현상이나 트렌드로 읽어내기보다 합리적·과학적으로 이해하기 위해 다방면으로 스캐닝하고자 했습니다. 가치관, 경제관, 소비관, 직업관 등은 객관적인 데이터로 차이를 읽어내고자 했습니다. 각 세대가 보유한 관점의 차이를 밝히기 위해 그 세대가 경험한 정치, 경제, 사회, 문화, 역사 등 외부 환경의 요인을 추적하였으며 서베이 데이터와 소셜빅데이터를 통해서 동시대의 세대별 라이프스타일을 조명했습니다. 그리고 이 모든 것을 통해 변화가 상수인 시대에 세대의 소비 욕망을 어떻게 자극할 수 있을지 혜안을 제시하려고 했습니다. 세대에 대한 수많은 콘텐츠가 존재하고 있지만 전 세대를 총망라한 깊이 있는 탐구는 단언컨대 대홍기획의 『세대욕망』이 처음일 것으로 생각됩니다.

광고 회사란 매우 바쁘고 분주한 곳이어서 집필 과정이 녹록지 않았지만 많은 분의 응원과 지지가 있기에 가능했습니다. 우리의 실력과 열정을 믿고 집필의 기회와 힘을 보태어주신 홍성현 대표님께 깊은 감사의 말씀을 전합니다. 집필하는 내내 콘텐츠의 우수성에 대해 지지하고 물심양면으로 지원해주신 양수경 상무님, 책의 완성도를 위해 끝까지 여러 생각과 말씀을 보태주신 권오승 상무님께도 감사한 마음을 보냅니다. 무엇보다 세대와 시대를 탄탄하게, 꼼꼼하게, 촘촘하게 읽어내어 높은 수준의 생각과 통찰로 『세대욕망』을 기획하고 집필을 주도한 강승혜 팀장과 데이터인사이트팀 모든 구성원의 노력과 열정에 무한한 감사와 박수를 보냅니다. 『세대욕망』이 제시하는 해석과 통찰이 브랜드와 소비자 간의 소통을 새로운 차원으로 이끌어가는 데 도움이 되길 바라며 마케팅의 미래를 밝히는 데 기여하기를 바랍니다.

2024년 2월
대홍기획 마케팅인사이트부문장 성지연

광고대행사가
'세대'를 논한다는 것

2023년 초, 광고대행사를 소재로 한 JTBC 드라마 〈대행사〉가 인기를 끌었다. 디테일을 보면 실상과 맞지 않는 부분도 많았지만 그래도 이 드라마가 인기를 끈 덕분에 일반 시청자들까지도 광고대행사가 무엇을 하는 곳인지에 대한 인지 수준이 단박에 올라온 듯하다. 세부적으로 들어가면 광고대행사가 광고주를 위해 대행하는 일은 광범위하지만, 핵심적인 기능을 간단하게 정리하면 **광고대행사는 광고주의 목적 달성을 위한 '크리에이티브'를 제안해주는 회사다.**

가장 효과적인 크리에이티브라는 것이 번뜩이는 영감이나 개인의 문장력 혹은 감각으로부터 갑자기 나오는 것은 아니다. 광고대행사의 최종 결과물인 크리에이티브란 한 줄의 카피나 한 컷의 비주얼, 짧은 스토리나 이를 아우르는 짧은 영상으로 비춰지기 쉽지만, 그 모든 소재와 일련의 활동을 수행하는 목적은 **사람들의 생각과 행동을 (광고주가) 원하는 방향으로 이끄는 것이다.** 따라서 그 저변에는 사람들의 생각과 행동, 살아가는 방식, 물건을 사거나 돈을 쓰는 이유 등 라이프스타일을 관찰하고 분석함으로써 도출한 인사이트가 촘촘하게 깔려 있다.

단어 하나, 선 한 줄도 그냥 쓰이지는 않는다. 그래서 광고대행사는 트렌드에 가장 민감한 업종으로 보이기 쉽지만, **사람에 대한 깊은 관심과 분석이 중요한 업종**이다. 대홍기획이 소비자를 깊이, 다각적으로 들여다보기 위해 다양한 데이터 소스를 활용할 수 있는 역량과 인프라를 지속적으로 확충하고, 데이터 회사들과 협업 관계를 확장하는 이유 또한 여기에 있다. 그런 관점에서 **광고대행사는 세대 담론을 아카데믹한 관점만이 아니라 가장 실무적으로, 실질적으로 분석하고 활용하는 조직 가운데 하나일 것이다.**

광고뿐 아니라 마케팅 영역에 종사하는 사람이라면 세대 담론으로부터 자유로울 수는 없다. 모든 세대론을 압도해버린 MZ세대, 과거 강렬하게 등장했던 X세대, 떠오르는 알파 세대와 주목받고 있는 시니어 등. 그러나 우리나라에서 세대 담론이 힘을 받기 시작한 것은 역시 MZ세대에 대한 논의를 시작하고부터일 것이다.

최근 몇 년간 마케팅 신에서는 타깃으로서 MZ세대에 대한 이야기를 빼놓고는 논의가 불가능할 정도였다. 모든 마케팅이나 캠페인 기획 혹은 제안에는 MZ세대의 심리와 행동 특성, 소비와 라이프스타일에 대한 분석과 정리가 따라다녔다. 그 와중에 한 세대의 특징이나 개별적 특수성을 평면적으로 재단해버린다는 점에서 정말 이게 맞는지 회의감이 들 때도 있었고, **실제 데이터를 바탕으로 분석하다 보면 MZ세대의 특성으로 알려진 것과 완전히 상반되는 사실을 발견**할 때도 있었다.

그럼에도 모두가 새로운 현상과 행동과 심리를 간명하게 정의할 프레임과 논리가 필요했다. 전 세계가 코로나19라는 공동의 특이점으로 가속되기 이전부터 동시에 밀려든 **사회적·기술적 변화의 압박들이 각 세대에 다른 강도와 감도로 영향**을 미치고 있어서다.

뉴스 기사 언급량을 보면 세대 담론이 폭발한 것은 적어도 우리

■ 2014년 1월부터 2023년 8월까지 '세대' 언급을 포함한 뉴스 기사 수

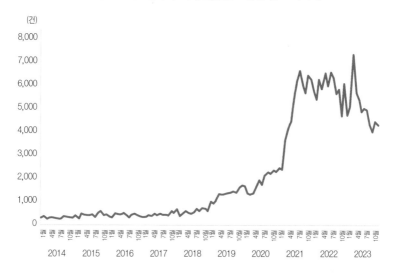

프롤로그: 광고대행사가 '세대'를 논한다는 것

나라에서는 2020년 이후다. 이전까지는 마케팅이나 사회학 측면에서 제한적으로 거론되던 세대 담론에 대한 논의가 2018년부터 증폭되더니, 코로나19를 기점으로 폭발적으로 증가한 것이다. 그전에도 세대 담론은 존재했지만, 팬데믹으로 전 세계가 공통의 변화를 겪기 시작한 시점, 2020년 초 이후 세대론이 폭발했다는 것은 의미심장하다.

세대 담론은 불확실성이 커지고 예측할 수 없는 변화가 다가올수록 힘을 얻는 것으로 보인다. 예측이나 예상이 어려운 일은 잘 아는 프레임 안으로 넣어야 비로소 이해나 추정할 수 있기 때문이다.

| 세대론에 활기와 염증을 모두 불러온 MZ세대 담론 |

한 가지 짚고 넘어갈 부분은 밀레니얼 세대와 Z세대를 묶어 'MZ'라 칭하는 방식은 전 세계적으로도 유례가 없으며 우리나라가 유일하다는 점이다.

탐색해본 바에 따르면, 'MZ'라는 용어는 2018년경 대학내일20대연구소가 처음 제안한 용어로 보인다. 밀레니얼 세대의 맏이들이 40대에 접어들기 시작했고, Z세대의 가장 어린 연령대도 성인이 되기 시작한 시점이 이즈음이므로 **언제까지 밀레니얼 세대를 젊은 세대로 상정하기에는 다소 민망함도 있었을 것이다.** 밀레니얼 세대와 Z세대를 구분해서 말하기에는 명확한 근거도, 명백한 차이도 제시하기 어려웠던 탓도 있을 것이다.

그렇게 해서 맏이와 막내가 무려 25~30년의 갭을 두고 하나의 세대로 묶여 'MZ'라는 모호한 세대 구분이 생겨났다. 이때부터 힘을 받기 시작한 MZ세대론은 코로나19를 만나면서 분수령을 맞는다. 팬데믹은 전 세계적으로 이동과 만남이 제한되는 초유의 상황을 초래했고, 모든 사람이 디지털 기술과 미디어에 의존한 비대면 상황에 내던져졌다.

그런데 **여기에 익숙한 세대와 그렇지 않은 세대가 소비와 행동에서 현저한 차이를 보이면서 모든 변화의 논의에서 MZ세대를 빼놓을 수 없는 만능론의 국면에 접어든다.** 이것이 코로나19 이후 세대론이 폭발적으로 성장한 이유다.

한편 MZ세대 담론은 세대론에 대한 논의 자체를 확대하는 계기가 되기도 했지만, 파편적인 이해와 근거 없는 직관에 기반한 MZ세대 만능론에 대한 염증 또한 불러일으켰다. 세대론에 회의적인 사람들은 언제 태어났는지로 그 사람이 어떤 사람인지 결정할 수 있는지, 혹은 저 큰 집단이 그렇게 공통적인 특징을 갖는다는 것이 말이 되는지 반문한다. 개인화를 넘어 초개인화를 향해 가는 다양성과 개별성의 시대에 지나치게 단순한 잣대로 판단한다는 것이다.

| 우리나라 사회를 세대론으로 조망한다는 것 |

우리나라는 세계에 유례가 없을 정도로 빠르게 경제 성장을 이뤘다. 자본과 자원이 거의 없는 여건에서, 더구나 1950년부터 1953년까지 3년간의 전쟁으로 산업 시설이 거의 폐허가 된 상태에서 세계 10위 수준의 경제 규모로 세계에서 7번째로 인공위성을 발사한 국가가 되기까지 불과 70년이 걸렸다.

이렇게 우리나라처럼 단시간에 압축적으로 성장하고 발전해온 사회라면, 그 기간에 기술 발전이 획기적이었다면, 그리고 가장 효율적인 방식으로서 전 국민이 유사한 교육 과정을 거치면서 비슷비슷한 10대 시절을 보냈다면? 이런 배경에서라면 언제 태어났는지가 개개인의 성격이나 성품까지 결정하지는 않겠지만 **최소한 무엇을 욕망하고, 무엇이 옳다고 믿으며, 어떻게 쓰고, 먹고, 놀 것인지 정도는 대략 결정한다고 볼 수 있을 것이다.**

단적으로 1990년대에 10대를 보낸 사람과 2000년대에 10대를 보낸 사람, 2010년대에 10대를 보낸 사람은 환경 윤리나 성차별, 기술과 통신, 미디어의 발전상 등 몇 가지 측면만 생각하더라도 겪은 경험이 다르다. 그렇다고 1990년대에 10대를 보낸 사람들이 2000년대에는 어디로 가버린 것은 아니므로 2000년대에는 1990년대에 10대를 보낸 경험을 바탕으로 20대를 보내고 있었을 뿐이다.

이처럼 시대는 변하고 **그 변화를 동시대를 살아가는 사람들이라면 모두 함께 겪어낼 수밖에 없지만, 변화에 대한 수용도와 감도는 각**

세대의 연령과 과거 경험 수준에 따라 다를 것이다. 이것이 서로 얽히고설켜서 우리 사회 안에 다양한 현상과 시도를 만들고, **지금의 세대 담론은 이처럼 다채로운 사회상과 트렌드의 흐름을 간명하게 이해하기 위한 도구로서 효용을 갖는다.**

마케팅과 비즈니스에서는 언제나 트래픽이 중요하고 많은 사람이 모여드는 것, 많은 사람이 원하는 것, 많은 사람이 선호하는 것을 만드는 것이 목표인데, 이는 많은 사람이 공유하는 일종의 경향과 취향이 존재하며, 이를 활용할 가치가 충분히 있다는 사실의 방증이 아닐까.

| 특정 세대 만능론을 경계한다 |

그런데 **기존에 있었던 세대에 관한 무수한 논의는 특정 세대의 특징을 개별적으로 다루거나, 이전에 세대 담론을 주도했던 세대를 부정하고 새롭게 부상하는 세대를 빨리 알아야만 한다고 재촉하거나 부풀려서 제시하는 형태가 대부분이었다.** 밀레니얼 세대에서 MZ세대로, 다시 Z세대로, 최근에는 아직 성인이 되지도 않은 알파 세대가 거론되기에 이르렀다.

한편 고령화 추세와 함께 세대의 명칭 자체가 의미하듯 상당한 인구 규모를 자랑하는 베이비부머 세대의 은퇴, 이로 인해 대두된 시니어 시장에 주목할 필요성이 제기되고 있다. 더불어 MZ 만능론에 반발해 과거 강렬하게 등장했고 현재 우리 사회의 중추를 담당한 X세대의 존재감에 주목할 것을 요구하는 주장도 나오고 있다.

동시대를 살아가는 사람들은 함께 같은 변화를 겪는다. 그러나 각 세대의 연령과 경험 수준의 차이로 인해 변화에 대한 수용도와 감도는 서로 다르다. 그래도 각 세대 안에서는 같은 시대를 같은 연령대로 살았다는 공통점이 있으므로 공통 경향이 두드러질 것이다. 각 세대의 연령과 경험 차이에서 기인하는 다름이 있듯 전 세대가 동시대인으로서 공유하는 같음도 있고, **각 세대가 독립적으로 단절된 것은 아니므로 서로 맺고 있는 관계나 서로 미치는 영향을 살펴봐야만 알 수 있는 것도 있을 것이다.**

| 광고대행사가 세대론을 논한다는 것 |

다만 기존 세대론을 비판하는 것은 우리의 역할도 목적도 아니다. 수년간 마케팅 관점에서 가장 좋은 전략과 캠페인을 제안하기 위해 사람들을 연구해왔다. 많은 자료를 찾고 직접 조사도 해보고 데이터를 분석하기도 했지만, 현재의 거대한 변화들이 각 세대에 어떻게 다른 영향을 미치고 있는지, 각 세대가 상호작용하는 지점에서는 어떤 현상이 일어나고 있는지, 여러 세대를 통합적 시각에서 동일 선상에 놓고 분석한 자료는 찾을 수 없었다.

변화의 속도와 복잡성이 더욱 증가하고 미래에 대한 불확실성이 더욱 가중되는 이때 **마케팅 타깃으로서의 각 세대, 소비 주체로서의 각 세대에 대한 개별적 분석과 통합적 이해가 가장 필요한 광고대행사로서** 우리가 원하는 자료를 스스로 만들기로 했다. 효과적인 마케팅과 비즈니스를 위해 **동시대인으로서 전 세대를 통합적으로 바라보는 시각이 필요하고**, 동시에 각 세대의 특수성을 고려하면서 개별적으로 바라보는 시각도 필요하다는 자각 때문이다.

이 책은 이 지점으로부터 출발한다. 직관은 분석가나 연구자에게 중요한 도구지만 데이터와 구체적인 근거의 뒷받침 없이 수집한 사례나 단순한 직관을 종합한 결과라면 다소 공허하다. 그래서 전 세대를 망라하는 2,000명 대상 설문조사를 통해 **전 세대를 조망할 뿐아니라 각 세대를 서로 비교하고 각 세대 간의 관계까지 볼 수 있는구조를 설계해 싱글 소스 데이터를 확보했다.**

더불어 현상의 원인과 흐름을 보기 위해 사람들이 자발적으로 게시한 게시글을 활용한 **소셜빅데이터 10년 치를 분석했고** 검색, 앱 이용, 리테일 결제 데이터와 협력사를 통한 신용 정보 데이터와 위치 정보 데이터 등 리얼 데이터를 활용함으로써 실물 흐름도 놓치지 않고자 했다.

분석 방법론의 큰 줄기는 2가지로 설정했다. 첫째, 다양한 데이터를 바탕으로 현재 한국인들의 소비 행동을 지배하는 근원, **세대 전체를 관통하는 공통의 소비 동기를 도출할 것이다.** 둘째, 도출한 소비 동기를 계량적으로 지수화하고, **세대별로 두드러지는 소비 동기가 무엇인지,** 그로 인해 나타나는 세대별 특징과 각 세대 간 관계로부터 기인한 특징은 무엇인지 살펴볼 것이다.

이 책은 에세이도 아니지만, 학술적 인정을 받아야 하는 논문도 아니므로 독자들에게 **우리의 통찰과 이해를 보다 쉽고 흥미롭게 전달하기 위해 적절한 사례나 비유를 충분히 활용하고, 필요하다면 저자들의 경험을 담는 것** 역시 주저하지 않으려고 한다.

| 무엇을 위한, 누구를 위한 책인가 |

우리 사회는 현재 다양한 세대의 생각과 가치가 교차하는 길목에 서 있다. 우리나라는 지난 수십 년간 빠른 속도로 변화해왔다. **후진국에서 태어난 사람이 개발도상국에서 유년과 청년 시절을 보내고 중·노년에 들어 선진국에서 살아간다면 어떨까?**

나라를 이동하며 살았다고 해도 급격한 변화일 텐데 한국인이 겪은 급격한 변화는 그런 수준의 것이었다. 그처럼 각기 다른 시대 경험의 영향으로 우리나라의 세대별 가치관, 라이프스타일, 소비 행동은 제각각의 색깔로 켜켜이 쌓인 지층의 단면처럼 그 차이가 더욱 두드러지게 됐다.

한편 팬데믹 이후 기술과 환경의 급격한 변화로 전 세대는 공통으로 불확실성과 예측 불가능성 앞에 내던져졌고 모두 함께 당황스러워하고 있으며 각 세대가 가진 서로 다른 경험과 자원을 바탕으로 각자 다른 방식으로 대처하고 있다. 이런 상황 속에 **각 세대가 추**

구하는 가치와 라이프스타일은 어떻게 다를까? 변화에 어떻게 대처할까? 이러한 차이가 비즈니스와 마케팅에 어떤 영향을 미칠까? 이 책은 그러한 질문들에 대한 답을 찾아가는 여정이다.

이 책은 **변동성과 복잡성이 가중되고 불확실성이 심화되고 있는 비즈니스 환경을 헤쳐나가기 위해** (1) 현재 소비 시장을 세대론이라는 익숙하지만 흥미로운 프레임으로 이해하고 싶은 사람들, (2) 향후 소비와 라이프스타일의 변화 방향을 가늠하고 싶은 사람들, (3) 사람들의 욕망이 강하게 반영되는 리테일, 푸드 & 헬스, 레저 & 엔터테인먼트 등 소비 생활의 핵심 영역에서 세대별 전략을 어떻게 전개해야 할지 고민하는 사람들에게 영감과 깨달음을 얻는 계기를 제공하고자 한다.

이 책이 **소비 행동과 비즈니스 변화에 초점을 두고, 데이터와 통찰을 기반으로 알파 세대부터 베이비부머 세대까지 팬데믹을 거쳐 불확실성 가득한 현재를 살아가는 한국인의 세대와 소비 지형도를 그려내는 최초의 시도**로서 의미를 갖기를 기대한다.

Chapter 1 새로운 세상, 익숙한 프레임

1

새로운 세상,
익숙한 프레임

새로운 세상,
어떻게 이해할 것인가

| 우리가 알던 익숙한 세상이 저물었다 |

코로나19가 발생했던 2020년 유례없는 전염병의 공포 속에서 전 세계 사람들이 집 안에 들어앉게 됐을 때, 텅 빈 파리 에펠탑 광장 (정확히 에펠탑이 가장 잘 보이는 샤요궁 광장)과 전광판만이 덩그러니 켜져 있는 뉴욕 타임스퀘어의 모습을 본 적이 있다. 이 두 곳은 늘 사람들로 북적거려서 다른 사람 머리 없이 깔끔하게 저 풍경 한번 찍어보고 싶다는 생각은 거의 망상이고 사람도 풍경의 일부인 양 여겨야 하는 곳이다.

그러나 마치 영화 〈어벤져스: 인피니티 워〉에서 타노스가 손가락

을 탁 튕기기라도 한 것처럼 사람의 흔적은 없었다. 우리를 포함해서 전 세계 사람들이 집 안에 틀어박혀 있다는 것은 알고 있었지만, 시각적으로 들어온 충격은 상당했다.

아마 그때였을 것이다. **'뉴노멀'이라는 단어가 공허한 레토릭이 아닌 실체가 있는 개념으로 다가왔던 때** 말이다. 1997년 IMF 구제금융과 2008년 미국발 글로벌 금융위기, 이어서 닥쳐온 스마트폰의 세상과 디지털 라이프 등. 급격한 경제·기술·환경의 변화 속에 생활이 변하고 비즈니스가 변하는 것을 그렇게 겪어왔으면서도 트렌드 관련 아티클이나 서적에서 자주 거론되던 그 뉴노멀이 그렇게까지 리얼하게 다가온 적은 없었다.

돌이켜보면 최근 20여 년간은 우리나라는 물론 전 세계가 격변을 거쳐온 시간이었지만, 함께 흘러가는 와중에는 변화를 연속적 흐름의 일부로 느껴서인지 새로운 국면으로 급전환되는 감각은 덜했다.

그런데 그 텅 빈 광장의 시각적 에미지, 그리고 이동·만남·모임 등 숨 쉬는 듯 자연스러운 일상이 거짓말처럼 멈추는 비현실적이기까지 한 현실을 마주하면서 **뉴노멀이 우리가 알던 익숙한 세상이 무너지고 우리가 알지 못했던 새로운 현실, 새로운 규칙이 형성되는 것이라는 것을 비로소 절절하게 체감한 것이다.**

| 새로운 세상, 뉴노멀의 시작 |

이제는 본격적인 엔데믹에 돌입하면서 이동과 대면은 다시 자유로워졌고 팬데믹 이전과 다를 것이 없는 일상이 이어지는 것처럼 보이지만, 그렇지 않다. 사람들의 소비와 산업의 변화를 들여다보면 '뉴노멀'은 성큼 '와 있다.' 팬데믹 기간 중 강제적으로 적응해야 했던 비대면 라이프스타일이 사람들의 생각과 행동, 대부분 산업과 업태에 심대한 변화를 불러일으킨 '탓' 혹은 '덕'이다.

물론 모든 것이 포화에 이른 시대를 맞아 저성장이 보편이 되고 이를 타개하기 위한 양적 완화가 한계에 다다르면서 인플레이션과 경기 침체의 그림자가 짙게 드리운 탓도 있지만, **팬데믹으로 인한 새로운 상황에 적응하기 위해 개인과 기업들이 고군분투한 결과들이 지금 나타나는 변화들의 실마리가 되고 있다.**

사람들이 살아가는 데 필요한 재화와 서비스를 사고파는 업, 이를 위해 사람들(트래픽)을 모이게 하고 상품을 운반하고 보관하고 전달해야 하는 리테일업에서 변화가 두드러진다. 원래 우리가 알던 세상에서는 백화점과 대형 마트, 슈퍼마켓, 편의점은 각각 판매하는 상품의 범위나 층위도 다르고 방문하는 이유나 TPO도 달랐다.

그런데 지금은? **업태 구분이 무의미해지고 돈 되는 것은 무엇이든 팔고자** 한다. 업계에서는 이러한 현상을 '빅 블러^{big blur}'라고 부르며 주목해왔는데, 고금리와 고물가로 소비가 위축되고 성장이 한층 더 어려워지면서 그러한 경향은 더욱 가속화되고 있는 것으로 보인다.

대표적으로 소비자들이 아주 가까운 거리에 있으면서 방문 빈도가 높은 편의점에서 판매하는 상품이 어디까지 확장됐는지를 보면 **편의점은 장보기를 하는 마트와 동네 슈퍼마켓, 학교 앞 문구점, 위스키와 와인까지 취급하는 주류 전문 판매점, 저렴하게 한 끼를 때울 수 있는 동네 식당, 거기에 신제품 테스트베드와 덕질을 위한 굿즈 판매까지 광범위한 소비 전반을 아우르는 종합 리테일**이 돼가고 있다. 리테일에서 접근성과 즉시성(구매하면 곧바로 내 손에 들어오는)을 이길 수 있는 편익은 그리 많지 않은 까닭이다.

백화점은 명품과 아트, 한시적 팝업, 구루메에 주력하면서 백화점다운 프리미엄을 유지하고 반드시 와야만 누릴 수 있는 것들, 감각적인 즐거움을 갖추려 애쓰고 있다. 마트는 매장 수를 줄여 효율을 기하는 한편, 마트 고유의 역량 가운데 하나인 신선식품 소싱의 강점을 극대화하고, 주요 매장의 리뉴얼을 통해 F&B와 엔터테인먼트 관련 테넌트의 입점에 주력하면서 **소비자가 와야만 할 이유**를 만들고자 한다. 마트와 편의점 사이 왠지 어정쩡해진 슈퍼마켓^{SSM}은 마트와 합쳐지기도 하고, 퀵커머스의 근거지로 변신 중이기도 하다.

사람들은 로켓배송과 새벽배송으로 전날 밤 주문한 것을 다음 날 아침에 받아보는 배송에 익숙해졌고, 팬데믹 기간 중 전 국민이 배달에 익숙해지면서 1~2시간 이내에 오는 배달 역시 이제는 당연하게 여긴다. 그래서 온라인으로 주문하면 1~2시간 이내에 배달해 주는 퀵커머스의 수익성에 대해서는 검증이 끝나지 않았지만, **이미 존재하는 근린 매장들을 물류 거점으로 활용**할 수 있다는 효율의 관점에서 포기하기 어려운 대안이다.

한편 신규 고객의 유입에 목을 매던 유통업체들이 멤버십을 강화하면서 기존 고객들의 객단가를 높이고 다른 곳으로 빠져나가지 않도록 충성도를 높이고자 애쓰고 있는 것 또한 최근에 나타난 새로운 흐름이다. **데이터 마케팅의 초점이 신규 고객 유입에 방점을 두는 퍼포먼스 마케팅**[1]**에서 다시 기존 고객 관리와 충성도 상승에 방점을 두는 CRM**[2]**으로 이동**하고 있는 것 역시 그런 움직임의 일환으로 볼 수 있다.

그러나 상품의 공급은 부족함이 없고 오히려 선택지가 너무 많은 시대, 모든 상품이 상향 평준화돼 차별성을 찾기 어려운 시대에 고

---

[1] 데이터 마케팅의 일종으로 개개인이 식별되지 않는 소비자 데이터를 활용해 광고와 마케팅 활동을 전개하고, 그 성과를 측정·분석해 최적화하는 과정을 반복하는 것이 특징이다. 대체로 신규 고객 유입, 트래픽 증대를 통한 매출 증가와 투입 대비 수익률 상승이 주목적이다.

[2] 기업이 기존 고객의 정보를 수집하고 분석해 기존 고객의 만족도 향상과 객단가 상승에 목적을 두는 마케팅 전략 혹은 그러한 업무를 수행하기 위한 시스템을 가리킨다. 신규 고객의 유입보다 구매 이력이 있는 기존 고객을 관리해 만족도와 이익을 증대시키는 데 방점이 있다.

객들이 특정 브랜드에 충성도를 갖게 하는 것은 쉽지 않은 일이 돼가고 있다. 이제는 **묻거나 따지지 않고 마음으로 사랑해주는 팬과도 같은 고객, 즉 팬덤이 있는 브랜드가 돼야 한다**는 이야기가 나온다. 최근 브랜드 커뮤니티와 팬덤에 대한 기업들의 관심은 그런 흐름의 연장선에 있다.

고고했던 명품 브랜드들도 불편하기 짝이 없었던 온라인 플랫폼을 개편하고 온라인을 통해 수백 수천만 원이 넘는 상품들을 적극적으로 판매한 지 오래다. 업종을 막론하고 이제 신사업 기획 조직이 없는 기업은 거의 없다시피 한다. 본업과 연관이 있는 것이든 없는 것이든 모두 유망하다는 새로운 사업을 발굴하고 인큐베이팅하기 위해 혈안이다. 이 모든 변화의 동기는 명확하다. **이전과 같은 방식으로는 이전과 같은 이익을 얻을 수 없게** 됐기 때문이다.

| '이전과 같은 방식'이 통하지 않는다는 것 |

팬데믹 이후 많은 사람이 얘기했듯이 팬데믹이라는 인류사의 특이점으로 인해 생기지 않았을 변화가 일어났다기보다는 어차피 올 변화가 급격히 가속된 면이 더 클지 모른다. 코로나19가 발생한 초기에 마이크로소프트의 CEO였던 사티아 나델라^{Satya Nadella}는 "2년은 걸릴 디지털 트랜스포메이션이 단 2개월 만에 이뤄졌다"고 했다. 어차피 올 변화라고 해도 점진적인 것이 아니라 급속도로 두들겨

맞게 되면 적응이 쉽지 않다.

급격한 전환과 변화가 혼란스러운 이유는 아직 새로운 방식을 준비하지도 못했고 어떻게 해야 맞는 것인지 검증된 방법을 알지도 못하는데, **이전의 방식을 따르는 것이 더는 이전과 같은 결과를 보장하지 않기 때문이다.** 이는 비단 기업뿐 아니라 사람의 삶에서도 다르지가 않아 무엇을 하면서 어떻게 살아야 하는지 젊은 세대나 기성세대나 혼란스럽기는 매한가지다.

요즘 부모들은 자식에게 정답이나 지혜를 물려줄 수 없게 됐다. 자신이 살던 대로 살면 이 정도는 살 수 있다고 말할 수가 없게 된 것이다. 그러니 **정답이나 지혜를 주는 부모가 아니라 명확히 손에 잡히는 자산과 재력, 즉 금수저를 물려주는 부모를 선망한다. 금수저를 동경하는 현재의 젊은 세대가 이전 세대와 달리 속물이어서가 아니라는 얘기다.**

밀레니얼 세대를 두고서는 부모보다 가난한 첫 세대라고들 한다. 혼인율과 출산율이 낮은 이유를 다른 데서 찾을 필요도 없다. 독립해서 살아갈 공간 마련과 가족을 이룬 뒤 자신이 자라온 것처럼 풍족하게 살아갈 만한 충분한 수입이 보장되지 않으니, 서른 살이 넘도록 부모에게 의존하는 자식들이 결혼과 출산을 계획하지 못하는 것뿐이다.

이제 평범한 사회초년생이 하나의 직업만으로 생존에 필수불가결한 수준을 넘어서 이미 커져버린 욕망의 크기까지 커버할 수 있는 충분한 수입을 얻기는 어려워졌다. 평생 직업의 신화는 오래전에 사라졌다. 이 와중에 생성형 AI가 혜성처럼 등장하자 AI가 대체할 수 있는 어떤 직업들은 사라지게 될 것이라는 얘기가 나온다.

N잡러라는 말이 나온 지는 오래됐고 '사이드 프로젝트'를 하는 사람도, 하고 싶어 하는 사람도 많다. 이제는 오히려 회사 외의 겸업 금지가 사규였던 기업들이 진지하게 사규 변경을 고민해야 하는 지경이 됐다. 직원에게 다른 일을 하지 않아도 삶을 풍요롭게 유지할 수 있는 충분한 급여와 평생 고용을 보장할 수 없다면 말이다.

[그림 1]의 설문 결과는 전 세대의 거의 80%가 하나의 직업으로 벌어들이는 급여만으로는 살아가기 어렵다고 생각한다는 점을 보여준다. 단, Z세대는 만 15세부터 조사했지만, 이 문항은 수입에 대한 질문이어서 성인 Z세대의 응답만 집계한 결과임을 미리 말해둔다.

2개 항목을 살펴봤을 때 **급여만으로는 필요를 충족하는 데 부족하다는 응답도, 부업(N잡 혹은 투 잡)에 관심이 있다는 응답도 가장 높게 응답한 세대가 밀레니얼 세대라는 것은** 눈여겨볼 만하다. 이는 밀레니얼 세대가 현실과 이상의 괴리를 가장 크게 겪고 있는 세대라는 점에서 비롯된 결과다.

2장에서 각 세대가 겪고 있는 딜레마와 현실 인식, 여기서 비롯된 소비 행동의 특징을 좀 더 상세히 살펴보겠지만 **밀레니얼 세대가 겪고 있는 '현실과 이상의 괴리'는 무엇인지** 살펴보자.

밀레니얼 세대(1980~1995년생)는 세상은 점점 더 풍요로워지고 부모보다 더 나은 삶을 살아갈 수 있을 것이라는 이상을 당연하게 여기며 자랐다. 열심히 배우고 경쟁에 앞서면서 성장해가다 보면 자연스

■ [그림 1] 급여 외 소득에 대한 인식과 부업에 관한 관심

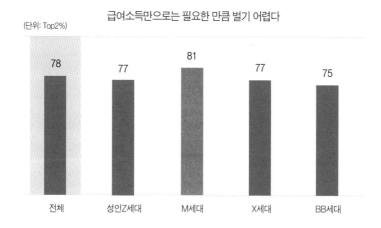

급여소득만으로는 필요한 만큼 벌기 어렵다

(단위: Top2%)

전체 78
성인Z세대 77
M세대 81
X세대 77
BB세대 75

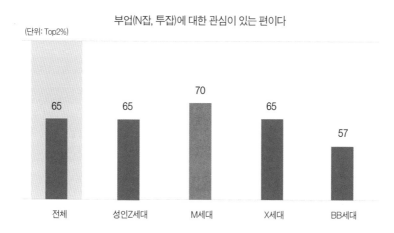

부업(N잡, 투잡)에 대한 관심이 있는 편이다

(단위: Top2%)

전체 65
성인Z세대 65
M세대 70
X세대 65
BB세대 57

럽게 부를 축적하고 멋지게 살아갈 수 있으리라 믿었다.

또 기술적으로는 아날로그와 디지털이 교차하는 시절을 10~20대에 겪으면서 기술의 발전이 삶을 얼마나 획기적으로 편리하게 바꾸는지 그 격차를 확실히 체감했다. 이들은 그러한 격차를 알면서도 디지털 세상에 완벽히 적응한 디지털 이주자들이다.

이들 대부분이 20대 초반에서 30대 중반을 보내고 있던 2018년에 우리나라는 1인당 국민총소득^{GNI}[3] 3만 달러를 넘겼다. 국민총소득 3만 달러는 매우 상징적인 수치다. '라이프스타일'이라는 단어가 보편이 되고 먹고사는 문제 이상의 경험, 취향, 즐거움, 자기 자신에 대한 집중 등이 옳은 것 혹은 당연한 것으로 여겨지는 것이 대체로 이 시점이어서다. 여기에는 **'누구나 이 정도는 누리고 살 수 있다'** 혹은 **'조금 무리하면 가끔은 호화로움을 누릴 수 있고 그래도 된다'는 생각들이 일반화**되는 것도 포함된다.

세상은 풍요롭고, 욕망은 넘치며, 누리고 즐길 수 있는 소양도 갖췄다. 그렇게 살아온 밀레니얼 세대의 눈은 저 높은 곳에 있다. 그러나 **현실은 '시궁창'**이었다.

매년 7~10%씩 경제가 성장하고 예금 금리가 10~15%가 되던 시절은 1980년대를 그린 드라마 tvN 〈응답하라 1988〉 같은 콘텐츠에서나 볼 수 있는 판타지다. 대학만 졸업하면 줄 서서 들어갔다던 직장에 토익이며 온갖 스펙을 장착하고도 천신만고 끝에 들어갔더니

---

3 한 나라의 국민이 국내외 생산 활동에 참가하거나 생산에 필요한 자산을 제공한 대가로 벌어들인 총소득을 인구로 나눈 통계다. 국민의 생활 수준을 알아보기 위해 일반적으로 사용하는 지표다.

경제 성장기 윗세대가 받던 성과급에 대한 전설 같은 이야기는 '꿩 구워 먹은 자리'처럼 공허하다.

열심히 일하는데도 회사는 매년 어렵기만 하며 비상 경영에 돌입해야 한다고 말한다. 2010년대 후반 유행했던 '헬조선'이라는 단어는 현실과 이상 사이의 이러한 격차에 대한 분노와 낙담이 자조 섞인 야유로 나타난 것이다. 그 결과는 [그림 2]와 같다.

'내가 속한 조직에 충성하는 것이 내 미래를 보장하지는 않는다'라는 항목에 대한 동의도에서도 전 세대 가운데 밀레니얼 세대의 응답이 가장 높았다. **조직에 충성하고 열심히 하는 것이 내 평생 고용이나 충분한 급여 상승을 보장하지 않으므로 받는 것 이상으로 열과 성을 다할 필요는 없다고 생각하는 밀레니얼 세대의 냉소적인 현실 인식**이 여실히 드러난다.

밀레니얼 세대의 현실 인식이 가장 통절한 것은 맞지만 **이전 세대**

■ [그림 2] 소속 조직에 대한 충성과 미래 보장 인식

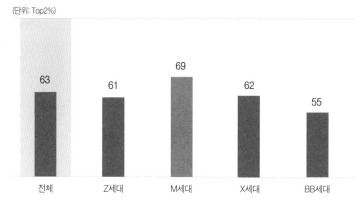

내가 속한 조직에 충성하는 것이 내 미래를 보장하는 것은 아니다

(단위: Top2%)

전체	Z세대	M세대	X세대	BB세대
63	61	69	62	55

■ **[그림 3] 성공과 행복의 기준 변화 인식**

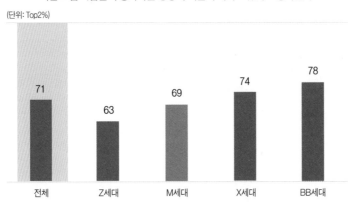

나는 요즘 사람들이 생각하는 성공의 기준이 바뀌고 있다고 생각한다

(단위: Top2%)

전체	Z세대	M세대	X세대	BB세대
71	63	69	74	78

나는 요즘 사람들이 생각하는 행복의 기준이 바뀌고 있다고 생각한다

(단위: Top2%)

전체	Z세대	M세대	X세대	BB세대
74	67	72	78	78

의 삶을 충실히 따라 하는 것이 더는 통상적인 성공이나 행복을 보장하지 않는다는 것은 모든 세대의 공통 인식이다. 한때 '아프니까 청춘'을 운운했던 기성세대들도 이제는 이 점을 충분히 인정하고 있는 것으로 보인다.

[그림 3]의 설문 결과를 보면, **2023년 현재 70%가 넘는 사람들이 요즘 사람들이 생각하는 성공과 행복의 기준이 바뀌고 있는 것 같다**고 응답했다. 이는 기성세대에 해당하는 X세대와 베이비부머 세대에게서 한층 더 높았다. 과거의 성공 공식이 먹히지 않는 시대 그리고 그것을 인정해주지 않는 젊은 세대에 대한 당황스러움이 드러나는 결과다.

| 불확실성의 시대, 처음인 것은 모두 같다 |

미래는 언제나 알 수 없지만, 지금은 더욱 모호하고 어렵다. 수십 년간 인위적으로 경기 부양을 위해 양적 완화를 지속해온 탓으로 곧 한계에 다다를 것이라는 불길한 예언 같은 얘기가 나오기 시작한 시기는 2018~2019년경이었다. 그런데 때마침 터진 팬데믹에 대응하기 위해 미국은, 그리고 세계는 불안한 양적 완화를 지속했다. 2021년 경기가 다소 반등하는 것처럼 느껴진 것은 2020년에 경제가 훅 꺼진 여파로 인한 기저 효과 탓도 있지만, 인위적 부양책 덕분이었다.

그러나 한계에 다다랐다고 판단한 미국 연방준비위원회가 2022년 초부터 기준금리를 4차례에 걸쳐 0.75%p씩 인상하는 '자이언트 스텝'을 감행하면서 미국 기준금리는 5.00~5.25%p까지 상승했다. 이는 15년 만에 최고 수준이다. 이에 따라 2021년 0.75%p로 마감했던 한국은행 기준금리는 2022년 한 해 동안 3.00%p까지 인상됐고, 2023년에는 3.50%p로 동결됐다. 국내 경기 위축을 고려해 연 3.50%p 수준으로 동결했다지만, 우리나라 역시 미국의 기준금리 상승과 궤를 같이하면서 거의 10여 년 만에 처음 기준금리가 3%p 수준을 넘겼다.

MZ세대는 제로에 수렴하는 금리가 익숙하므로 대출을 해서라도 투자를 하고 금리보다 조금이라도 더 많은 수익을 낼 수만 있다면 그렇게 하는 것이 현명하다고 생각해온 세대다. 주식, 코인(블록체인), 갭 투자, 조각 투자, 미술품 등 모든 투자에 MZ세대의 참여가 두드러지는 점이 화제가 되곤 했다.

저금리 시대만을 살아본 그들이므로 이는 그들이 철들면서부터 학습한 돈 버는 법, 일종의 성공 방식이었다. 그런데 이것은 처음 보는 금리 수준이다. 그동안 투자나 주택 장만 혹은 소비를 위해 빌렸던 돈의 이자가 이토록 커질 수도 있다는 것을 이들은 처음으로 알게 됐다. 제로 금리와 저성장이 지속되던 시절, 주식은 자산을 증식할 수 있는 유일한 대안이었다. 그러나 주식 투자를 하지 않으면 바보라는 소리를 들을 정도였던 2021년을 정점으로 주가지수 역시 바닥을 쳤다. 최근 다시 소폭 반등하는 모양새지만 아직 충분치 않다.

■ [그림 4] 미국 연방준비위원회 기준금리 추이(2018~2023년 9월 현재)

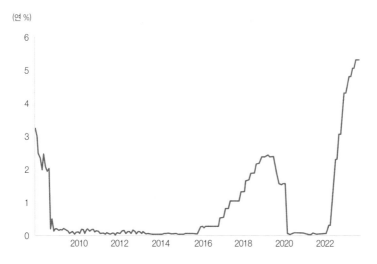

출처: Federal Funds Effective Rate (DFF)

■ [그림 5] 한국 기준금리 추이(2018~2023년 9월 현재)

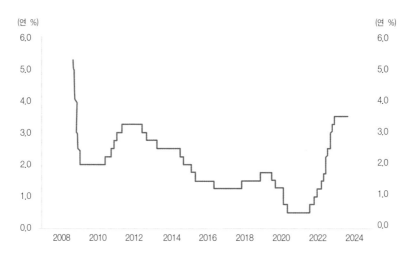

출처: 한국은행

Chapter 1. 새로운 세상, 익숙한 프레임

2022년 중반 '십만 전자'가 '육만 전자'로 곤두박질쳤을 때 젊은 개인 투자자들 사이에는 '라면도 사치'라며 '간장 뿌린 밥이나 먹자'라는 자조 섞인 드립이 유행했다. 시장이 가장 좋았던 시점에 우리 사주를 무리해서 매수한 유망 IT 기업 임직원들 사이에서는 한때 전운이 감돌았다. 이러한 상황들은 세대 갈등을 심화시키는 요인으로도 작용했다.

2008년 글로벌 금융위기 이후 10여 년간 물가가 거의 오르지 않아 오히려 물가 하락에 가까운 디플레이션 상황에 익숙해 있었지만 2022년에는 금리 상승, 원화 가치 하락, 원자재 상승 등의 요인으로 물가가 급상승했다. 1970년대 석유 파동으로 인한 거대 인플레이션 이후 **거의 40여 년 만에 가장 높고 빠르게 닥쳐온 인플레이션**이었다. 밀레니얼 세대는 1980년 이후 출생했으므로 말 그대로 '태어나서 한 번도 경험한 적 없는' 상황을 겪고 있는 셈이다.

[그림 6]에서 물가의 변동 수준을 나타내는 소비자물가지수를 보면 2021년부터 100을 넘기기 시작하더니 2022년 5월을 기점으로 기울기가 급격히 가팔라진다. 소비자심리지수는 급락해서 2022년 하반기부터 2023년 5월까지 100을 밑돌았다. 소비자심리지수가 100 이하라는 것은 사람들이 경제 상황을 비관적으로 본다는 뜻이다.

2023년 6월 이후 소비 심리가 다시 100을 넘어 우상향의 완만한 추세를 보이기 시작하는데, 이는 경제 상황이 좋아졌다기보다는 엔데믹 이후 처음 맞는 여름이어서 더는 참을 수 없는 사람들이 욕망

■ [그림 6] 소비자물가지수와 소비자심리지수(2018~2023년 8월)

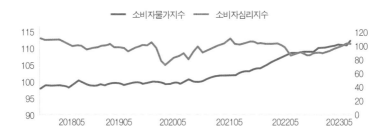

출처: 소비자물가지수(통계청), 소비자심리지수(한국은행 소비자 동향 조사)

의 방향을 따르고자 작정하고 나선 탓일 뿐이다.

이런 상황이 절망적인 것은 젊은 세대만은 아니다. **금리가 크게 오르면서 주택 매수 수요가 급격히 줄어들자 베이비부머 세대와 X세대는 평생 모은 유일한 자산인 부동산 가격이 하락하고 그나마도 팔리지 않는 진퇴양난**을 맞았다. 서울과 수도권 부동산 가격은 최근 회복세를 보이고 있기는 하지만 부동산 가격은 회복해도 문제, 안 해도 문제다.

부동산 가격을 둘러싼 갈등은 정치적 지형에까지 영향을 미쳤고, 세대 갈등을 더욱 첨예하게 만드는 요인 가운데 하나다. 이런 와중에 이들의 노후 대비는 안팎의 변수들로 계획을 세우기도 쉽지 않지만 이미 세웠다 해도 생각대로 되지는 않는 상황이다. 이는 다시 X세대와 베이비부머 세대의 자녀들인 MZ세대에 고스란히 영향을 미치게 될 것이다.

문제는 지금의 불확실성과 예측 불가능성이 해소되기는 쉽지 않아 보이며, 2023년 2%를 넘기지 못한 경제 성장률은 2024년에도 크게 다르지 않을 것 같다는 점이다. 미국과의 기준금리 차이는 아직도 2.00~2.25%p로 확대된 상태이고, 이는 역대 최대 수준이다. 이러한 금리 차이는 외국인 자금 유출, 원화 가치 하락, 수입 물가 상승 등 여러모로 부정적 영향을 미친다.

한국은행은 2023년 금리를 3.50%p로 동결하기는 했지만, 미국의 긴축 통화 정책에 대응하기 위해 향후 기준금리를 추가로 인상할 가능성을 배제할 수 없고 환율 탓뿐 아니라 중국 시장이 무너짐에 따른 무역 적자 또한 심각하다. 러시아 우크라이나 전쟁과 미·중 무역 갈등을 비롯한 외부 요인들이 심상치 않은 가운데 **탈출구를 알 수 없는 불확실성은 더욱 가중**되고 있다.

모든 세대가 공통으로 예측 불가능하게 급변하는 환경을 마주하고 있는데, 살아온 경험이나 축적한 자원의 수준이 서로 다르니 상황 인식과 절박함도 다르고 해결 방법도 다르다. 누구도 미래는 알 수 없으니 지나보기 전에는 옳은 것이 무엇인지 알 길이 없다. 그러니 **전례 없는 변화와 불확실성 앞에 전 세대가 함께 내던져진 셈이다. 각자 옳다고 생각하는 방식을 찾아서 '각자도생'하는 수밖에 없다.**

세대론을 위한
변명

| 새로운 세상에는 익숙한 프레임이 필요하다 |

현대 사회의 특징은 'VUCA'라는 개념으로 설명할 수 있다. 'VUCA'는 변동성Volatility, 불확실성Uncertainty, 복잡성Complexity, 모호성Ambiguity의 첫 글자를 딴 약어로 미국 육군이 세계 정세를 설명하기 위해 처음 사용했지만, 현재는 기업과 경영 환경에서도 널리 쓰이고 있다. 변동성은 예측 불가능한 빠른 변화를, 불확실성은 미래의 불명확한 상황을, 복잡성은 상호 연관된 다양한 요인을, 모호성은 불명확한 상황 해석을 가리킨다. 이는 현재 우리가 맞고 있는 새로운 세상의 특징을 설명하기에 가장 적합한 말이 아닐까 한다.

'세대'라는 프레임은 VUCA 환경에서 소비자를 이해하는 데 익숙하면서도 효율적인 프레임일 수 있다. 마케팅 신에서 'MZ세대'론을 남용하는 것도 사실이지만, 세대론이라는 프레임을 개인의 특수성을 지워버리고 올바른 이해를 저해하는 틀로 볼 필요까지는 없다. **이해하기는 어렵지만 창의적인 설명, 지나치게 세분화된 설명**이 대체 무슨 의미가 있을까? 세대론은 개인의 특수성을 뭉뚱그리려는 것보다는 복잡다단한 현상을 쉽게 이해하기 위해 범주화의 이점을 취하고자 하는 것뿐이다.

생각보다 오래가고 있는 MBTI 유행도 비슷한 맥락으로 이해할 수 있다. 4개뿐인 혈액형과 달리 MBTI는 4가지 관점, 각 관점별로 2가지씩 변수들의 조합을 통해 총 16개 유형으로 분류한다. 너무 적지도 많지도 않다는 점이 중요하다. 또 나의 성향을 혹은 너의 성향을 구구절절하지 않게 간명하게 알려주고 알 수도 있다.

사람의 성격이나 성향은 사람마다 제각각이라는 것을 모르는 이는 없다. 비록 아주 과학적이지는 않다고 해도 **MBTI를 통해 사람들이 서로 좀 더 이해하려고 애를 쓰고, 공감이 되지 않는 부분이 있어도 '아, 너는 T라서 그렇게 행동하는구나'라며 다름을 인정하고 받아들이게 만드는 순기능도 있는 것**으로 보인다. 실체 대비 단순하지만 명확하고도 익숙한 프레임을 활용해서 이해도를 높일 수 있다면 굳이 배척할 필요는 없지 않을까.

| '세대'라는 익숙한 프레임의 이점 |

2010년대 중반 이후 마케팅 신에서는 디지털 환경이 보편화하면서 소비자들의 실제 행동을 측정한 리얼 데이터가 단연 화두였다. 개인화, 나아가 초개인화가 대두되기 시작했다. 그리고 데이터를 통해 소비자 개개인의 소비 생활에 대한 해상도를 높이고 개인별 특수성을 더욱 선명하게 보는 것이 가능해진 상황에서 **다양한 취향과 개성을 지닌 개인들을 '세대'라는 '단순한' 프레임으로 재단하는 것이 과연 의미가 있느냐는 시각**이 제기된 것도 사실이다. 기업들이 새로운 브랜드나 신제품을 출시할 때 일종의 레토릭처럼 활용하는 'MZ세대'라는 단어는 마케팅 용어로 전락한 것 아니냐는 반발도 존재한다.

물론 세대론이라는 프레임이 조직 내에서 특정 연령대 직원들을 묶어 평면적으로 해석하며 세대 간 갈등을 유발하는 경우까지 옹호하기는 어렵다. '부장님이 회식한다는 데 약속이 있어서 빠지겠다니 역시 MZ세대는 다르구나'라는 식으로 세대 프레임을 악용하는 사례처럼 말이다.

그러나 서로 다른 배경에서 자라나 사회, 기술, 환경의 변화에 대해 각기 다른 수용도와 감도를 지닌 사람들이 씨줄과 날줄이 교차하고 엮이면서 원단의 무늬를 만드는 것처럼, 현재로부터 향후 몇 년간에 이르는 **우리나라 소비 시장의 전반적인 모습과 세부적인 변화들을 '쉽고 일관된 기준'으로 그려내는 것**이 목적이라면 세대론은 상당히 효과적인 프레임이다.

마케팅에서 소비자를 효율적으로 이해하고 접근하는 방법 가운데 하나가 소비자를 각기 동질한 특성을 가진 집단들로 분류하는 세그멘테이션Segmentation이다. 분류 기준으로 가장 기본이 되는 요소는 연령, 성별, 라이프 스테이지(결혼 여부, 자녀 유무, 가족 구성 등) 등 인구통계학적 변수들이다.

'세대'라는 프레임은 이 중에서도 연령이라는 변수가 주요인이다. 물론 이 점에 대한 챌린지도 존재한다. 기술과 환경의 변화로 누구나 정보에 대한 접근이 자유롭고 성역은 점차 사라지고 있는 상황에서 연령으로 사람들의 특성과 취향과 성향을 구분하는 것이 과연 유효하냐는 문제 제기다.

그러나 **실무 현장에서 소비자 데이터를 살펴보면 의외로 혹은 여전히 연령, 성별, 라이프 스테이지, 지역 등 가장 기본적인 요인이 소비자 성향과 욕망에 가장 지대한 영향을 미치고 있다**는 점을 알 수 있다. 개별적으로 대응을 해주고 싶은데, 의외로 비슷하다고 할까?

매스마케팅의 종말이 왔다고도 하지만, 대부분이 학교에 다니고 직업을 갖고 결혼을 한 뒤 자녀를 갖는 등의 주된 삶의 궤적이나 그 시기가 대체로 유사하다. 또한 **비슷한 시기에 동일한 사회적·문화적·경제적 경험을 공유하므로, 연령으로 구분된 각 세대가 유사한 경향을 보이는 것은 어쩌면 당연한 일이다.**

또 정보에 대한 접근이 자유로워졌다고는 해도 소셜미디어를 비롯한 주요 매체별 주 사용자의 연령대나 사용 목적, 주된 콘텐츠

종류와 톤 앤 매너가 다르므로 같은 또래 집단 혹은 같은 세대 내에서는 모르는 사람이 없는 화제를 다른 세대는 전혀 모르는 경우가 많다. 즉, '세대'라는 프레임은 너무 익숙하고 자주 남용되기도 하지만, 소비 지형이라는 큰 그림을 한눈에 바라보는 데 있어서 매우 효과적인 것은 분명하다.

| 세대 효과와 연령 효과 |

세대 연구에서 필수적으로 알아야 하는 개념으로 세대 효과Cohort Effect와 연령 효과Age Effect가 있다. **세대 효과는 특정 세대가 공통의 경험과 사건들로 인해 그 세대만의 특징적인 가치·태도·신념을 가지게 되는 현상**을 말한다. 현재는 시간이 지나 586세대(50대, 1980년대 학번, 1960년대 출생)지만 1987년 민주화와 함께 떠오른 386세대는 학생 운동과 민주화 운동 경험으로 이전 세대나 다음 세대와 구별되는 가치관과 강한 정치색을 띤 것으로 볼 수 있다.

연령 효과는 개인이나 집단이 나이가 들면서 가치·태도·신념이 변화하는 현상을 가리킨다. 사람들이 나이를 먹으면서 보수화되거나 안정 지향적으로 변화하는 경향을 예로 들 수 있다.

컴퓨터과학자 앨런 케이Alan Kay는 **"기술은 당신이 태어난 후에 발명된 모든 것이며, 그 외 모든 것은 그저 (평범한) 사물일 뿐이다** Technology is anything that was invented after you were born, everything else is just stuff**"라고**

말했다. **연령 혹은 세대에 따라 신기술에 대한 감도와 수용도가 다르다는 것을 이토록 간명하게 정리**한 말이 또 있을까? 그래서인지 이 말은 기술의 새로움이나 혁신성이라는 것은 상대적 개념이라는 점을 전달하고자 할 때 자주 인용된다.

예를 들어 밀레니얼 세대에게 컬러TV, 냉장고, 세탁기는 일상적 사물stuff이었지만 인터넷과 PC, 이후 닥쳐온 모바일 중심의 디지털 환경은 기술이었다. 반면 디지털 네이티브로 불리는 Z세대에게 그것은 'stuff'일 뿐이다. 한편 온 세상이 챗GPT를 필두로 생성형 AI에 대한 논의로 떠들썩한 지금, AI 네이티브로 불릴 알파 세대에게는 AI가 숨 쉬는 것처럼 쉽고 익숙하며 자연스러운 일상이 될 것이다.

386세대 일부를 포함한 베이비부머 세대가 전후 인구 변화와 정치적·이념적 경험을 중심으로, X세대는 해외여행 자유화와 대중문화 폭발기에 젊은 시절을 보낸 탓에 문화적 경험을 중심으로 구분된다면, 밀레니얼 세대부터 Z세대와 알파 세대는 기술의 발전과 변화에 대한 경험을 중심으로 구분된다. 이는 **역사적으로 세상을 변화시키는 중추가 이념에서 문화로, 다시 기술로 변해왔음**을 보여준다.

이런 관점에서 보면 밀레니얼 세대와 Z세대를 묶어 거의 맏이와 막내가 25~30년 차이를 두고 MZ세대로 묶는 시도가 어떻게 가능했는지 이해할 수 있다. 밀레니얼 세대 이후 세대들은 기술적 변천을 주요 구분자로 활용했으므로 디지털 이주자Digital Immigrants인가, 디지털 원주민Digital Natives인가 여부는 연령대에 따라 차이가 있지만, **새로운 기술을 적극적으로 학습하거나 자연스럽게 수용할 수 있는**

연령대에 디지털 환경에 노출됐다는 점에서 공통점이 있다.

실제 우리가 분석한 다양한 데이터에서도 밀레니얼 세대와 Z세대는 유사한 경향이 많았으며, 반대로 기성화된 X세대와 베이비부머 세대 역시 유사한 경향을 많이 보였다. 최근에는 Z세대와 알파 세대 역시 잘파Zalpha 세대로 묶어보는 경향이 나타나는데, 밀레니얼 세대가 연령 효과로 인해 보수화되거나 결혼과 출산을 통해 라이프 스테이지의 변화를 겪으면서 자신의 욕망보다 가족으로 중심 가치가 이동하는 경향이 강해지는 시기이므로 Z세대와 분리하는 것이 자연스러울 뿐이다.

세대를 묶는 것은 새로움에 쉽게 반응하는 젊은 세대를 한 번에 설명하기 위한 편의성이 주목적이다. 그래서 이해는 하지만 맞지는 않다. 편의상 묶은 밀레니얼 세대와 Z세대, Z세대 안에서도 10대와 20대, 소비 성향이 남다른 밀레니얼 세대 부모 아래서 성장하며 이 풍요로움과 첨단 기술을 평범한 사물로 여기는 알파 세대는 세대 간 시간 간격이 길지 않으면서도 디테일에서는 현격한 격차를 보이는 까닭이다.

| '세대'에 대한 편견과 진실 |

각 세대의 특성에 대해 일종의 신화처럼 회자되지만 실제와는 괴리가 있는 지점들도 있다. 밀레니얼 세대와 Z세대는 소비에서도 신념을 중시하므로 윤리적 소비를 지향하고, 돈을 좀 더 지불하더라도 친환경적이거나 윤리적으로 생산된 제품을 구매하려 애쓴다고 보는 시각이 대표적이다.

[그림 7]의 설문 응답 결과를 살펴보자. 우리의 인식과 일치하는가. **환경과 윤리적 소비를 위해 불편을 감수하거나 더 높은 비용을 지불하겠다는 응답은 베이비부머 세대 > X세대 > 밀레니얼 세대 > Z세대 순이다.** 베이비부머 세대와 X세대만 전체 평균보다 높게 응답했다.

반면 비건 상품에 관한 관심만큼은 Z세대와 밀레니얼 세대의 응답이 더 높다. 여기에는 **베이비부머 세대와 X세대가 친환경·윤리적 소비를 대의나 공공의 이익 관점에서 접근한다면, 밀레니얼 세대와 Z세대는 보다 개인적인 소비나 이득 관점으로 접근한다는 차이가** 내포돼 있다.

■ [그림 7] 친환경·윤리적 소비에 대한 인식(Top2%)

	전체	Z세대	M세대	X세대	BB세대
환경을 위해 일회용 제품보다는 다회성 제품을 사용한다	60	50	55	65	73
나는 친환경 또는 에너지 절약 제품을 의식적으로 구매하려고 한다	48	36	45	51	57
나는 가격이 비싸더라도 윤리적으로 생산·유통되는 제품을 우선 고려하는 편이다	37	31	34	42	41
나는 비건 식품이나 화장품에 관심이 있는 편이다	28	30	29	25	27

이런 결과는 '세대'라는 프레임을 활용할 때 우리가 어떤 점을 경계해야 하는지를 보여준다. 특정 세대에 대해 실제와 유리된 편견 혹은 신화적 인식을 그대로 받아들여서는 안 되는 지점이 존재한다는 의미다. **세대라는 프레임이 잘못된 것이 아니라 세대별 특징과 가치관에 대한 근원적 이해가 없는 상태에서 부분적 사례로 일반화해버리는 태도가 잘못**된 것이다.

MZ세대는 그린 워싱을 자행한 기업에는 분노하지만, 윤리적으로 생산된 제품을 사려고 더 높은 금액을 지불하는 것은 별개 문제로 인식한다. 그린 워싱에 분노하는 이유는 거짓이어서 그렇다. 반면 후자는 자신의 이득과 관련된 문제이므로 이들의 입장에서는 동일선상에 있는 문제가 아니다. 얼핏 **각 세대의 특징에서 일관되지 않은, 종잡을 수 없는 것처럼 보이는 현상들은 이처럼 섬세한 이해가 필요**하다.

소비의 동기는
곧 시대정신이다

| 소비는 정체성이다 |

현대 사회의 소비 행동은 필요를 충족하기 위한 목적 이외에 개인의 가치관과 자기표현의 의미를 강하게 반영한다. 광고대행사 재직자인 내가 소비를 통해 전 세대를 그리고 개별 세대를 들여다보려는 이유가 여기에 있다.

이론적 배경을 찾아보면 프랑스의 사회학자 장 보드리야르Jean Baudrillard는 1970년에 저서 『소비의 사회La Société de Consommation』를 통해 현대 사회는 '소비 사회'라고 규정하기도 했다. 급격한 산업 발전으로 다양한 상품의 대량생산이 가능해지면서 소비할 수 있는 물품의 종류나 스타일 등이 다양해졌고, 사람들은 소비로 자신의 '정체성'을 찾기 시작했다는 것이다.

보드리야르는 사물이나 물건 자체의 사용 가치보다는 그것이 지닌 상징적 의미, 즉 '코드'가 더 중요하며, 이 '소비의 코드'가 소비자로 하여금 상품을 구매하게 만드는 데 큰 역할을 한다고 주장한다. 또 현대 사회에서 사람들은 단순한 물리적 필요나 욕구를 충족시키기 위해 물건을 구매하는 것이 아니라 그 물건이 지닌 상징적 가치나 의미를 통해 자신의 정체성을 구축하려고 한다는 점에서 '상징적 소비'의 개념을 제시한다.

요컨대 현대 사회에서는 소비가 단순히 물질적인 욕구를 충족시키는 것을 넘어서 개인의 정체성과 사회적 지위를 드러내는 수단이 되고 있다는 의미다. 그러므로 소비 방식, 소비 패턴의 변화는 소비자의 정체성이 변한 결과다. 물론 정체성은 고정된 것이 아니라 시간과 환경, 경험에 따라 바뀔 수 있다. 그런데, 한 사람의 소비 안에서도 완전히 상반된 소비 패턴이 나타난다는 것은 어떤 의미일까?

| 소비에 대한 생각이 변하고 있다 |

현재 경제 상황으로 보면 당연한 수순이겠지만, 소비자들은 미래 경제 상황에 대한 불안감으로 **불필요한 소비를 줄이고 '효율적으로' 소비하기 위해 애쓰고 있다.** 그 '효율적인 소비'라는 것이 단순히 소비를 줄이는 것이 아니라는 점이 중요하다. **지갑이 덜 열리고 가처분 한도가 줄어든다는 것은 소비에서 보다 신중한 선택과 각 개인의 가치 판단이 더욱 중요해진다는 뜻이다.**

금리와 물가 상승의 충격파가 강타했던 2022년, '무지출 챌린지', '짠테크'가 등장한 데 이어 최근에는 '거지방'이라는 이름의 오픈 채팅방이 우후죽순 생겨나고 있다. 거지방이란 불특정 다수의 사람이 모여서 자신의 지출이 합리적인지 검증을 받기도 하고 서로의 지출을 질책하며 경계하는 것을 표방하는 익명 채팅방이다. 커뮤니

■ **[그림 8] 익명 오픈 채팅방인 '거지방'**

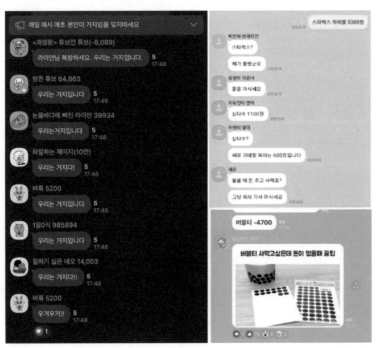

출처: 더쿠

티에 돌아다니는 유명한 거지방 캡처 이미지들을 보면 드립의 향연이 벌어지고 있다.

어차피 해학이 '패시브 스킬'[4]로 장착된 것이 요즘 젊은 세대들의 기본 스펙이란 것을 인정하고, 그 말장난 같은 드립을 한 꺼풀을 벗겨내 보면 **아무렇지 않게 소비하는 것들이 본인의 소득 수준이나 처지에 비해 과한 부분이 많다는 자각, 소유보다 경험에 방점을 둔다고 말하지만, 그 '경험'이라는 것 역시 다양한 '소비 경험'에 불과하다는 자성이 깔려 있는 것**으로 보인다.

한편 할부 기간을 늘리거나 리스로 수입 대부분을 집어넣고서라도 수입차를 타는 사람들을 겨냥해 '허세 지수'라는 개념이 등장했다. 허세 지수란 자신의 소득 대비 얼마짜리 차를 타고 있는지를 계산하는 공식인데, 익명 커뮤니티에서 회자되다가 화제가 되면서 JTBC 뉴스 프로그램을 통해 소개되기까지 했다. 일명 BMI^{Bluff Mass}

■ [그림 9] 허세 지수

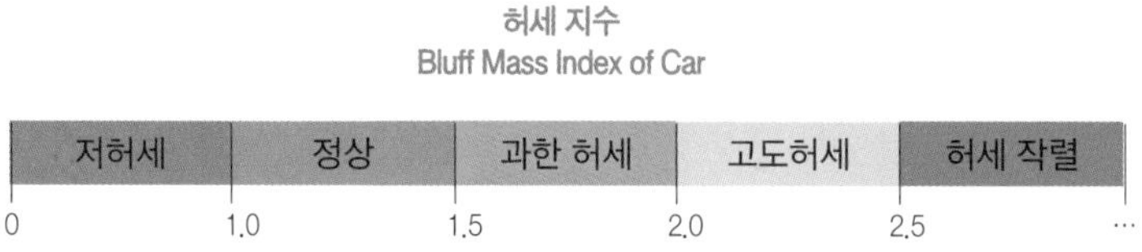

허세 지수
Bluff Mass Index of Car

저허세	정상	과한 허세	고도허세	허세 작렬

0   1.0   1.5   2.0   2.5   ...

$$허세\ 지수 = \frac{차량\ 가격}{월급 \times 6개월}$$

4　본래 게임 용어에서 시작된 말로, 사용자의 특별한 명령이나 조작 없이 지속적으로 적용되는 능력이나 기술을 말한다. 이것이 일상으로 넘어와 개인의 숨겨진 능력이나 재능, 자연스럽게 발휘되는 긍정적인 특성을 비유적으로 나타내는 데 사용되는 관용적 표현으로 자리 잡았다.

Index of car 지수라고 해서 타고 있는 차량 가액을 세후 연소득의 절반, 즉 6개월 치로 나누면 된다. 이 지수가 1이 넘으면 소득 대비 비싼 차를 타고 있다는 의미로, 허세 수준을 가늠할 수 있다는 것이다.

그렇다고 **이런 움직임을 단순히 전반적인 소비의 위축을 예고하는 시그널로 해석하는 것은 곤란**하다. 요즘 가장 성업 중인 외식업 콘셉트가 '오마카세'라는 점 역시 주지의 사실이며, 엔데믹 이후 호텔 숙박비가 대폭 올랐음에도 호캉스는 여전히 젊은 세대의 흔한 여흥이다. 이것은 마치 '제로' 음료를 마시면서 설탕 범벅의 탕후루를 간식으로 먹는 것과도 같은 상황이다.

지나치게 상반된 현상이 한 사람의 소비 안에 공존하는 현상에 대해서는 가치 소비, 소비 양극화로 해석하는 것이 일반적인 시각이다. **이미 커진 욕망의 크기는 쉽사리 작아지기는 어려우므로 계층 간의 소비 양극화, 나아가서 개개인이 어디에 가치를 두는지에 따라 한 사람의 소비 안에서도 극단적인 양극화가 일어난다**는 것이다.

| 소비의 근원적 동기를 이해한다는 것 |

그러나 거지방과 허세 지수, 오마카세와 호캉스와 같이 상반된 현상이 젊은 세대의 소비 행동 속에 공존하고 있는 상황에 대해서는 가치 소비나 소비 양극화 이상의 해석이 필요하다고 생각한다. 일단 이러한 현상의 기저에는 보다 무거운 감각이 깔려 있는 것으로 보인다. 그것은 그동안 일궈온 경제적 성취, 풍요가 무너져가고 있다는 감각, 여전히 물건은 넘쳐나고 물질적 기반은 사라지지 않았지만, 성장에 대한 희망이나 풍요로움의 지속에 대한 확신이 사라지고 있다는 불안의 감각이다.

이에 더해 우리는 **사람들의 소비 행동 이면에는 보다 근원적인 소비 동기가 존재할 것**이라는 점에 주목한다. 소비가 곧 현대인의 정체성을 드러내는 행위라면 자신의 정체성을 어떻게 형성하고 드러낼 것인지 사람들의 내면에서는 다양한 심리적 동기가 다층적으로 작용할 수밖에 없다.

양극단의 소비 행위를 거리낌 없이 행하게 하는 근원적 소비의 동기가 무엇인지, 사람들의 내면에서 다양한 소비 동기가 어떻게 다층적으로 작용하는지, 그러한 소비 동기가 세대별로는 어떤 차이가 있는지 이해한다면 현상을 단편적으로 해석하는 데 그치지 않고, 사람들의 소비 행동에 대한 심층적 이해는 물론 향후 변화의 방향에 대한 합리적 추론이 가능하지 않을까 싶다.

그래서 **데이터를 통해 현시점의 우리 사회를 관통하는 소비 동기 7가지를 분석했으며, 세대별로 강하게 작용하는 순서대로 세대별 소비 동기의 순위를 도출**했다. 2장에서는 소비 동기 7가지와 세대별 소비 동기 순위를 제시하고, 이후 세대별 핵심적 소비 동기를 바탕으로 소비 행동의 특징, 그런 특징이 나타나는 근원적 이유를 살펴볼 것이다. 그 결과 나타나는 라이프스타일과 비즈니스 전반의 변화 양상들도 설명하고자 한다.

데이터로 본
소비 동기 7가지와
세대별 특성

지금 한국인의 지갑을 여는
소비 동기 7가지

| 한국인의 지갑은 어떤 동기로 열리는가? |

소비 동기를 분석하는 방법

소비 동기를 분석하기 위해 15~64세 남녀 2,000명을 대상으로 소비 성향과 라이프스타일에 대한 설문을 진행했다. 이 설문은 소비 관련 인식과 성향, 계획, 행동을 묻기 위한 8개 분야 350여 개 문항으로 구성됐다. 그 결과 데이터에 대해 요인 분석을 수행해 350개 문항을 총 7개 요인으로 묶어낸 후 요인별 데이터의 패턴을 살펴서 소비 동기 7가지로 정의했다.

한국인의 라이프스타일에 관한 8개 영역, 350여 개의 질문

요인 분석(Factor Analysis)으로 350여 개의 응답값을 소비 동기 7개로 압축하여 각 동기에 이름을 붙임

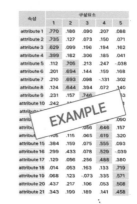

세대별로 소비 동기의 주요 문항 응답값들을 표준점수로 산출하여 랭킹을 매김

	세대 A	세대 B	세대 C	세대 D	세대 E
1. 향유하는 소비	71.2	89.9	102.8	120.5	115.5
2. 의식 있는 소비	89.8	72.2	102.5	124.4	111.1
3. 자기 향상 소비	113.5	120.8	75.4	82.2	108.0
4. 자기 관리 소비	122.5	106.8	84.4	74.3	112.0
5. 탐구하는 소비	72.9	94.0	99.8	128.4	104.9
6. 유행 대세 소비	116.6	112.5	79.2	77.1	114.6
7. 대비하는 소비	117.5	121.8	94.6	72.7	93.4

세대별 표준점수로 소비 동기의 랭킹을 세우고 톱3를 세대별 대표 소비 동기로 판단

요인 분석은 매우 복잡한 현상을 간명하게 이해할 수 있는 통계 기법 가운데 하나다. 쉽게 설명하면 우리가 큰 상점에 갔다고 가정해보자. 상점 안에는 수많은 물건이 있고 이 물건들은 서로 다른 여러 특성이 있을 것이다. 어떤 것은 색깔이 화려하거나 모양이 독특하고, 어떤 것은 이름난 브랜드가 만든 것이며, 또 어떤 것은 매우 저렴하거나 비쌀 것이다.

만약 이 상점의 관리자가 고객의 구매 패턴을 이해하고 싶다면? 관리자는 고객들이 무엇을 왜, 어떻게 선택하는지 그리고 그들이 선택한 물건은 어떤 특징이 있는지 하나하나 관찰하고 분석해야 할 것이다. 하지만 이는 불가능하다. 그래서 관리자는 매대에 있는 물건들을 몇 개의 '요인'이라고 부르는 대표 범주로 묶어보기로 한다.

관리자는 물건들의 특성을 입력한 데이터에 요인 분석 기법을 적용해 '가격', '디자인', '브랜드 인지도'라는 요인 3개를 뽑아냈다. 그러면 그는 고객들이 선택한 물건이 요인 3개 가운데 어디에 속하는지 살펴봄으로써 '어떤 특성의 고객들이 어떤 요인에 이끌리는지' 보다 쉽게 이해할 수 있을 것이다.

다시 말해 요인 분석은 복잡하고 많은 데이터 속에서 일종의 패턴을 발견하는 데 도움을 준다. 그래서 이 연구에서도 응답자 2,000명이 소비 관련 문항 350여 개에 답변한 결과값들에 요인 분석 기법을 적용해 소비 요인, 즉 소비 동기를 7가지로 압축한 것이다. 각 소비 동기를 구성하는 개별 문항의 응답값들은 100점 기준으로 환산한 후 평균과 표준편차를 산출해 표준점수로 만들었다.

각 소비 동기의 강도나 순위를 세대별로 비교할 수 있도록 표준화
된 하나의 숫자로 요약했다고 보면 된다.

다음으로 뽑아낸 각 요인에 적절한 이름을 붙이고, 의미를 부여
하는 작업을 거쳤다. 소비자 인식 기반 데이터만이 아니라 리얼 데
이터로부터 얻은 통찰과 직관을 반영하기 위해 언론 기사와 소셜
빅데이터를 함께 활용했다. 이를 위해 최근 1년간의 리테일·주요 소
비재 관련 언론 기사들, 최근 10년간 소비 행동과 관련된 소셜빅데
이터(트위터, 인스타그램, 커뮤니티, 블로그)의 큰 흐름을 살폈다.

한국인의 소비를 이끄는 소비 동기 7가지

언급한 과정을 거치며 데이터를 기반으로 도출한 현재 한국인의
지갑을 여는 소비 동기 7가지를 소개한다.

(1) **향유하는 소비** Refined Consumption   이 소비 동기는 **일상의 즐거움
과 삶의 질을 중시하는 태도와** 관련이 깊다. 또 **문화생활이나 여가
활동에 적극적으로 참여하며 고급스러운 경험을 추구하는 소비 성향
의 근간**이다. 자신을 위해 돈을 투자하는 것에 인색하지 않고 삶의
질을 높이기 위해 의식적으로 소비하는 경향을 내포하기도 한다.

이 소비 성향의 포인트는 문화예술을 즐기는 행위 자체에 있는 것
이 아니다. 문화예술을 누리고 즐기는 삶을 멋지고 의미 있게 여기
는 심리로부터 발현된 성향이라는 점이 중요하다. '향유하는 소비'
는 지적 교양을 바탕으로 고양된 삶과 여가를 보내는 모습을 이상적

라이프스타일로 여기며, 이러한 삶의 지향이나 선호가 소비의 원인으로 작용하는 성향을 가리킨다. '향유하는 소비'에 해당하는 주요 소비 행동과 성향은 다음과 같다.

- 여행이나 공연·전시·미술관 등 경험과 문화를 누리는 취미 생활을 선호하는 편이다.
- 예쁘고 아름다운 장소, 핫 플레이스에 가보고 경험하는 것은 내게 즐겁고 중요한 일이다.
- 문화예술을 즐기고 누리며 사는 삶을 지향하는 편이다.
- 주말을 다양한 활동으로 즐겁게 보내기 위해 미리 생각하거나 준비하는 편이다.
- 여가 시간에 시간이나 비용을 들여 몰두하는 나만의 취미나 대상이 있다.

(2) **의식 있는 소비** Conscious Consumption 이 소비 동기는 **환경, 윤리적 생산, 건강 등에 관심이 높으며** 이러한 관심을 소비에도 적극적으로 반영하는 경향이 있다. 그래서 명칭이 '의식 있는 conscious' 소비가 됐다. **소비가 환경과 사회에 끼치는 영향을 고려하며, 친환경 제품이나 윤리적으로 생산된 제품을 선호하는 경향**과 관련이 깊다.

이 동기에 강하게 영향을 받는 사람들은 **소비를 통해 사회적 가치를 실현하려 하며, 그러한 가치관과 일치하는 제품과 브랜드를 선택**하려 한다. '의식 있는 소비'에 해당하는 주요 소비 행동과 성향은 다음과 같다.

- 친환경 혹은 에너지 절약 제품을 의식적으로 구매한다.
- 다소 불편하더라도 환경에 도움이 되는 소비나 행동을 해야 한다고 생각한다.
- 생활 속에서 내가 할 수 있는 일을 실천하면서 환경을 위해 노력하는 편이다.
- 가격이 비싸더라도 윤리적으로 생산·유통되는 제품을 우선 고려하는 편이다.
- 다소 가격이 비싸더라도 친환경·무농약·유기농 식품을 구매하는 편이다.
- 비건 식품이나 화장품에 관심이 있는 편이다.

(3) 자기 향상 소비Self-improvement Consumption   이 소비 동기는 개인의 성장과 자기 계발을 중시하는 태도와 관련이 깊다. 이 소비 동기에 강하게 영향을 받는 사람들은 **새로운 것을 배우고 경험하는 것을 중요하게 여기며, 교육이나 취미 활동 등에 투자**를 아끼지 않는다. 또 요즘처럼 새로운 기술이나 업종이 탄생하는 시대에 걸맞게 의식적으로 시간과 돈을 투자해 자신의 능력을 키우고자 하는 성향이 있다.

자기 향상 소비는 급여 소득만으로 일정 수준 이상의 삶을 영위하기 어렵다는 생각이 팽배한 가운데, **본업 외에 자신의 지식이나 능**

력, 기술, 경험을 활용해 부가 수익을 올리고자 하는 경향과도 맞닿아 있다. '자기 향상 소비'에 해당하는 주요 소비 행동과 성향은 다음과 같다.

- 나이와 상관없이 새로운 것을 습득하기 위한 배움을 계속해야 한다고 생각한다.
- 요즘 사람들이 생각하는 좋은 직업·직장의 기준이 달라지고 있는 것 같다.
- 나의 적성·능력을 발휘할 수 있는 일을 하는 것이 중요하다.
- 나는 새로운 기술이나 능력을 습득하기 위해 유료 클래스를 수강한 적이 있다.
- 본업 외에 내가 가진 지식이나 능력을 수익화하는 데 관심이 있다.

(4) 자기 관리 소비 Self-care Consumption   이 소비 동기는 **건강과 외모를 중시**하며, 건강한 식습관과 꾸준한 운동을 통해 최상의 컨디션을 유지하려 하는 성향과 관련이 있다. 이 소비 동기의 영향을 받는 사람들은 **건강한 생활 습관을 유지하려 노력하며, 건강식품이나 피트니스 관련 제품에 투자**를 아끼지 않는다.

자기 관리 소비는 스스로를 가꾸는 것을 중요하게 생각하며, 자기 관리를 통해 자신감이 높아지고 행복감을 느낀다. 또 건강한 식품과 생활용품에 소비하는 것을 중시하는 경향과 관계가 깊다. '자기 관리 소비'에 해당하는 주요 소비 행동과 성향은 다음과 같다.

- 약이나 건강기능식품보다 매일 좋은 식품을 섭취하는 것이 건강 관리에 더 중요하다.
- 가급적 제로 슈거, 무가당 식품이나 음료·주류를 섭취하려는 편이다.
- 정기적으로 운동을 하는 편이다.
- 체중과 식습관 관리, 노화 방지 등 건강 관리에 관심이 많은 편이다.
- 몸매 관리나 노화 방지 등 자기 관리에 관심이 많은 편이다.
- 심신의 건강을 위해 매일 실천하는 나만의 루틴이 있다.

(5) **탐구하는 소비** Explorative Consumption   이 소비 동기는 **소비를 위해 호기심과 탐구심을 발휘하는 성향**을 의미한다. 여행할 때는 흔히 가는 관광지 대신 현지인의 삶을 체험하거나 어떤 테마를 중심으로 독특한 활동을 깊이 있게 하는 것을 선호하는 식이다. **더 즐겁고 의미 있는 소비 활동을 위해 공부하거나 탐색하는 태도**와도 관련이 깊은데, 와인이나 위스키 등을 공부하고 탐구하면서 소비하는 경우가 해당한다.

탐구하는 소비 동기의 영향을 강하게 받는 사람들은 **소비를 통해 새로운 지식을 얻거나 인생 경험의 폭을 넓히고자 하며, 여기서 보람과 즐거움**을 느낀다. '탐구하는 소비'에 해당하는 주요 소비 행동과 성향은 다음과 같다.

- 유명 관광지 위주로 돌아보는 여행보다 현지인처럼 살아보는 타입의 여행이 좋다.
- 이제는 해외여행을 할 때 일반 코스보다 특별한 테마가 있는 여행을 선호한다.
- 내가 관심 있는 주종에 대해 시간을 내어 공부하거나 마셔보는 편이다.
- 분야에 관계없이 전문가 수준의 지식을 보유한 '덕후'는 대단하다고 생각한다.
- 관심사에 대해 깊이 알고 즐기기 위해 커뮤니티·모임에 나가거나 학원·클래스에 나가고 있다.

(6) 유행 대세 소비 Trend-following Consumption   이 소비 동기는 유행과 대세감을 중요하게 여기며 사회적 인정을 얻은 제품이나 서비스를 선호하는 성향과 관계가 깊다. 이 소비 동기에 영향을 받는 사람들은 **유명 브랜드나 대중적으로 인기 있는 제품을 선호**하는 편이며 대체로 **사회적 경험이 적은 젊은 사람들 혹은 어린 축에 드는 사람들**이 많은 편이다. 그래서 이들은 상대적으로 패션과 트렌드에 민감하며 의류, 액세서리, IT 제품 등 다양한 분야에서 현재 유행하는 제품을 구매하는 경향이 강한 편이다.

단, 이 소비 동기의 영향을 받는다는 것이 개성을 덜 추구한다는 의미는 아니다. 자신의 스타일이나 취향이 아직 확고하게 확립되지 않은 상태로 다양하게 탐색하다 보니 현재 유행하거나 유명한 것, 화제

가 되는 것으로부터 영향을 많이 받는다는 뜻이다. '유행 대세 소비'
에 해당하는 주요 소비 행동과 성향은 다음과 같다.

- 브랜드가 유명할수록 그 브랜드 제품의 품질을 신뢰하는 편이다.
- 꼭 필요한 것은 아니라도 요즘 유행하거나 트렌디한 것이 있으면 사보는 편이다.
- 멤버십 가입비나 추가 요금을 좀 더 부담하더라도 빨리 배송받는 것을 선호하는 편이다.
- 원하는 것을 장만하기 위해 다른 지출을 대폭 줄이는 것은 현명한 소비라고 생각한다.
- 쇼핑은 물론 즐길 거리와 먹거리를 갖춘 복합 공간에 가는 것을 즐기는 편이다.
- 새로운 디저트를 찾아서 먹어보는 것이 즐겁다.

(7) **대비하는 소비**Precautionary Consumption   이 소비 동기는 현재의 저
성장 국면과 고금리, 고환율, 고물가라는 3高에 처한 **불확실하고 암
울한 경제 상황과 관련이 깊다.** 내면적 이유가 아니라 **유일하게 경제
라는 외부 요인에 의해 활성화되는 소비 동기로서 합리적이고 실용적
인 소비를 추구**하는 경향이 있다. 이 소비 동기에 영향을 받는 사람
들은 브랜드나 유행보다는 **가성비와 제품의 실용성을 중시하며 합리
적인 가격에 좋은 품질의 제품을 찾기 위해 시간과 노력을 투자**한다.
따라서 이 소비 동기는 구매에 앞서 다양한 제품을 열정적으로

비교하거나 브랜드에 대한 충성도보다는 가성비 등 가격적 메리트를 찾아 다양한 브랜드와 제품을 시도하는 행동의 원인이 된다. 또 이는 **경제적 효율성을 최우선으로 생각하며, 자신만의 기준에 따라 구매 결정**을 내리는 태도와도 연결된다. '대비하는 소비'에 해당하는 주요 소비 행동과 성향은 다음과 같다.

- 늘 사던 브랜드보다 더 가성비가 높다고 생각한다면 다른 브랜드를 구매할 의향이 있다.
- 중고 거래는 다양한 상품을 보다 경제적으로 경험해볼 수 있는

■ 소비동기 7개 요약표

소비 동기	요약
향유하는 소비	문화생활과 여가 활동, 고급스러운 경험을 중시하며 삶의 질 향상을 추구하는 소비 성향
의식 있는 소비	환경, 윤리적 생산, 건강 등에 대한 관심을 소비에 반영하는 지속 가능한 소비 성향
자기향상 소비	개인의 성장과 자기 계발을 중시하며 교육과 취미 활동에 투자하는 소비 성향
자기 관리 소비	건강한 생활습관 유지와 외모 관리에 투자하여 자신감과 행복을 증진시키려는 소비 성향
탐구하는 소비	호기심과 탐구심을 바탕으로 새로운 지식과 경험을 추구하는 소비 성향
유행 대세 소비	대중적 인기와 사회적 인정을 받은 최신 트렌드 제품을 선호하는 소비 성향
대비하는 소비	경제적 불확실성에 대비해 가성비와 실용성을 중시하는 합리적 소비 성향

효율적 생활 방식이다.

- 물건을 살 때 다른 조건보다 가격을 가장 중요하게 고려하는 편이다.

- 최근 소비 지출을 줄이고자 노력하고 있다.

- 나의 앞날이나 미래, 노후에 대한 불안감이 높다.

| 각 세대가 강하게 영향받는 소비 동기는 어떻게 다를까? |

세대 구분 기준

세대별로 강하게 나타나는 소비 동기를 제시하기에 앞서 이 책에서 말하는 세대 구분 기준을 살펴보기로 하자.

[그림 2]에 제시한 세대별 출생연도는 연구자에 따라 경계 부분이 미세하게 달라지는데 베이비부머 세대는 전후 평화 무드를 배경으로 인구가 급증한 시점에 태어난 세대를 가리키므로 대체로 1950년

■ [그림 2] 이 책의 세대 구분 기준

세대 명칭	출생 연도	세대별 핵심 키워드
베이비부머	1955~1969년생	민주화
X세대	1970~1979년생	문화개방
M세대	1980~1995년생	인터넷
Z세대	1996~2009년생	모바일
알파 세대	2010년 이후 출생	AI

대 중반 이후부터 1960년대 출생자까지가 일반적이다. X세대는 1990년대에 20대를 보낸 1970년대생을 메인 스트림으로 본다.

또 통계청이 발표하는 장래인구추계에 따르면, 1969년생까지는 만 65세 진입 인구가 70~90만 명 이상인 반면, 1970년생이 만 65세로 노년층에 진입하는 2035년 이후부터는 매년 노년에 진입하는 인구가 60만 명대로 줄어들므로 베이비부머 세대와 X세대를 1970년을 기점으로 구분하는 것이 적당하다고 보았다. 이 책에서 386세대를 굳이 다루지 않은 것은 이들이 소비나 문화가 아니라 정치적 상징성에 의해 특정된 세대이기 때문이다.

밀레니얼 세대는 1980년부터 1995년생으로 구분했다. 밀레니얼 세대의 시작은 1980년 출생, 1981년 출생 혹은 1980년대 초반 출생 등 다양하게 정의된다. 1970년대생을 X세대로 보는 시각이 보다 보편적이므로 밀레니얼 세대는 1980년 출생자를 시작점으로 보기로 했다. Z세대 역시 1995년 이후 출생, 1996년 이후 출생 등 다양하게 구분하지만 밀레니얼 세대와 Z세대의 출생연도 구간을 각기 15년씩으로 잡으면서 1996~2009년생을 Z세대로 분류했다. 이에 따라 알파 세대는 자연스럽게 2010년 이후 출생자로 정의했다.

독자들은 자신의 출생연도를 대입해 각 세대에 이입하는 것이 일반적이다. 내가 속한 세대의 설명이 내게 맞는다 혹은 맞지 않는다는 식으로 개인적 검증을 하면서 읽게 될 것이다. 그런데 각 세대의 처음이나 마지막, 즉 구분의 경계에 있는 사람들은 양 세대의 특성이 혼재되는 것이 당연하다.

물론 성장 환경, 공통의 경험, 개인 성향에 따라 어느 한쪽의 특성이 더 강하게 나타날 수도 있다. 예를 들어 1980년 초반 출생자는 밀레니얼 세대로 분류하며 1990년대에 10대를 보냈지만, 동시대인으로서 1990년대를 함께 경험했으므로 1990년대에 20대를 보낸 X세대의 이야기가 한층 이해되고 공감될 수 있다는 얘기다.

그러므로 이 책의 내용과 흐름을 따라갈 때 개별적 특수성이나 개인적 취향보다는 각 세대의 보편적 경향, 큰 흐름을 염두에 둘 것을 독자들에게 미리 당부하고자 한다.

세대별 소비 동기 순위

이 책의 출발점을 다시 떠올려보자. 이 책은 **현재 우리 사회를 살아가는 전 세대에게 동시대인으로서의 공통된 소비 동기가 존재할 것이고, 세대별로는 각기 다른 경험과 현재의 라이프 스테이지에 따라 각 소비 동기의 강도와 순위에 차이가 있을 것이라는 가설적 아이디어로부터 출발**했다. 또 '현대 사회를 살아가는 사람들은 소비로 자신의 정체성을 드러낸다'는 장 보드리야르의 주장은 세대 효과와 연령 효과에 의해 소비 동기의 차이가 나타날 것이라는 아이디어의 이론적 근거가 됐다.

이와 같은 가설에 따라 설명한 소비 동기 7가지를 정량적 비교가 가능한 표준점수로 만들었다. 그리고 세대별로 소비 동기 7가지의 표준점수가 각기 어떻게 나타나는지 살펴봤다.

현재 초등학생인 알파 세대는 스스로 설문에 응답할 수 없으므로

소비 동기	세대별 표준점수				
	Z세대	M세대	X세대	BB세대	알파 세대 (부모)
의식 있는 소비	71.7	88.4	104.4	120.2	115.3
자기 향상 소비	89.1	73.1	101.6	125.0	111.2
향유하는 소비	116.3	116.9	76.3	80.4	110.1
유행 대세 소비	123.0	105.1	85.4	74.0	112.4
자기 관리 소비	73.4	92.9	100.1	128.5	105.2
탐구하는 소비	117.9	109.4	81.0	75.9	115.8
대비하는 소비	114.1	123.7	98.3	72.3	91.6

양육자인 알파 세대 부모의 소비 동기를 분석했다. 아직 어린이인 알파 세대는 부모의 소비관과 가치관의 영향을 강하게 받을 것이므로 부모의 소비 동기 분석은 알파 세대의 소비 성향을 가늠하는 데 현재로서는 최선의 수단일 것이다. 이에 더해 알파 세대 부모에게는 소비 동기를 분석하기 위한 공통 문항과 별도로 자녀의 소비 생활에 대한 설문을 진행했다.

　그러면 세대별로 활성화된 소비 동기는 어떻게 다를까? [그림 3]은 알파 세대 부모와 Z세대부터 베이비부머 세대까지 각 세대의 소비 동기별 표준점수를 정리한 것이다. 각 점수는 100을 기준으로 100보다 크면 그 동기가 해당 세대의 소비 행동에 영향을 미치는 강도가 높고, 작으면 강도 역시 평균적 수준보다 낮다는 의미로 해

■ [그림 4] 세대별 소비 동기 순위

순위	Z세대	M세대	X세대	베이비부머	알파 세대(부모)
1	유행 대세	대비하는	의식 있는	자기 관리	탐구하는
2	탐구하는	향유하는	자기 향상	자기 향상	의식 있는
3	향유하는	탐구하는	자기 관리	의식 있는	유행 대세
4	대비하는	유행 대세	대비하는	향유하는	자기 향상
5	자기 향상	자기 관리	유행 대세	탐구하는	향유하는
6	자기 관리	의식 있는	탐구하는	유행 대세	자기 관리
7	의식 있는	자기 향상	향유하는	대비하는	대비하는

석할 수 있다.

이 점수를 바탕으로 세대별 소비 동기의 순위를 정리하면 [그림 4]와 같다. 다음 절부터는 세대별 소비 동기에 따른 특징적 소비 행동과 성향들을 데이터와 사례를 통해 살펴보기로 한다. 그리고 마지막 3장에서는 한국인의 소비를 이끄는 7개의 소비 동기가 비즈니스에 어떤 변화를 초래하고 있는지, 그에 따라 향후 어떤 비즈니스 테마가 유망할 것으로 전망되는지 다룬다.

Z
GENERATION Z
1996~2009년 출생

유행 대세 소비   팀구하는 소비   향유하는 소비

복합 공간 방문 즐김
Z세대 60%는
쇼핑은 물론 즐길거리와
먹거리를 갖춘 복합 공간에
가는 것을 즐기는 편이다

새로운 디저트 즐김
Z세대 56%는
새로운 디저트를 찾아서
먹어보는 것이 즐겁다

유명 브랜드 신뢰
Z세대 54%는
브랜드가 유명할수록
그 브랜드 제품의 품질을
신뢰하는 편이다

소비를 위한 선택적 절약
Z세대 39%는
내가 원하는 특별하거나
비싼 것으로 누리기 위해
다른 지출을 대폭 줄이는 것은
현명한 소비라고 생각한다

유행 아이템 소비
Z세대 33%는
꼭 필요한 것은 아니라도
요즘 유행하거나 트렌디한 것이
있으면 사보는 편이다

덕질에 대한 긍정적 인식
Z세대 60%는
덕질에 대해
긍정적이다

몰두하는 취미나 대상 존재
Z세대 48%는
여가 시간에 시간이나 비용을 들여
몰두하는 나만의 취미나 대상이 있다

경험 및 문화 취미생활 선호
Z세대 48%는
여행이나 공연, 전시, 미술관 등
경험 및 문화를 누리는
취미생활을 선호하는 편이다

Z세대는 누구이며 무엇을 원하는가?

| 한눈에 보는 Z세대의 소비 성향 |

Z세대에서는 '유행 대세 소비'와 '탐구하는 소비'가 가장 강하게 작동하는 소비 동기였으며, '향유하는 소비'가 그 뒤를 잇는다. Z세대에서 '유행 대세 소비'가 1위인 점은 연령 효과가 발현된 것으로 보는 것이 자연스럽다.

유행 대세 소비에서 언급했듯이 유행을 좇고 대세를 따른다는 것이 개성의 결여를 의미하지는 않는다. 이들은 자신의 취향과 소비 스타일을 확립해가는 과정에서 다양한 트렌드를 시험해보게 되며, 그러다 보니 현재 유행하는 것, 대세인 것에 민감할 수밖에 없을 뿐

■ [그림 5] 세대별 소비 동기 순위

순위	Z세대	M세대	X세대	베이비부머	알파 세대(부모)
1	유행 대세	대비하는	의식 있는	자기 관리	탐구하는
2	탐구하는	향유하는	자기 향상	자기 향상	의식 있는
3	향유하는	탐구하는	자기 관리	의식 있는	유행 대세
4	대비하는	유행 대세	대비하는	향유하는	자기 향상
5	자기 향상	자기 관리	유행 대세	탐구하는	향유하는
6	자기 관리	의식 있는	탐구하는	유행 대세	자기 관리
7	의식 있는	자기 향상	향유하는	대비하는	대비하는

이다. 한편으로는 아직 업적이나 축적된 자산이 적으므로 자신의 정체성이나 존재감, 취향을 드러내기에 소비라는 수단 말고는 내세울 만한 것이 많지 않은 연령대이기도 하다.

Z세대의 소비 동기 2위인 '탐구하는 소비'는 호기심과 탐구심을 바탕으로 유희하듯 소비를 즐기는 성향을 반영한 것으로, 시간과 비용을 들여 취미와 여가를 더욱 깊이 즐기는 경향과도 연결된다. 덕질의 시조는 X세대였고, 이어서 케이팝 문화의 원형을 만든 건 밀레니얼 세대였지만, Z세대는 덕질을 일상 속으로 받아들인 세대다. '덕질', '덕후' 기질, 팬덤 소비 등은 '탐구하는 소비'가 발현된 소비 현상 가운데 하나라고 할 수 있겠다.

원래 '덕질'은 주로 아이돌이나 애니메이션 등 특정 영역에 깊이 천착하며 약간 비정상적일 정도로 '후벼 파는' 행태를 가리켰다. 비하하는 말에 가까웠던 '덕질'이라는 단어가 '좋아하는 대상에 깊이 몰입하는 일'로 받아들여질 정도로 개념이 순화되고 건전한 취미 생활로 양지화된 것은 개인의 존중을 중시하는 사회 분위기 속에 밀레니얼 세대와 함께 Z세대가 끌어낸 변화 가운데 하나일 것이다.

한편 Z세대의 소비 동기 3위의 '향유하는 소비'는 삶의 질 추구가 당연하고 기본 교양이 높으며 경험 경제가 활성화된 시대를 살아가는 세대로서 이들이 **다채로운 대중문화와 한때는 상류층의 전유물이었던 예술 영역까지 일상적이고 보편적인 여가로서 향유하는 세대**라는 점을 의미한다. '향유하는 소비'는 윗세대인 밀레니얼 세대의 주된 소비 동기인데 이를 Z세대가 공유한다는 점은 소비 행동의 관점에서 MZ라는 이름으로 늘 밀레니엄과 함께 묶여서 설명돼온 이유일 것이다.

| Z세대는 누구인가? |

'탄생 복권'이라는 말이 있다. 흔히 사람들은 개개인이 어떻게 살아가느냐는 개인의 역량에 많은 부분이 달렸다고 생각하지만, 우리가 태어난 환경, 가족, 국적 등에 따라 인생의 기회나 장애물 등 많은 부분이 좌우된다는 말이다. 그래서 이 개념은 다양한 분야에서 인간의 불평등한 시작점을 설명하는 데 자주 쓰인다.

그런 관점에서 우리나라의 Z세대는 이전 세대와 특별히 구별되는

지점이 있다. 2021년 유엔무역개발회의UNCTAD는 우리나라의 지위를 개발도상국에서 선진국으로 상향 조정했다. 현재 10대 후반에서 20대 초중반에 걸쳐 있는 **Z세대는 이전 세대와 달리 선진국에서 청소년기와 청년기를 보내고 있는 셈이다.** 이들은 우리의 대중문화가 해외에서 각광받고, 대부분의 나라에서 무비자로 통과되는 한국 여권의 '여권 파워'를 크게 감격하지 않고 받아들인다.

2019년 일본의 수출 보복 조치로 촉발됐던 '노 재팬' 운동이 무색할 정도로 엔데믹 이후 젊은 층의 일본 여행 붐이 일어나는 것에 대해 기성세대들은 혀를 차지만, 한켠에서는 이들은 일본에 대한 열등감이나 복수심을 그다지 갖고 있지 않은 탓이라고 분석하기도 한다.

그렇게 **Z세대는 물질적으로 부족함이 없는 환경에서 민주적이고 수평적인 관계를 보편으로 알고 성장했다.** 학생인권조례 시행으로 체벌이나 두발 규제가 없는 환경에서 학급당 학생 수가 30명 안팎인 학창 시절을 보냈다. 1등부터 꼴찌까지 줄을 세우는 상대평가를 지양하고 개개인의 개성과 능력을 중시해야 한다는 교육적 풍조 속에 **이전 세대들 대비 덜 경쟁적이면서 획일적인 성공의 이미지를 동경하지 않는 최초의 세대로** 자라났다. 이런 점이 Z세대로부터 시작되는 새로운 직업관의 형성에도 상당한 영향을 미친 것으로 보인다.

한편 **Z세대는 그 어떤 세대보다 부모를 친밀하게 여기며, 그 어떤 세대보다 부모와 대화를 많이 하는 세대다.** Z세대의 부모인 X세대는 경제 성장기에 물밀 듯 들어오는 해외 문화와 아직 계몽되지 않

■ [그림 6] 세대별 부모와의 관계(Top2%)

	전체	Z세대	M세대	X세대	BB세대
나는 부모님으로부터 충분히 경제적 지원을 받은 편이다	36.9	56.8	41.2	30.1	21.4
나는 부모님으로부터 충분한 정서적 지지와 보호를 받은 편이다	46.8	53.3	47.1	45.0	43.2
나는 부모님과 대화가 잘 통한다	38.6	50.4	39.4	33.3	33.8
나는 부모님과 대화를 자주 하는 편이다	41.3	60.0	42.5	35.1	31.0
나의 부모님은 나에게 친구 같은 분들이다	36.2	51.6	38.6	30.7	25.8

은 국민 의식 사이에서 외계에서 온 별종처럼 취급받았지만, 개인주의의 시조이자 개성의 존중을 최초로 부르짖은 세대답게, 부모로서의 권위를 세우기보다 자녀와 많은 시간을 함께 보내며 친구 같은 부모가 되기를 원했다.

그 결과 Z세대는 다른 어떤 세대보다도 부모와의 친근감이 높다. Z세대 자녀와 X세대 부모의 이런 케미는 Z세대가 숨 쉬듯이 사용하는 SNS에 '#엄빠랑'이라는 해시태그로부터 남다름을 확인할 수 있다. 밀레니얼 세대의 '#엄빠랑'이 효도의 느낌이라면 Z세대의 '#엄빠랑'은 부모와 친구처럼 즐겁게 시간을 보내는 모습을 올릴 때 쓰인다.

모두가 꼽는 Z세대의 가장 중요한 특징은 **디지털의 세례 속에 청소년기에 이미 스마트폰과 모바일 퍼스트의 세상을 경험했다**는 점이

밀레니얼의 #엄빠랑   Z세대의 #엄빠랑

다. 이를 바탕으로 이들은 유튜브와 틱톡, 인스타그램과 핀터레스트 등 글로벌 플랫폼을 통해 전 세계를 자유롭게 유영하며 **한국인을 넘어 세계인으로서의 정체성**을 최초로 탑재했다.

Z세대와 함께 묶여 '디지털 이주민'이라 불리는 밀레니얼 세대도 있지만, '디지털 네이티브'로서 **Z세대가 독특한 지점은 디지털 환경과 SNS가 어떤 목적을 위한 수단만이 아니라 일상 그 자체라는 점이**다. 이는 SNS의 개인적 가치를 질문한 [그림 7]에서 그 의미를 유추할 수 있다. SNS가 어떤 세대에게는 소식과 정보를 얻거나 타인과의 소통과 교류를 위한 장이고 또 어떤 세대에게는 기록 혹은 퍼스널 브랜딩의 장이라면, **Z세대에게 SNS는 그 '모든 것'이며 일상**이다. 이 지점이 '이주자'와 '네이티브'가 가장 큰 차이를 보이는 부분이다.

일상의 모든 일이 디지털 환경에서 다양한 플랫폼과 SNS를 매개

	전체	Z세대	M세대	X세대	BB세대	알파세대부모
SNS는 내 삶의 단면을 보여주는 일종의 포트폴리오다	42.4	51.2	44.6	34.9	39.5	42.4
SNS는 소통이나 교류보다는 내가 어떤 사람인지 보여주려는 목적이 크다	40.4	40.9	43.4	40.4	34.7	46.8
SNS는 매일의 일상이나 생각을 기록해 두는 일기장 같은 것이다	44.9	51.2	47.2	36.7	44.6	51.1
SNS는 다양한 곳의 다양한 사람과의 소통이나 교류의 장이다	59.9	65.9	54.6	58.7	65.3	59.0
SNS는 세상의 소식·정보를 얻게 되는 통로이다	63.8	72.9	61.7	59.6	64.5	61.2
SNS는 여유 시간 또는 심심한 시간을 보내는 수단이다	64.6	74.4	66.7	61.0	56.5	64.0
SNS는 쇼핑을 할 수 있는 쇼핑몰과 같은 곳이다	33.8	43.0	34.3	29.1	30.4	35.3

로 돌아간다는 것은 Z세대의 독특한 성향과도 연결된다. 언젠가 가수 아이유가 전화 공포증이 있다고 말한 것이 화제가 된 적이 있는데, 그녀만의 특성은 아니다. 배달의민족 등 배달 플랫폼이 일상에 빠르게 침투한 것이나 무인점포가 성장하는 것 역시 팬데믹 이전부터 존재해온 젊은 세대 중심의 '전화 포비아' 성향에 힘입은 바가 적지 않다. 젊은 세대일수록 대면 상황이나 통화를 기피하고 가급적

메시지로 해결하려는 경향이 강하다. 디지털 환경에서는 대면하지 않고도 대부분의 일을 해결할 수 있기 때문이다. 팬데믹은 여기에 당위를 붙여준 사건이었을 뿐이다.

그러면서도 Z세대는 그 디지털 플랫폼과 SNS를 통해 언제나 온^{on}, 접속되고 연결된 상태다. 비대면 선호, 전화 포비아 성향은 밀레니얼 세대와 Z세대가 공유하는 특성이지만 디지털 수단을 통한 연결에 특정한 목적이 있는가 없는가라는 지점에서 밀레니얼 세대와 Z세대는 미묘하게 갈린다.

목적이 없는 쪽이 Z세대인데, 목적 없이 그저 함께하는 느낌, 연결된 느낌을 얻고 싶다는 욕구를 최근 '밥친구', '켜잠' 트렌드에서 읽을 수 있다. 대면하고 싶지는 않지만 언제나 연결되고 싶은 세대, MBTI나 퍼스널컬러에 열광하며 어떤 세대보다 자기 자신에 대해 탐구하지만 '함께'라는 소속감을 갈망하는 세대, 바로 Z세대다.

| 본 투 비 크리에이터 |

4~5년 전쯤인가, Z세대가 떠오르는 세대로 주목받기 시작한 즈음 '어디에서 검색하는가?'라는 것이 세대를 가르는 구분자로 회자된 적이 있다. 네이버나 구글 등 포털사이트에서 검색해 블로그나 기사 등 텍스트 자료를 찾으면 밀레니얼 세대 혹은 X세대 이상이고, 유튜브로 검색해서 영상으로 찾아보면 Z세대 이하라는 얘기였

다. 유튜브나 틱톡 등으로 대표되는 비디오 퍼스트 세대라면 단연 Z세대가 시작이다.

밀레니얼 세대가 TV의 정제된 영상에 보다 익숙했다면 Z세대는 유튜브의 날것인 영상에 익숙하다. 각 잡고 형식을 갖춘 영상보다 날것인 쪽을 더 솔직하고 진실된 것으로 느낀다. 긴 시간 집중하는 것을 고역으로 느끼며, 핵심으로 진입하기까지 서론이 긴 콘텐츠를 견디지 못한다. 그래서 이들에게는 10분을 넘기지 말고 기승전결 서사를 갖추기보다 본론으로 들어가는 숏폼 콘텐츠가 낫다.

숏폼을 선호하다 보니 드라마도 배속으로 돌려보고 그마저도 힘들어서 유튜브 클립으로 몰아본다. 20부가 일반적이던 미니시리즈가 16부로 줄어들고 12부작 드라마도 나왔다. OTT에서는 6부작과 8부작 드라마를 만들며, 심지어 KBS에서는 오래전 대하 사극이 100부작쯤 됐다면 최근 제작된 〈태종 이방원〉(2022)이나 〈고려거란전쟁〉(2023) 등은 불과 32부작으로 편성됐다.

Z세대는 숏폼을 소비하는 데 익숙할 뿐 아니라 **순간적으로 일상 속에서 어떤 순간을 포착해 영상으로 찍고 적절한 자막이나 이모티콘을 빠르게 버무려서 유튜브 숏츠나 틱톡, 인스타그램 스토리로 업로드하는 데 익숙하다.** 다양한 콘텐츠에 워낙 노출되다 보니 **콘텐츠 기획이 순간적으로 되는 세대**라고나 할까. 특별히 노력하지 않아도 크리에이터의 자질을 갖추고 있는 것만 같다.

틱톡이 대표적이다. 우리나라는 유튜브와 인스타그램이 가장 많이 사용하는 SNS이자 콘텐츠 소비 플랫폼이지만, 틱톡은 Z세대를 중심으로 우리나라에서도 그 저변을 확대하고 있다. **2023년 11월 기준으로 우리나라 틱톡 사용자의 약 43%는 10대와 20대이며, 10대의 비중이 약 25%로 20대보다 많다.** 이들 대다수는 Z세대, 일부는 알파 세대다. 밀레니얼 세대에 해당하는 30대 비중도 20%로 초기 대비 비중이 커졌다. 틱톡 사용자 가운데 MZ의 비중이 60%를 넘는 셈이다.

틱톡이 빠르게 저변을 확대한 기반은 '챌린지'인데, 틱톡의 챌린지 영상들은 애초에 '참여'를 권하는 형태라는 점에서 다른 SNS와는 차이가 있다. **사용자들이 단순히 콘텐츠를 소비하는 것이 아니라 직접 창작에 나서게 하기** 때문이다. 유튜브 콘텐츠는 레거시 미디어나 전문 제작자들이 유입되면서 콘텐츠에서 날것의 냄새가 좀 빠진 대신 숏츠가 그 자리를 대신하고 있다면, 틱톡은 영상 촬영과 편집의 간편성으로 콘텐츠 생산 허들을 크게 낮춰 **일상적인 콘텐츠 창작이 한결 쉽고 편리하다는 점에서 Z세대의 크리에이터 본능을 저격**한 경우다.

한때 유튜버가 쉽고 재밌게 돈을 버는 직업, TV 등 레거시 미디어를 통하지 않고도 개인이 다수 대중에게 도달할 수 있고, 미디어의 데스킹[1] 과정 없이 직접 대중의 선택을 받아 하루아침에 인플루언서가 될 수도 있는 매체로 각광을 받아 너도나도 유튜버를 꿈꾸던 시점도 잠깐 있었다.

---

1 방송, 신문 보도의 기삿감을 선별하고 통제하는 기능 혹은 그런 작업을 담당하는 사람을 '데스크'라고 일컫는 관용적 표현이다.

물론 지금은 그것이 쉽지 않은 일이라는 점을 누구나 알고 있지만, **영상을 만드는 사람과 시청하는 사람 사이에 경계가 없어졌다는** 점이 중요하다. 또 수익을 목적으로 하지 않더라도 자신을 기록하거나 알리고 싶어 하는 욕구가 콘텐츠 창작의 드라이버가 되고 있다. 유튜브에 다양한 브이로그가 넘쳐나는 것이 그 결과다.

일상 브이로그, 여행 브이로그, 육아 브이로그는 거의 고전이고, 2022년과 2023년에는 고금리 영향으로 스타트업 신에 돈줄이 마르면서 권고사직이 많았는데 인사팀 면담과 마지막 날 짐 싸기, 이후 심경까지 영상으로 찍어 올리는 권고사직 브이로그도 넘쳐난다. 이전 세대의 감각으로는 쉽게 이해되지 않는 주제임이 분명하다.

스토리가 없거나 목적이 없는 콘텐츠도 많다. 수험생이라면서 말 한마디 하지 않고 책을 넘기며 공부만 하는 채널도 있는데 구독자가 금세 수만 명씩 늘어나기도 한다. 아무렇지도 않은 등교나 출근, 운동, 옷차림 등 매일 기록하는 것이 목적인 콘텐츠도 많다. 이전 세대에게 사진이나 영상은 특별한 날의 기록이었다면 Z세대에게는 매일 평범한 일상의 기록일 뿐이다.

Z세대의 크리에이터 성향은 팬덤 문화에도 영향을 미치고 있다. 과거 팬들은 제작사가 만든 콘텐츠를 일방적으로 소비하는 데 그쳤다면, Z세대 팬들은 본인들이 직접 콘텐츠를 제작한다. 아이돌 '자체 제작 콘텐츠(자컨)'도 인기 있지만, 팬들이 덕질하는 모습을 담은 영상 콘텐츠인 '덕질 브이로그'도 인기를 얻고 있다. 팬들 대다수가 영상을 촬영하고 공유하는 데 거부감 없는 Z세대라 가능한 일이다.

대부분 아이돌은 홈마[2]가 있어 그들이 찍은 사진으로 제작한 비공식 굿즈를 인기리에 판매하고, 이들이 개최하는 온·오프라인 유료 전시회에 기꺼이 팬들이 몰린다. 최근에는 팬들이 직접 기획하고 운영하는 '생일 카페(생카)'[3]도 찾아볼 수 있다.

Z세대는 어떤 세대보다 콘텐츠에 진심이다. 이는 콘텐츠 창작자와 소비자의 경계가 모호한 소셜미디어와 메시지의 발신과 수신이 원활한 스마트폰을 일상적으로 사용해온 성장기의 경험과 관련이 깊다.

이들은 현실 세계보다 온라인 세상에서 사회적 교류를 더 많이 하며, 자신의 일상과 생각을 공개적으로 드러내는 데 개방적이다. Z세대의 크리에이터 본능의 핵심은 '본 투 비 크리에이터Born-to-be Creator'로서 먹히는 콘텐츠가 무엇인지 본능적으로 아는 감각과 어떤 내용이든 사람들에게 공유할 마음을 먹는 용기가 아닐까.

| 거리낌 없이 돈에 연연하는 세대 |

2018년 우리나라는 1인당 국민총소득 3만 달러를 넘겼고,

---

2 홈마스터의 준말로 연예인의 사진과 동영상을 고퀄리티로 찍어 개인 웹사이트 혹은 소셜미디어 계정에 올리는 팬을 말한다.

3 아티스트의 생일을 맞아 일정 기간 동안 카페를 아티스트의 포스터나 액자, 현수막, 작품을 연상할 수 있는 물품 등으로 꾸미고 팬들이 방문해서 즐길 수 있도록 하는 행사로, 소속사와 무관하게 팬들이 주최하는 자발적인 이벤트다.

2021년에는 유엔무역개발회의에 의해 선진국의 반열에 들었다. 70여 년 전만 해도 식민지와 내전으로 폐허가 됐던 나라가 선진국으로 인정받았다는 것도 놀랍지만, 이는 심지어 UNCTAD 설립 이후 처음이라 하니 전 세계에 유례가 없던 일이 일어난 셈이다.

그런 배경에서 성장한 Z세대지만 이들은 **돈에 대해 가장 현실적인 세대**다. 어쩌면 금전적 가치에 가장 솔직한 세대라고 하는 것이 맞을지 모르겠다. 거리낌 없이 돈에 연연하고, 그러면서도 합리적인 소비를 추구한다. 그런 점에서 Z세대는 밀레니얼 세대와 함께 계층이 아니라 한 사람의 소비 내에서 일어나는 양극단의 소비, 소비 양극화의 주역이다.

■ [그림 8] 세대별 중시하는 가치 순위

순위	Z세대	M세대	X세대	BB세대
1	부/재력	안정감	안정감	자존감
2	즐거움	부/재력	자존감	안정감
3	꿈/희망	즐거움	즐거움	즐거움
4	안정감	자존감	부/재력	부/재력
5	자존감	꿈/희망	꿈/희망	꿈/희망
6	성장/발전	성장/발전	책임감	책임감
7	성취감	성취감	성취감	성취감
8	명예/명성	자율성	성장/발전	공정성
9	자율성	책임감	자율성	조화/협력
10	책임감	편의성	공정성	성장/발전

[그림 8]을 보면 Z세대는 어떤 세대보다도 '다른 것과 바꿀 수 없을 만큼 중요한 가치'로 '부와 재력'을 가장 높게 응답했다. 밀레니얼 세대만 해도 부와 재력 등 금전적 가치를 노골적으로 추구하는 태도를 우아하지 않게 여기지만 Z세대는 날것의 콘텐츠를 선호하는 성향만큼이나 솔직하게 금전적 가치에 대한 추구와 선망을 숨기지 않는다. 현재 우리 사회 구성원들이 **부와 재력이 있어야 나머지 모든 가치를 누릴 수 있다는 것을 알고 있어서다.**

20~30년 전만 해도 아무리 돈이 있다고 해도 그것을 드러내고 사치를 하는 것은 비난의 대상이 되곤 했다. 1990년대 부모의 재력을 배경으로 쾌락을 좇는 오렌지족은 9시 뉴스의 비판 대상이 됐을 뿐 아니라 한 놀이공원에서 출입 금지를 당하는 수모(?)를 당하기도 했다. 심지어 '밥값보다 비싼 커피'를 사 마신다며 스타벅스에 가는 여대생들을 사치하는 '된장녀', '김치녀'로 서슴지 않고 매도하는 시선이 존재했던 것이 불과 20년 전 일이다.

그러나 현재 태생부터 부유한 금수저를 바라보는 시각은 당시와는 온도 차가 크다. 부와 재력이 가장 중요한 가치라고 응답한 **Z세대에게 부의 대물림을 의미하는 '금수저'는 마치 타고난 재능처럼 선망과 동경의 대상이다.** 현대판 계급론이라고도 불리는 '수저 계급론'은 부모의 부와 재력 수준에 따라 자녀의 계층이 결정된다는 인식으로 부모의 능력치에 따라 높으면 금수저, 낮으면 흙수저로 분류된다. 커뮤니티나 SNS에서는 거주하는 집, 보유한 차량, 집 내부 보유 가전의 종류나 식사 메뉴, 식탁 예절까지 금수저부터 흙수저가

구체적으로 어떻게 다른지 명시한 글들이 돌아다닐 정도다.

2021년 유튜버 프리지아(송지아)는 자신의 유튜브 콘텐츠와 각종 방송에서 한강 뷰 아파트에서 혼자 살며 명품만 입고 쓰는 금수저 이미지로 큰 인기를 얻었고, 그에 힘입어 공중파와 종편 예능에까지 진출했으나 얼마 지나지 않아 언박싱하거나 착용했던 명품 의류나 잡화 일부가 가품이라는 논란이 일면서 금수저 이미지에 큰 타격을 입고 활동을 중단했다. 금수저 이미지로 스타가 됐다가 금수저 이미지가 사라지면서 나락으로 떨어진 것이다.

근래에 삼성전자 이재용 회장에 대한 호감이 전에 없이 높은 것도 유사한 맥락으로 보인다. 2000년대까지만 해도 삼성그룹의 에버랜드 전환사채 발행을 위시한 승계 과정의 불법성에 대한 젊은 세대의 반감이 상당했던 것을 돌이켜보면 완전히 반전된 상황이다.

여전히 유튜브나 인스타그램에는 명품 언박싱이나 호캉스, 해외여행 등 부유한 일상을 전시하는 인플루언서가 많고, Z세대는 그들의 열렬한 팔로워다. 그런데 이들의 부와 재력에 대한 선망, 금전적 가치에 대한 민감성은 의외의 측면으로 발전한다. 럭셔리 인플루언서에게 열광하면서 눈요기하더라도 분수에 맞게 돈을 쓰고 있는지 자성하는 모습이 나타난다는 점이다. **이들이 소비의 적정성을 판단하는 기준은 소득 대비 지출 규모다.** 무조건적이고 극단적인 절약이 아니라 자산이나 소득 규모 대비 소비의 합리성을 따지는 것이다.

몇 년 전 국민 MC 유재석이 특정 브랜드의 수입차를 탄다는 이야기가 돌았을 때 커뮤니티 반응은 그 정도 수입이 있는 사람이 이 정도 브랜드를 타는 것은 검소하다는 얘기가 주를 이뤘다. 한편 세계적인 LOL 프로게이머 페이커(이상혁)가 월 8,000원 정도 하는 유튜브 프리미엄[4]을 쓰지 않는다고 밝히자 '연봉 300억 페이커도 돈 없다고 유튜브 프리미엄 결제 안 하는데 내가 뭐라고(유튜브 프리미엄을 쓰고 있나)'라는 반응이 다수였다. 허세 지수의 등장도 같은 선상에 있는 현상이다.

중고 거래에 대한 태도에서도 Z세대의 합리적인 소비관이 드러난다. Z세대의 65%가 최근 1년 이내에 중고 물건을 구매하거나 판매해 봤다고 응답했고, 심지어 새로운 물건을 구매하는 순간에도 Z세대의 46%는 되팔 것을 생각한다고 응답했다. 중고 거래는 다양한 상품을 경제적으로 경험해볼 수 있는 효율적 생활 방식이라는 점에 72%의 Z세대가 동의했다. Z세대에게는 중고품을 거래하고 사용한다는 것이 경제적 열위를 의미하지 않는다. 그저 보편적인 물건 구매 방식 가운데 하나일 뿐이다.

자산 가격의 상승과 더 깊은 저성장의 시대를 살면서 **Z세대는 부자가 될 희망은 덜 품게 됐지만, 금전에 더 민감하고 직접적으로 돈이나 이익에 대해 언급하는 것을 부끄러워하지 않는 세대가 됐다.** 부모보다 부유하지 않은 첫 세대가 밀레니얼 세대였다면 그다음 세대인 Z세대도 마찬가지인데, 차이점이 있다면 Z세대는 애초에 부유해질

---

4 유튜브 동영상 시청 시 전, 중, 후에 나오는 광고 콘텐츠를 보면 무료로 유튜브를 이용할 수 있는데, 유튜브 프리미엄을 구독하면 광고 콘텐츠가 노출되지 않는다. 인터뷰 시점 월 8,900원이던 유튜브 프리미엄 구독료는 2023년 말 1만 4,900원으로 대폭 인상됐다.

수 있다는 생각을 덜 한다는 점, 그래서 분노하기보다는 분수에 맞는 씀씀이를 지향하는 경향이 좀 더 두드러진다는 점이다.

| 돈 버는 법에 대한 새로운 생각 |

기성세대가 본업을 그대로 두고 다른 방법으로 부를 축적하거나 불리는 재테크를 하고 있다면, Z세대는 실질적인 'N잡러'를 추구하는 세대다. 그런데 직업 외에 자신의 지식이나 능력을 수익화하는 데 대한 관심, 취미 활동을 통해 부가적인 수익을 얻고자 하는 희망은 모든 세대에 걸쳐 공통으로 2022년 대비 2023년에 대폭 상승했다. 1년 새 경제 상황의 변화로 보다 많은 사람이 본업 외 부수입을 도모하게 됐다고도 볼 수 있겠다. 세부적으로 차이를 보면 이러한 인식은 Z세대에서 가장 높다.

Z세대가 정규직 취업에만 매달리지 않는 데에는 흔히 말하는 좋은 직장을 들어가도 어차피 길어진 삶을 하나의 직업만으로 평생을 영위할 수도 없고 직장이 평생을 책임져주지 않는다는 깨달음도 있겠지만 근로소득이 아니더라도 창업, 유튜브 등 디지털 플랫폼, 주식, 리셀테크, 블록체인 등 수익을 올릴 수 있는 다양한 방법이 존재하는 세상에 살게 된 까닭일 것이다.

게다가 이런 방법들은 차곡차곡 쓰고 남은 것을 모으는 것 대비 빠르고, 성공하기만 하면 그 크기는 훨씬 크다. 지금이야 금리가 높

■ **[그림 9] 직업 외 수익화, 취미의 부업화 관련 인식(2022년과 2023년 비교)**

취미 활동을 통해 부가적인 수익을 얻고 싶다

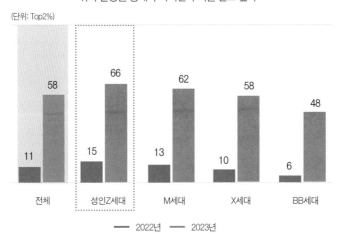

(단위: Top2%)

— 2022년　— 2023년

직업 이외에 내가 가진 지식이나 능력을 가지고 수익화 하는 데 관심이 있다

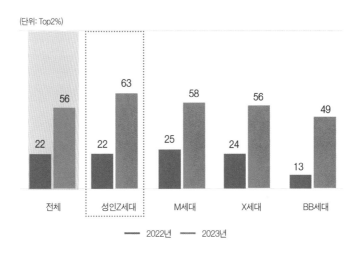

(단위: Top2%)

— 2022년　— 2023년

아져서 상황이 조금 다르지만, 태어나 오랜 기간 저금리 세상을 살아온 이들에게는 하나의 직업을 갖고 거기에 매진하는 것이 비효율로 느껴질지도 모른다.

자기만의 지식이나 능력으로 부가 수익을 올리고 싶은 Z세대가 늘면서 '사이드 프로젝트' 언급량도 해마다 증가하고 있다. 연관어를 살펴보면 블로그, 유튜브, 콘텐츠, 디자인, 강의 등의 키워드가 눈에 띄는데, Z세대가 부가 수익을 얻기 위해 활용할 매체나 팔고 싶은 아이템이 무엇인지 미뤄 짐작할 수 있다. 이런 연유로 각종 성인 교육 플랫폼에서는 블로그나 유튜브를 활용한 수익화 강의가 단연 인기를 끈다.

한편 X(옛 트위터) 등 소셜미디어나 '당근' 같은 커뮤니티형 온라인 플랫폼에서는 SNS 마케팅이나 사진 보정 같은 전문 서비스를 거래

■ [그림 10] '사이드 프로젝트' 소셜 언급량 추이와 연관어(2019~2023년)

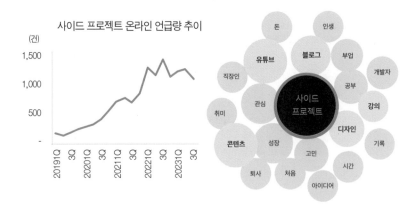

하려는 글들이 심심찮게 보인다. 간혹 "지금 오셔서 벌레 좀 잡아줄 분 구합니다"와 같이 전문 역량과 관계없는 요청까지도 나타나고 있어 웃음을 자아내기도 한다.

서로 할 수 있는 일에 대가를 지불하고 사용할 수 있고, 작은 일이라도 가치를 매겨서 거래할 수 있다는 생각, 그것을 실행할 수 있는 인프라가 뒷받침되는 환경, 애써 들어간 직장이 자신을 온전히 책임져주지 않는다는 점에 대한 자각, 이런 심리와 조건들이 엮여서 Z세대는 여러 개의 굴을 파 두는 토끼처럼 멀티플레이어가 되고 있다.

과학기술정보통신부와 한국전파진흥협회가 시행한 '2023년 디지털 크리에이터 미디어 산업 실태조사'에 따르면, 디지털 크리에이터 콘텐츠 제작과 유통과 관련해 영상 제작, 광고·마케팅, 매니지먼트MCN,

■ [그림 11] 디지털 크리에이터 산업 연령별 종사자 현황(2022년 12월 말 기준)

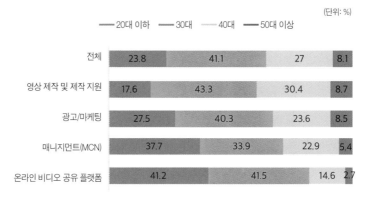

출처: 과학기술정보통신부, 한국전파진흥협회

온라인 비디오 공유 플랫폼(유튜브, 틱톡, 아프리카TV 등) 업종에 종사하는 사람의 64.9%가 30대 이하였다. 업종에 따라서 편차가 있기는 하지만 20~30대가 크리에이터 이코노미의 중심이라는 점은 변하지 않는다.

이 업종에 있는 사업체 가운데 68.7%가 매출액 5억 원 미만이며, 5인 미만 사업장이 81.2%, 콘텐츠 제작을 할 인력을 확보하는 방법이 프리랜서 활용(63.8%, 복수응답)에 집중돼 있어 대다수의 디지털 크리에이터 산업 종사자가 영세사업체에서 다소 불안한 고용 환경에 놓여 있음을 짐작할 수 있다. 다르게 생각하면 프리랜서가 많다는 것은 제각기 개인의 능력과 전문성을 가지고 프로젝트 단위로 일을 맡는 경우가 많은 것으로 볼 수 있다. 정규직 취업에 매달리지

■ [그림 12] 디지털 크리에이터 업체의 인력 채용 시 고려 사항

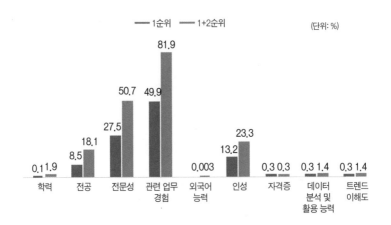

출처: 과학기술정보통신부, 한국전파진흥협회

않는 태도, 사이드 프로젝트나 부업에 대한 높은 관심 등 앞에서 이야기한 것과 일맥상통한다.

프로젝트 단위로 참여하는 프리랜서 고용이 많다는 얘기는 이 업종이 흔히 말하는 스펙과 관계가 없다는 뜻이기도 하다. 당장 그 일을 해줄 사람이 필요한 것이니까 말이다. 그래서 인력 채용 시 고려 사항에서는 관련 업무 경험과 전문성이 가장 높고, 학력이나 자격증에 대한 고려는 미미하다. 스펙보다 실질적인 능력이 중요하다. 흔히 말하는 스펙 같은 것을 갖추지 않은 빠니보틀, 덱스 등 디지털 크리에이터의 성공은 물론 이러한 긱 워커Gig Worker[5]로서의 경험은 학력, 전공, 정규직 등과 관련된 이들의 직업관 전반에 영향을 미칠 것으로 보인다.

대홍기획의 라이프스타일 조사 결과에 따르면, 성공적인 삶을 무엇이라고 생각하냐는 질문에 80%의 Z세대는 '큰 걱정 없이 가족과 화목하게 사는 삶'을 꼽은 데 이어 79%가 '하고 싶은 일, 좋아하는 일을 하면서 수입을 올리는 덕업일치의 삶'을 꼽았다. 돈 버는 법에 대한 Z세대의 새로운 생각 이면에는 달라진 성공의 기준이 있다.

Z세대가 생각하는 성공은 '하고 싶은 일을 하면서 살 자유'다. 그러려면 경제적 자유가 필요하고, 그러기에 Z세대는 여러 개의 굴을

---

5 단기로 계약을 맺고 프로젝트 단위로 일하는 근로자를 뜻한다. 주로 디지털 플랫폼 등을 통해 단기 계약을 맺고 초단기 노동을 제공하는 근로자들을 가리킨다. 최근 디지털 플랫폼을 기반으로 한 공유 경제가 확산하면서 필요에 따라 임시로 계약을 맺은 후 일을 맡기는 경제 형태를 뜻하는 긱 이코노미라는 개념이 시작됐다. 여기서의 긱(Gig)은 1920년대 미국에서 재즈 공연의 인기가 높아지자 즉흥적으로 단기적인 공연팀들이 생겨난 데서 유래한 말이다.

파고 다양한 수익원을 마련하려 애쓴다. 최근 너도나도 유튜브나 블로그, 인스타그램에 매달려 퍼스널 브랜딩에 나서는 현상 역시 이런 흐름과도 맞닿아 있다. 퍼스널 브랜딩은 덕업일치를 최고의 직업적 상태로 치는 Z세대에게는 일종의 투자이고 일찍부터 시작하는 노후 준비다.

| 과몰입과 알고리즘 끝에서 내 취향을 발견하다 |

MBTI는 나온 지 80년이나 된 성격 테스트인데, 소셜상 언급으로 유추해보면 우리나라에서는 2019년 말경부터 MBTI가 화제가 된 것으로 보인다. 유행하다가 금세 가라앉는 것도 많지만 MBTI는 당당히 스테디 아이템으로 안착했다. 처음 만난 사람에게 MBTI를 묻고, 같은 MBTI인 사람에게는 동질감이나 친밀감을 느낀다. 각종 커뮤니티나 소셜미디어에는 MBTI에 대한 나름의 해석이나 의미 부여를 담은 콘텐츠가 여전히 인기를 끈다.

2023년에는 생활기록부 조회가 전산화되면서 자신의 생활기록부를 온라인에 공유하는 것이 유행하기도 했다. 게다가 이들은 유전자 검사나 미생물 검사 키트 등 다양한 셀프 분석 도구를 활용해 자신에 대해 더욱 세밀하게 이해하고 알고 싶어 한다. 결국에 MBTI나 생활기록부 공유는 같은 심리적 맥락 위에 있다. **스스로도 가장 알고 싶은 것이 자기 자신일 뿐 아니라 타인에게도 나 자신을 알리고**

싶은 **심리** 말이다.

Z세대가 가장 사랑하고 알고 싶어 하는 것은 '나 자신'이다. Z세대는 '누구나 있는 그대로 매력이 있고 사랑받을 자격이 있다', '예쁘든 예쁘지 않든 소중한 사람이며, 외모를 평가하는 것은 옳지 않다'라는 교육을 체화하며 '나 자신을 가장 사랑하는 것은 나야', '있는 그대로 나 자신을 사랑해', '예쁘지 않아도 매력 있어' 같은 말을 들으며 성장한 세대다.

디지털 네이티브인 이들에게는 인터넷과 스마트폰이 '원래 있던 것'이므로 이를 활용한 정보 탐색 능력은 이전 세대와 달리 특별히 배우지 않아도 최상이다. **이들은 이전 세대보다 증가한 정보 탐색 능력과 공개된 정보들을 바탕으로 자신의 취향을 더욱 상세하고 깊게 발전**시켜 나간다.

Z세대의 자기 탐구 생활은 개인 맞춤형 콘셉트에 대한 열광으로 이어진다. 퍼스널컬러를 찾아주는 원데이 클래스가 인기를 끌고 있고, 개인 맞춤 향수를 조향해주는 서비스도 각광받고 있다. 이런 서비스를 통해 이들은 더욱 세밀하게 자신에게 가장 잘 맞는 컨디션과 취향을 찾아 나간다.

각자 좋아하는 것을 좇아 파 들어가는 이들의 특성은 '실시간 검색어(실검)'를 따라 전 국민이 동일한 화제를 좇았던 시대와 완전히 상반된다. 현재 **Z세대가 주도하는 콘텐츠 시장은 특정 테마나 장르가 대세가 아니라 '롱테일'**[6]이다. 소수가 즐기는 서브 컬처들, 비주류 콘텐츠들이 긴 꼬리처럼 깔린다. 단지 Z세대가 독특해서 벌어진 일은 아니다. 기술적 요인의 영향이 크다. 스포티파이와 유튜브만 있으면 자리에 앉아서 전 세계의 다양한 음악과 콘텐츠를 실시간으로 접근할 수 있으니 각자 무엇을 더 봤는지, 그래서 알고리즘으로부터 무엇을 추천받았는지에 따라 탐색과 선호의 깊이는 달라진다.

1990년대 콘텐츠의 재조명에도 이런 Z세대의 끝없이 파고들어 가는 탐색 능력이 한몫한 것으로 보인다. Z세대의 탐구 능력과 알고리즘의 오묘한 상호 작용 덕분이랄까. 알고리즘은 AI로 돌아가니 인간으로서는 대체 어떤 연유로 그 알고리즘의 간택을 받았는지 알 길이 없지만, 인기가 떡상한 1990년대 콘텐츠 영상에 가보면 Z세대의 댓글들이 가득하고 이들의 관심은 다시 알고리즘을 타고 우리나라 1990년대 콘텐츠에 절대적 영향을 미친 1980~1990년대 제이팝 콘텐츠까지 가닿는다.

거기서 또 어디로 이들이 흘러갈지는 아무도 모른다. 그러나 **이들의 취향 탐구가 자신들조차 알 수 없는 곳으로 이들을 데려다주고 '역주행' 신화나 '재조명' 신드롬을 일으키고 있다는** 것만은 분명하다.

---

6 상품이나 서비스의 수요 분포를 나타내는 그래프에서 인기 있는 소수 항목이 '머리'를 형성하고, 인기는 적지만 다양한 항목이 길게 이어지는 '꼬리' 부분을 형성한다는 데서 유래했다. 물류와 인터넷 발달로 소수의 '머리' 상품만이 아니라 다수의 '꼬리' 상품도 충분히 시장을 형성할 수 있다는 것을 의미하며, 소수의 인기 상품이나 고객이 수익 대부분을 창출하는 전통 시장을 설명하는 데 적합한 파레토 법칙과 반대되는 개념이다.

| Z세대 키워드는 변화, 실험, 재미 |

최근 3~4년간 다양한 디저트가 꾸준히 인기를 끌었다. 크루아상 생지를 와플 기기에 눌러 만든 크로플에 이어 노티드 도넛으로 대표되는 프리미엄 도넛이 인기를 끌더니 고메버터를 사용해야 제맛이 나는 소금빵을 지나 지금은 약과가 인기다. 그 밖에 휘낭시에나 르뱅 쿠키, 에그타르트와 마카롱 등 스테디셀러 디저트도 있다.

대홍기획의 라이프스타일 조사 결과에 따르면, **Z세대의 56%는 새로운 디저트를 찾아서 먹어보는 것이 즐겁다고 응답했다. 심지어 26%의 Z세대는 맛있는 디저트를 먹기 위해서라면 식비를 줄일 수도 있다고 응답했다.** 대체 Z세대는 왜 그토록 이런 디저트에 열광하는 것일까?

물론 맛이 1순위겠지만 음식에다 '맛'이라는 잣대를 들이대는 것은 당연해서 무의미하다. 음식의 인기에서는 맛 이외에 어떤 맥락이 있는지를 살펴봐야 한다. 혹자는 **대세 디저트가 되는 필수 조건으로 다양한 '변화' 가능성을 꼽는다.** 최근 최고의 인기를 구가했던 약과가 좋은 예다.

약과는 약과 도넛부터 약과 쿠키, 약과 휘낭시에, 약과 아이스크림 등 그 끝을 알 수 없을 정도로 진화하고 있다. 코로나19 초기 최고 인기 디저트였던 크로플은 다양한 소스나 토핑으로 다채로운 변화 형태가 공유되면서 화제를 불러모았고 이제는 대다수 카페의 기본 메뉴가 됐다.

위스키를 토닉워터와 탄산수 등에 희석한 하이볼이 Z세대의 대세 주류로 부상한 현상 이면에도 변주와 실험에 대한 그들의 선호가 깔려 있다. 하이볼의 인기가 급부상한 이유는 코로나19 기간 집에서 하이볼을 만들어 마시는 사람이 늘어났고 각종 레시피가 소셜미디어를 통해 확산한 데 있다고 한다. 하이볼 덕분에 위스키 수입량이 계속 증가하고 있고, 관련 신제품을 출시하면서 유관 상품군이 확장하고 있다.

게다가 위스키는 주종 자체가 원산지, 블렌딩 여부, 빈티지 등 다양하게 펼쳐질 여지가 많은 술이다. 그 자체로서 경험재이며, 이를 또다시 어떻게 조합하고 어떤 비율로 섞느냐에 따라 또 다른 다양한 경험을 주는 품목이다. **Z세대에게 이런 변주와 재미가 다채롭게 펼쳐지는 것 자체가 새로움이고 즐거움**이다.

먹거리만이 아니라 Z세대가 좋아하는 유희들, 장소들을 떠올려보면 **빠르게 변화를 줘서 지루함이나 뻔함이 없고, 이런저런 변형이나 확대 재생산에 직접 참여하게 하고, 결국 그것을 SNS를 통해 공유하면서 소비하는 것이 연속 동작처럼** 이어진다.

요즘 안 하면 안 되는 마케팅 가운데 하나가 돼버린 **팝업 스토어역시 한시적이며 가변적이다.** 장소가 같더라도 계속 다른 브랜드로바뀌므로 성수동이나 더현대서울 등은 팝업의 성지로 같은 장소를여러 번 방문하게 하는 동기를 제공하고 있다. 그래서 같은 장소를방문하더라도 **유일성과 희소성이 있는 새로운 팝업을 경험하고 이를SNS에 공유하면서 개인의 경험을 기록하고 확장하는 재미**를 느낀다.

그런 영향으로 **요즘 광고 캠페인은 입체적으로 설계하는 것이 중요해졌다.** 단순히 TV나 디지털 매체를 통해 노출하는 것이 전부가 아니어서 그렇다. 이들이 화제를 갖고 노는 맥락대로, 유희와 경험 소비의 맥락대로 캠페인을 설계해야 한다. ATL과 BTL은 광고대행사 안에서도 오랫동안 따로 존재하는 기능이었지만 이제는 ATL, 디지털, BTL이 한데 어우러져 돌아가는 캠페인이 늘고 있다.

Z세대가 정제되고 군더더기 없이 정석으로 만든 공중파 등 레거시 미디어의 콘텐츠보다 약간 허술하고 엉성해도 보다 날것의 콘텐츠를 선호하는 동시에 실험적이고 우연한 변주들 속에서 재미를 찾으려는 경향이 읽힌다. 트위치나 아프리카TV의 스트리머나 유튜버들의 콘텐츠와 프로젝트가 이들에게 인기를 끄는 것은 그것이 완벽하고 손색이 없어서가 아니라 약간 허술한 가운데 시청자들도 참여하는 재미, 시청자가 참여함으로써 예상치 못한 방향으로 전개되는 것을 지켜보는 재미, 설정된 것이 아니라 '리얼' 상황에서 비롯되는 진짜 감정들을 함께 느끼는 재미를 좋아하기 때문이다.

그래서 Z세대를 대변하는 가장 중요한 키워드 3가지는 변화, 실험, 재미다. **Z세대에게 시간을 들일 가치가 있다는 생각이 들게 하려면 우선 재미있어야 한다. 그리고 Z세대가 선호하는 종류의 재미에는 변화와 실험의 요소가 필요**하다.

| 목적이 없어도 언제나 온라인 |

Z세대는 친구와 연락이 끊겨본 적이 없다. 고등학교 때 친했던 친구와 연락이 끊겨 아쉽다는 X세대 부모에게 Z세대 자녀는 '카카오톡으로 연락하면 되잖아'라고 답한다고 한다. 디지털 네이티브라고 불리는 Z세대가 삶에서 온전히 혼자인 시간이 얼마나 될까? Z세대만 그런 것만도 아닌 것 같다. 스마트폰이 나온 이후 많은 사람이 아침에 눈을 떠서 밤에 잠자리에 들 때까지 혹은 잠자리에 들어서조차 스마트폰을 떼놓지 않으니 말이다.

물리적으로 혼자인 순간에도 손에 스마트폰만 쥐고 있다면 타인과 연결된 상태의 지속이라고 보는 것이 맞을 것이다. 특별한 용건이 있어 직접 연락하지 않더라도 카카오톡이나 SNS로 연결돼 있는 친구, 지인의 일상을 실시간으로 확인하고 그저 말없이 '좋아요'만 누르고

■ [그림 13] '혼자 있어도 연결'된 상태에 대한 인식

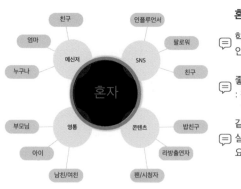

혼자 언급 내용

💬 학관 지하에서 혼밥하면서 열심히 인스타랑 카톡 프사 염탐하는데

💬 좋아하는 예능 (밥친구) : 핑계고 ! 무도, 십오야, 알쓸 시리즈

💬 같이 경기 직관 가실 분 구해요!! 가실 분은 오픈채팅 링크로 연락주세요!

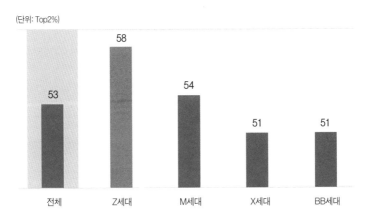

대면 만남을 하지 않아도 관심사를 공유하면서 친밀감을 가질 수 있다

(단위: Top2%)

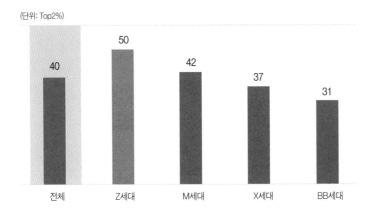

온라인에서 비대면으로 연결된 사람과도 진짜 친구가 될 수 있다

(단위: Top2%)

도 보고 있다, 응원한다, 멋지다 등의 의미를 전달할 수 있는 세상이어서 그렇다. 스마트폰을 사용하고 SNS를 사용하는 사람이라면 대부분 이런 행태를 보이는 시대지만, 어릴 적부터 늘 '혼자 있어도 연결'된 시간을 살아온 Z세대는 인간관계에 대한 인식에서 다른 세대와 다소 차이를 보인다.

Z세대는 관계에서 온·오프라인의 구별이 엷어진 첫 세대다. 밀레니얼 세대 역시 디지털 플랫폼이나 SNS에 익숙하지만, 상대적으로 현실 관계, 현실의 목적을 위해 그것의 기능을 이용하는 쪽에 좀 더 가깝다. Z세대에게 가장 친한 친구가 누구냐고 묻는다면 어디서 가장 친한 친구를 말하냐고 반문하거나, 실제로는 한 번도 만나본 적 없는 온라인 커뮤니티나 디지털 플랫폼의 친구라고 답할 수도 있다.

Z세대는 대면으로 만나지 않고 관심사를 공유하는 것만으로도 친밀감을 가질 수 있다고 생각하며, 온라인에서 만났어도 진짜 친구가 될 수 있다고 생각한다. 이러한 경향은 연령이 낮을수록 높으며, 물론 알파 세대로도 이어질 것이다.

한편 밀레니얼 세대부터 시작된 혼밥, 혼술에 이어 Z세대에 와서는 여행을 비롯해 뭐든 혼자 할 수 있다는 생각이 더 단단해졌다. 어쩌면 혼자 있어도 늘 연결될 수 있으므로 혼자 있는 것이 어렵지도 이상하지도 않은 것인지 모른다. 꼭 통신이나 SNS를 통해 가족·친구·지인과 연결되는 것이 아니어도 괜찮다. 이와 관련해 최근 떠오른 트렌드로는 밥친구, 잠친구, 켜잠 같은 것이 있다.

과거의 '밥친구'는 '밥도둑'에 가까운 의미였다. 즉, 이전의 밥친구

■ [그림 15] 혼자 하는 일에 대한 인식

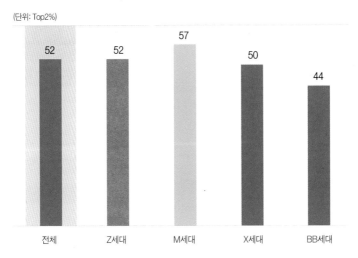

나는 혼밥, 혼술 등을 비교적 잘하고 즐긴다

(단위: Top2%)

전체	Z세대	M세대	X세대	BB세대
52	52	57	50	44

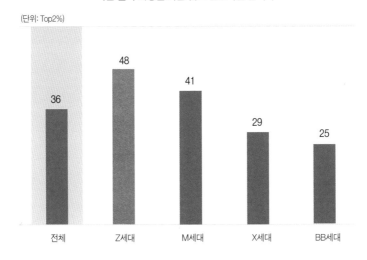

나는 혼자 여행을 가는 것도 선호하는 편이다

(단위: Top2%)

전체	Z세대	M세대	X세대	BB세대
36	48	41	29	25

가 간장게장, 후리가케 등 밥과 어울리는 음식이었다고 한다면 현재의 밥친구는 밥 먹을 때 보기 좋은 콘텐츠를 주로 의미한다. 대표적으로 유재석의 〈핑계고〉, 〈나영석의 지글지글〉 등과 같이 편집과 자막이 거의 없이 100여 분 전후의 긴 분량을 여과 없이 내보내는 형태의 콘텐츠가 밥친구로 많이 언급되는데, 혼자 식사를 하며 집중하지 않고 흘려들어도 되고 자극적인 소재 없이 쭉 틀어놓기 좋은 것이 밥친구라 불리는 콘텐츠의 특징이다.

'켜잠'은 모르는 사람들끼리도 연락처 공유 없이 접속할 수 있는 카카오톡 오픈 채팅방에서 보이스톡을 켜놓고 잠드는 것을 말한다. 대부분 목적은 숙면이고 대화는 금지, 들어오자마자 보이스톡을 켜고 그냥 잠드는 방이 많다. 서로의 숨소리 간혹 이불 부스럭거리는 소리나 돌아눕는 소리 따위를 들으면서 잠들고 아침이면 두말도 없이 대화방을 나간다. 각자의 집에서 혼자 잠이 들지만, 오픈 채팅방을 통해 목적만 같을 뿐 완벽한 타인과 그야말로 잠든 숨소리만 공유하며 하룻밤을 보내고 다시 타인으로 돌아가는 것이다.

켜잠방 외에도 카카오톡 오픈 채팅방은 정말 다양한 목적으로 활용되고 있다. 오픈 채팅용 프로필을 별도로 사용하므로 자신의 원래 카카오톡 프로필이나 대화명이 노출되지도 않고, 연락처 공유 기반이 아니므로 생판 모르는 사람들이 오로지 채팅방의 제목에 적힌 방의 목적이나 정체성만 보고 모여든다.

익명으로 공통의 관심사를 가진 사람들이 모이는 곳으로는 이미 게시판 형식의 익명 커뮤니티가 있지만, 오픈 채팅방은 그보다 한층 유연하게 개설과 운영이 가능하고 늘 사용하는 카카오톡을 통해 모바일로 손쉽게 접근할 수 있어서 **커뮤니티의 대세는 게시판에서 오픈 채팅으로 넘어가는 중이다.**

카카오톡의 오픈 채팅 탭에 들어가 보면 운동, 게임, 덕질, 절약, 스터디, 음악 등 없는 주제만 빼고 다 있다고 할 정도로 다양한 주제의 방을 운영하고 있다. 최근 화제가 됐던 '거지방'도 오픈 채팅방 기반이다.

오픈 채팅방에서는 익명으로 자신의 신상 정보를 공개하지 않는 것이 원칙이며, 채팅방 테마에 해당하지 않는 대화도 엄격하게 금지한다. 목적에 맞게, 효율적으로, 친목이나 파벌 없이, 참견하는 사람도 없이, 그저 원하는 것만 취하고 그것이 싫으면 '나가기'를 눌러도 부담이 없다. **혼자 있지만 함께이고 싶고 함께 있어도 혼자이고 싶은 요즘 관계를 잘 뒷받침해주는 플랫폼인 셈이다.**

사람들은 명시적인 목적 없이도 늘 소셜미디어를 둘러보고 메시지를 주고받으며, 온라인 커뮤니티에 참여하면서 연결돼 있다. Z세대가 이러한 현상의 중심에 있다. 이것은 단순한 시간 보내기 이상의 의미를 지닌다. **디지털 연결은 그들에게 안정감, 소속감, 심지어 정체성 일부분을 제공한다.** 연령대가 높을수록 연결감에 대한 의존도는 낮을 수 있지만, 이는 전 세대가 공유하는 시대 경험이다. 아날로그를 충분히 경험한 다른 세대와 달리 Z세대에게 디지털 연결이란 필수불가결한 삶의 방식이라는 점에 차이가 있을 뿐이다.

M

1980~1995년 출생
MILLENNIALS

대비하는 소비　향유하는 소비　탐구하는 소비

가성비 브랜드 구매 의향

밀레니얼 세대 73%는
늘 사던 브랜드보다
더 가성비가 높다고
생각된다면 다른 브랜드를
구매할 의향이 있다

최근 소비지출 줄이려 노력

밀레니얼 세대 59%는
최근 소비지출을 줄이고자
노력한다

문화예술 향유하는 삶

밀레니얼 세대 54%는
문화예술을 즐기고 누리며
사는 삶을 지향하는 편이다

멋진 공간 경험 중요

밀레니얼 세대 49%에게
예쁘고 아름다운 장소,
핫 플레이스에 가보고
경험하는 것은 즐겁고
중요한 일이다

주말 활동 미리 계획

밀레니얼 세대 47%는
주말을 다양한 활동으로
즐겁게 보내기 위해
미리 생각하거나
준비하는 편이다

덕후 전문성 인정

밀레니얼 세대 69%는
분야에 관계없이 어떤 영역에 대해
전문가 수준의 지식을 보유한 소위
'덕후'는 대단하다고 생각한다

WWW

밀레니얼 세대는 누구이며
무엇을 원하는가?

| 한눈에 보는 밀레니얼 세대의 소비 성향 |

밀레니얼 세대의 소비 동기로는 '대비하는 소비'가 1위, '향유하는 소비'가 2위였다. '탐구하는 소비'가 그 뒤를 잇고 있다. **'대비하는 소비'는 소비 지출을 줄이기 위해 노력하고 경제성과 가성비를 고려하는 소비 행동과 밀접한 동기다.** 그런데 '대비하는 소비'는 어쩐지 밀레니얼 세대의 최우선 소비 동기가 되기에는 어울리지 않는 것으로 보인다. 그러나 이는 현재의 경제 상황과 관련이 있다. 설문을 진행한 2023년 6월은 물가·금리·환율 등 모든 면에서 한파가 밀어닥친 시점이다.

■ [그림 16] 세대별 소비 동기 순위

순위	Z세대	M세대	X세대	베이비부머	알파 세대(부모)
1	유행 대세	대비하는	의식 있는	자기 관리	탐구하는
2	탐구하는	향유하는	자기 향상	자기 향상	의식 있는
3	향유하는	탐구하는	자기 관리	의식 있는	유행 대세
4	대비하는	유행 대세	대비하는	향유하는	자기 향상
5	자기 향상	자기 관리	유행 대세	탐구하는	향유하는
6	자기 관리	의식 있는	탐구하는	유행 대세	자기 관리
7	의식 있는	자기 향상	향유하는	대비하는	대비하는

밀레니얼 세대는 현재 30대와 40대 초반에 해당하는 세대로, 생애 주기상 경제 활동이 가장 활발하면서도 소득이나 축적된 자산 대비 지출 이슈가 더 많은 시기를 살고 있다. 따라서 현재 외부 요인으로 인해 경제적 민감성이 강력하게 발동하면서 '대비하는 소비'가 1위로 높았지만, **이들의 욕망과 본질적 성향은 '향유하는 소비', '탐구하는 소비'** 쪽이라고 보는 것이 맞을 것이다.

소비 동기 7가지 가운데 그 목적이 **개인의 즐거움과 만족감에 초점이 있는 동기가 있다면 '향유하는 소비'와 '탐구하는 소비'인데, 이것이 밀레니얼 세대의 2위와 3위를 차지**한 점은 의미심장하다. 전 세대에서 개인의 개성과 희망, 가치를 먼저 내세운 것은 X세대였지만 그것을 실제로 실천하고 내면화한 것은 밀레니얼 세대이기 때문이다. 또 밀레니얼 세대는 소비 관점에서 늘 새로운 화두가 돼온 세대라는 점을 떠올려보면 개연성이 있는 결과다.

한편 밀레니얼 세대와 늘 MZ세대로 묶여서 설명되곤 하는 Z세대의 소비 동기에서도 '향유하는 소비'와 '탐구하는 소비'가 각기 3위와 2위인 것을 보면 확실히 밀레니얼 세대와 Z세대가 소비에서 유사한 맥락을 공유하고 있음을 확인할 수 있다. 개인의 존중과 자유가 당연시되는 사회에서 풍요로운 유년기와 청년기를 보내고 디지털 문명의 이기를 자유롭게 누리는 시대 경험을 공유하고 있는 세대로서 소비를 유희처럼 탐구하고 즐기는 경향을 보이는 것이다.

| 밀레니얼 세대는 누구인가? |

지금은 밀레니얼 세대라는 명칭이 더 익숙하지만, 이들은 이전에 다른 이름으로 불리기도 했다. 2007년 한 책의 제목에서 유래한 '88만 원 세대'가 그것이다. 또 다르게는 취업이 어렵고 그로 인해 연애·결혼·출산을 포기한다고 해서 '3포 세대' 혹은 'N포 세대'라고도 불렸다. 베이비부머 세대의 자녀로 메아리처럼 다시 출생 붐을 일으켰다고 해서 에코붐 세대, 줄여서 에코 세대라고 부르기도 했고 네트워크 세대라는 의미에서 N세대라고도 불렸다.[7]

여하튼 이름이 많은 이 세대는 당시 연구자들이 1979~1992년 사

---

7 최샛별, 『문화사회학으로 바라본 한국의 세대 연대기』, 이화여자대학교 출판문화원, 2018.

이 출생으로 분류했다. 이 책에서는 밀레니얼 세대를 1980~1995년 사이 출생으로 보고 있으니 대체로 일치하는 셈이다.

밀레니얼 세대이기도 한 정지우 작가는 밀레니얼 세대를 "환각의 세대"[8]라고 말한다. "자기만의 꿈을 좇으라는 얘기를 귀가 아프도록 듣고 자랐고 민주화는 태어날 때부터 이미 주어진 조건이었으며, 학창 시절 서태지를 추종했고 문화 개방으로 도래한 화려한 문화의 향연" 속에 자라났으나 세상에 발을 제대로 내딛기도 전에 1997년 외환위기와 2008년 금융위기를 겪으며 "최악의 청년 실업률, 스펙 경쟁, 사오정(45세 정년) 등의 말들 속에서 괴물 같은 현실을 마주한 세대", 그래서 **대한민국 역사상 최대의 몽상가이자 현실주의자인 세대, 이상과 현실의 가장 극적인 분열을 겪는 환각의 세대**라는 것이다.

밀레니얼 세대는 **다른 어떤 세대보다도 물려받은 경제·사회·문화 자본**[9]**이 많은 세대**로 일컬어진다. Z세대 이전에 가장 먼저 그런 혜택을 누린 세대로 여겨지는 것이다. 베이비부머 세대의 자녀로서 산업화와 경제 성장기를 거쳐 그들이 일궈낸 경제적 안정과 풍요 속에서 유년기와 청소년기를 보냈고, X세대가 먼저 깔아둔 개인주의의 토양 위에서, 그리고 세계화와 정보화의 물결 속에서 이미 만개한 대중문화를 누리며 자랐다.

8　정지우, 『인스타그램에는 절망이 없다』, 한겨레출판, 2020.
9　경제 자본은 수입과 자산을 의미하며, 문화 자본은 문화 상품을 인정하고 향유할 수 있는 능력과 교육적 성공을 통해 획득된 제도적 자격으로 문화적 관심과 활동량 등이 포함된다. 사회 자본은 자신들의 소셜네트워크를 그릴 수 있는 사람들과 연결 고리로 가족과 친구들의 사회적 지위, 개인적, 비즈니스적 밀접도 등으로 구성된다.

공중파 3사 외에 **케이블 방송이 시작돼 다채널 시대에 들어선 것**도 밀레니얼의 청소년기 혹은 청년기 즈음이다. 1998년 **일본 대중문화 개방**으로 그동안 해적판으로 접했던 일본 드라마·영화·가요 등이 정식으로 들어오게 됐고, 이 시기 대학생들에게는 6개월에서 **1년쯤 해외로 어학연수를 다녀오는 것이 필수적 통과의례나 스펙 가운데 하나가 됐다.**

먹고사는 문제가 해결되면서 신체적·정신적 건강과 삶의 질을 추구하는 '웰빙'이 새로운 라이프스타일로 떠올랐고, 2002년 한일 월드컵을 시작으로 2003년 KBS 〈겨울연가〉, 2004년 MBC 〈대장금〉으로 이어진 **한류 열풍과 함께 국격의 상승을 실감하기 시작**했던 것 역시 밀레니얼 세대의 유·청년 시기였다.

밀레니얼 세대 전반생들은 유년기에 하이텔과 천리안 등 PC 통신을 경험했다. 곧이어 **가정에 PC가 들어왔으며 네이버 등 포털사이트가 이때 처음 등장했다. 밀레니얼 세대 후반생들은 PC와 인터넷 시대에 자연스럽게 적응했다.** 김대중 대통령 재임(1998~2003) 당시 깔린 **초고속 인터넷망은 이후 우리나라 IT 산업이 발전하는 데 근간이** 됐다.

밀레니얼 세대는 유·청년 시기의 상당한 시간을 피시방에서 보냈다. 〈스타크래프트〉로 대표되는 e스포츠와 임요환, 홍진호 등 스타 프로게이머들이 이때 탄생했다. 밀레니얼 세대는 10대 시절부터 이메일을 사용하고 세이클럽, 버디버디, 싸이월드 등을 통해 최초로 온라인 인간관계를 경험했으며, 디시인사이드, 더쿠 등 온라인 익명 커뮤니티가 활성화되기 시작한 것도 이들의 유·청년기 시점이다.

　우리나라에서는 개인주의의 표상으로 X세대를 가장 먼저 떠올리지만, 개인주의를 실제로 내면화하고 실천한 것은 밀레니얼 세대다. 밀레니얼 세대는 나 자신이 가장 소중하고, 개개인의 생각은 존중받아야 하며, 성별과 관계없이 무엇이든 할 수 있다고 교육받으며 자랐다. 문민 정부 출범과 함께 유년기를 보내며 5공 청산과 노무현 대통령, 박근혜 대통령 등 탄핵 정국을 통해 탈권위의 가치를 내재화했다. 또 냉전 종식, 김일성 사망과 남북정상회담 등 긴장 완화 무드 아래 한결 자유롭고 평등한 사회적 분위기에서 성장했다. 밀레니얼 세대가 실질적인 최초의 개인주의자가 될 수 있었던 것은 이러한 교육과 정치, 사회적 분위기의 변화로부터 기인한 것이다.

　호주제 폐지로 배우 최진실의 자녀들이 엄마 성을 따를 수 있게 된 것 역시 밀레니얼 세대의 유·청년기에 일어난 중요한 전환점 가운데 하나다. 성별에 따른 차별이 실질적으로 누그러지기 시작했고, 부모의 높은 교육열 속에 알파걸[10] 담론이 부상한 것도 밀레니얼 세대의 유·청년기에 해당한다.

　이들은 WTO 출범과 OECD 가입, 한미 FTA 등 우리나라가 세

10　뛰어난 여성을 뜻하는 신조어로 '으뜸'이라는 의미가 있는 알파벳의 첫 글자 알파(α)와 여성을 뜻하는 걸(girl)의 합성어다. 알파걸이란 용어는 미국의 아동심리학자 댄 킨들런(Dan Kindlon)이 만들었다. 당시 그가 제시한 알파걸이란 "1980년대 후반에 출생해 공부나 운동, 리더십 등 모든 면에서 남학생을 능가하는 미국 엘리트 여학생"이었다. 여성 운동의 결실과 함께 태어나고 성장한 1980년대 후반 출생 여학생들로서 성별을 이유로 심리적 제약을 받지 않고 자신의 재능과 욕심을 추구하는 데 거리낌 없는 이들을 가리킨다. 우리나라에서 알파걸 담론이 시작된 시기는 2000년대 후반으로 1970년대 인권 운동으로 1980~1990년대에 남성과 비슷한 환경에서 교육받은 여성들이 사회에 진출하는 시기였다. 비슷한 시기에 부상한 여성 담론으로는 골드미스 담론이 있다.

계 경제의 한복판에 등장하는 과정을 지켜봤다. 그 결과 **남녀 구분 없이 자신만의 꿈을 찾고 국제무대에 진출해서 능력을 펼치고 사회적 성공과 부를 쟁취하는 것, 그러기 위해 열심히 공부하고 스스로를 채찍질하며 끊임없이 전진하는 것이 바람직하며 그렇게만 하면 부모 세대가 그랬던 것처럼 집을 마련하고 가정을 이루고 당연히 생활은 점점 나아질 것**이라고 믿었다. 베이비부머 세대 부모의 높은 교육열은 그들의 젊은 시절에 비춰보면 합리적인 것이었다. 베이비부머 세대가 젊은 시절에는 대학 진학률이 20~30%대였지만 밀레니얼 세대의 대학진학률은 80% 전후 수준까지 치솟았다는 점이 다를 뿐이다.

그러나 **1997년 외환위기**는 지속 성장과 장밋빛 미래를 그리던 사

■ **[그림 17] 연도별 대학진학률 추이**

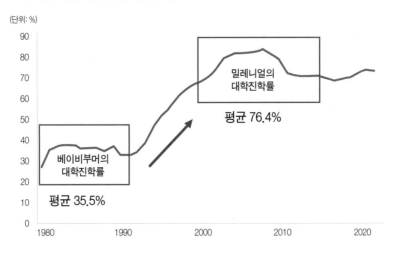

출처: 한국교육개발원 《교육통계분석자료집》, 통계청(2022년 8월 공표) [장래추계인구]

회 분위기에 찬물을 끼얹었다. 유·청년기에 이를 겪은 밀레니얼 세대는 미래에 대한 불안과 위기감을 품게 됐다. 이때 부모의 재정이 무너지면서 학자금 대출로 대학을 졸업하고 2000년대 초·중반 사회에 진출하자마자 빚을 안고 시작하는 사회초년생들이 늘었다.

취업난과 금융위기, 만성적인 저성장 국면이 이어지면서 당시 20대는 경제적 안정을 이루기가 쉽지 않았다. 평생직장, 종신 고용의 신화도 완전히 깨졌고, 비정규직 노동자 규모는 2004년부터 500만 명을 상회하기 시작해 2005년 548만 명, 2007년 570만 명, 2009년 575만 명에 이르렀다. 88만 원 세대라는 명칭은 당시 비정규직 평균 임금 119만 원에 20대의 평균적 소득 비율 74%를 곱해서 나온 88만 원이라는 금액을 활용한 것이다.

안정적 미래에 대한 갈망으로 초등교사로 임용될 수 있는 교육대

■ [그림 18] 자기 세대에 대한 연민

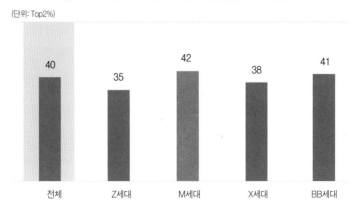

윗세대나 아래 세대보다 내 세대가 가장 힘들다고 생각한다

(단위: Top2%)

전체	Z세대	M세대	X세대	BB세대
40	35	42	38	41

Chapter 2. 데이터로 본 소비 동기 7가지와 세대별 특성

학교와 7급과 9급 공무원 시험의 인기가 치솟았다. 한때 풍요로운 유년기를 보내고 높은 대학 진학률에 힘입어 문화적 교양이 풍부하고 외국어 실력과 글로벌 경험도 갖췄을 뿐 아니라 인터넷과 디지털 인프라에도 익숙한, 전무후무한 인재인 **밀레니얼 세대는 성장하면서 꿈꿨던 것과 다른 현실 앞에 분노와 자조를 품게 됐다.** 그 결과가 4~5년 전까지 유행했던 '헬조선', '탈조선' 같은 말들이다.

그래서 **이들은 '불의는 참아도 불이익은 절대 참지 못하는'** 세대가 됐다. 대학 1학년 때부터 도서관에 다니며 학점 관리를 하고 스펙을 쌓았던 밀레니얼 세대는 교수에게 학점 관련 이의를 제기하거나 정정 요구를 당당하게 하기 시작한 첫 세대다.

관계에 따라 유연하게 자신의 태도를 결정하는 것을 미덕으로 생각하는 우리 사회에서 다수나 대의를 위해 사익을 희생할 수도 있

■ [그림 19] 세대별 공익과 대의 중시 정도

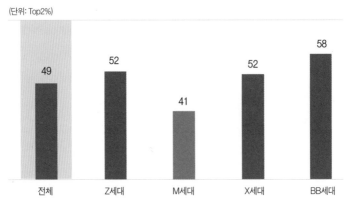

내가 손해를 좀 보더라도 다수나 대의를 위해 넘어가는 것이 좋을 때도 있다

(단위: Top2%)

전체	Z세대	M세대	X세대	BB세대
49	52	41	52	58

다는 생각은 밀레니얼 세대에게서만 유독 약하다. 젊을수록 다수나 대의를 덜 생각한다고 말하기에는 Z세대의 동의도가 10%p 이상 높다. 연령만으로 설명하기 어렵다는 뜻이다.

그래서 **밀레니얼 세대는 '단군 이래 가장 고학력'인** 세대로서 토익, 제2외국어, 각종 자격증은 물론 피아노라든가 악기도 하나쯤은 다룬다. 높은 문화적 소양을 바탕으로 뮤지컬이나 미술관, 각종 전시 혹은 록이나 팝 음악에 정통해서 라이브 공연에 열광하거나 그것도 아니면 영화나 애니메이션, 레고 등 뭐든 깊이 천착하며 즐기고 이야기를 늘어놓을 줄 아는 문화인이자 교양인이 됐다. 그런 영향으로 **이들의 소비에는 고양된 취향과 개성이 묻어난다.** 이는 밀레니얼 세대가 88만 원 세대라는 우울한 이름을 벗고 이전 세대와는 특히 소비 관점에서 남다른 세대로 다시 포지셔닝되는 계기가 된다.

이미 **높은 교양과 지식 수준에도 불구하고 경쟁과 불안 속에 자신의 조건과 입지를 더욱 개선하고자 하는 노력을 멈추지 않는 세대**로 이들에게 공부는 정규 학교를 졸업했다고 해서 끝나는 것이 아니다. 취업 후에도 어학 공부를 위해 학원을 찾고 자격증 공부를 했다. 2015년 무렵 MBA 지원자 수가 정점에 이른 것 역시 밀레니얼 세대의 덕이 컸다. 직장을 다니고 있어도 미래에 대한 안정감을 느낄 수 없어서 끊임없이 스펙 향상을 위해 노력하는 것이다.

그러나 현실과 이상의 괴리 속에 분노와 자조를 맘속에 품었던 흔적은 여전히 남아서 **우리나라의 밀레니얼 세대는 조직에 충성하지 않고 대의나 공익을 위한 개인의 희생을 혐오하며 자신에게 실익이**

있는지 혹은 준 만큼 받을 수 있는지 정확하게 재고 행동하는 차가운 개인주의자이자 실용주의자의 면모를 동시에 갖춘 복잡한 세대가 됐다.

한편 대학 진학률은 1990년생들이 현역으로 입학한 2009년 81.9%를 정점으로 하락하고 있다. 9급 공무원 시험 경쟁률 역시 2011년 93:1로 정점을 찍더니 2023년에는 22:1로 뚝 떨어져 최근 30년 내 최저 경쟁률을 기록했다. **대학 진학이 더는 경제적 안정을 보장하지 않고, 9급 공무원의 수입 또한 안정적 삶과 욕망의 크기를 감당하기에 버거워서다.** Z세대에서 언급한 돈버는 법의 변화는 밀레니얼 세대가 이미 겪은 시행착오를 반복하지 않으려는 인식으로부터 영향을 은연중에 받았다고 보는 것이 타당할 것이다.

밀레니얼 세대의 차디찬 직업관

밀레니얼 세대는 유·청년기에 IMF 외환위기를 지나며 대기업을 포함해 수많은 기업이 줄줄이 무너지고 살아남은 기업들조차 구조조정을 피하지 못하는 모습을 목격했다. 뒤이은 2008년 금융위기로 부모 세대와 선배들의 대규모 실직 상황을 더욱 가까이에서 지켜보게 됐다.

이러한 경험으로 **밀레니얼 세대가 직업 선택에서 안정성을 가장 중요한 요소 가운데 하나로 고려하게 되었다.** 그렇게 취업 시장에 진입

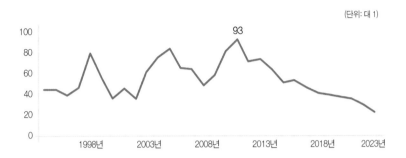

한 밀레니얼 세대에게 고용 안정성이 보장되는 공무원은 매력적인 선택지가 됐고, 2011년 9급 국가공무원 경쟁률은 93 대 1까지 치솟았다. 같은 이유로 공기업 역시 '신의 직장'으로 불리며 큰 인기를 누렸다.

밀레니얼 세대는 안정적 직장 생활을 선호하지만 입사한 후에도 이직 또는 퇴직 이후 삶을 준비하며 경력 관리, 자기 계발을 게을리하지 않는다. 바늘구멍보다 뚫기 어렵다는 취업문을 통과해도 평생 직장은 없고, 40대 중반만 돼도 회사 생활을 보장받기 힘들다는 것을 눈앞에서 봐왔기 때문이다.

밀레니얼 세대의 직장에 대한 관점은 이전 세대와 확연히 달라졌다. 과거에는 입사하면 퇴직까지 회사와 함께 성장하고, 회사의 성장을 위한 개인의 희생이 당연시됐다면 이제는 아니다. 밀레니얼 세대는 **회사와 나를 명확히 구분한다. 회사를 위해 애쓰는 것이 자신의**

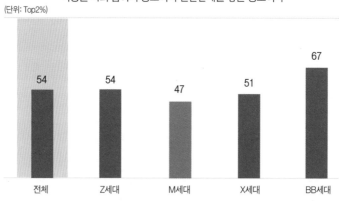

직장은 사회 참여의 장소이며 인간관계를 쌓는 장소이다

(단위: Top2%)

전체	Z세대	M세대	X세대	BB세대
54	54	47	51	67

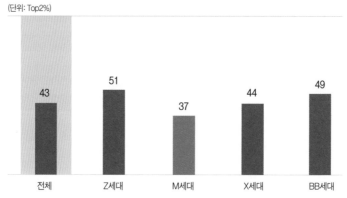

나에게 직장은 자아실현의 기회를 제공하는 곳이다

(단위: Top2%)

전체	Z세대	M세대	X세대	BB세대
43	51	37	44	49

생존과 성장을 직접 보장하지 않아서다. 그래서 밀레니얼 세대는 직장에 정을 두지 않기로 했다. 조사 결과에 따르면, 사회 참여나 인간관계를 쌓는 곳이라든가 자아실현의 기회를 제공하는 곳이라는 의미 부여가 다른 세대에 비해 현저하게 낮다. 다시 말해 밀레니얼 세대는 직장을 생계나 수입 이상의 의미를 두지 않으려 하는 편이다.

밀레니얼 세대는 회사에 대한 헌신이 보답으로 돌아오는 것을 그다지 보지 못했다. 따라서 조직에 충성하는 것이 내 미래를 보장하지 않는다는 인식이 전 세대 가운데 가장 높다. 밀레니얼 세대에게 "회사가 현재 어려움을 겪고 있으니 모두가 함께 노력해 상황을 개선하면 그 후에 희생에 대한 보상이 있을 것이다"라는 말은 더는 설득력이 없다. 규정된 시간 이상 직장에 머무르고 싶어 하지 않으며, 쿨하게 일만 하는 관계를 선호한다.

다수나 대의를 위해 개인을 희생하는 것은 밀레니얼 세대가 가장 혐오하는 것이다. 밀레니얼 세대에게는 내가 한 행위의 결과를 실질적으로 보답 받을 수 있는지가 매우 중요하다. Z세대는 아직 직장에 대한 인간적 기대를 완전히 무너뜨린 것은 아니지만 받는 것 이상 애쓸 필요는 없다는 인식은 밀레니얼 세대와 유사하다. 따라서 이는 이후 세대에 걸쳐서 새로운 표준이 될 가능성이 크다.

2022년 화제가 된 '조용한 퇴직' 트렌드는 이와 같은 밀레니얼 세대의 차디찬 직업관을 투영한다. 조용한 퇴직은 미국의 젊은 엔지니어가 2022년 7월 틱톡에 올린 영상으로부터 시작됐다. 조용한 퇴직

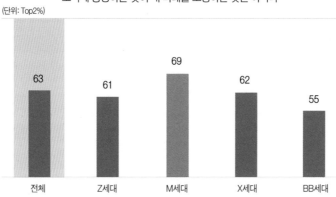

조직에 충성하는 것이 내 미래를 보장하는 것은 아니다

(단위: Top2%)

	전체	Z세대	M세대	X세대	BB세대
	63	61	69	62	55

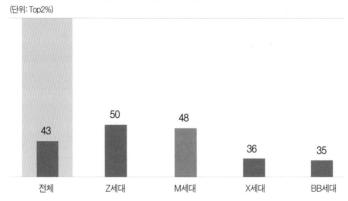

주어진 만큼, 받는 만큼은 충실하게 일하지만
그 이상 좋은 성과를 위해 애쓰지는 않는 편이다

(단위: Top2%)

	전체	Z세대	M세대	X세대	BB세대
	43	50	48	36	35

이란 정말로 직장을 그만두는 것이 아니라 주어진 시간 동안 주어진 일만 하고, 그 이상의 성과를 내기 위한 초과 근무나 추가 업무는 하지 않는 근무 방식을 말한다. 그 속뜻이 태업은 아니다. 월급 받은 만큼은 일하되 그 이상 애쓰지는 않겠다는 의미다. 이 영상은 전 세계적으로 엄청난 조회 수를 기록하면서 큰 공감을 얻었다.

| 밀레니얼로부터 시작되는 새로운 직업관 |

tvN 〈유 퀴즈 온 더 블럭〉에 연세대학교 사회복지학과를 졸업하고 현재 도배사로 일하고 있는 한 여성이 출연한 적이 있다. 외국어고등학교를 졸업하고 서·연·고 가운데 하나인 명문대학까지 졸업한, 엘리트 코스를 거친 여성이 학력이나 전공과 무관한 육체노동에 종사한다는 점이 화제가 돼 방송까지 타게 된 것이다.

이론적으로 직업에는 귀천이 없으니 이상할 것 없어야 하는데, 우리나라에는 몸 쓰고 땀 흘려 하는 일은 사무실에서 하는 일보다 귀하지 않다는 인식이 저변에 깔려 있음을 부정할 수 없다. 그럼에도 그녀는 몸으로 하는 노동이란 사라지지 않는 기술을 몸으로 터득하는 것이라며 육체노동의 가치를 설파한다. 정직하게 일한 만큼 받을 수 있고 쌓인 경력을 있는 그대로 인정받는다는 것이다.

주목할 만한 점은 비단 이것이 연세대학교 출신 여성 도배사 1명의 이야기에 그치지 않는다는 점이다. 한국산업인력공단에 따르면, 도배 기능사 실기시험 접수 인원이 2018년 4,529명에서 2022년 5,230명으로 증가했고, 20대 응시자가 359명에서 782명으로 2배 이상 늘었다고 한다.

hy(팔도)에 따르면, 중장년층 여성의 직업이라는 인식이 강했던 프레시 매니저, 속칭 '야쿠르트 아줌마' 업계에도 연령 파괴 조짐이 나타난다고 한다. 2017년만 해도 전체 약 1만 명 가운데 22명에 불과했던 20~30대 프레시 매니저가 2023년 현재 약 600명으로 늘어났다는 것이다.

프레시 매니저는 초기 비용이 들지 않고, 입사할 때 학력과 경력이 필요치 않아 진입 장벽이 낮다. 가장 중요한 것은 업무 시간을 원하는 대로 유연하게 조절할 수 있어 다른 일과 병행하거나 자기계발, 양육, 취미 활동 등을 자유롭게 할 수 있다. 여기에 매력을 느낀 대학생이나 직장을 다니다 퇴사한 젊은 여성들이 속속 유입되고 있다.

한편 CU와 GS25에서는 신규 오픈점의 20대 가맹점주 구성비가 꾸준히 늘고 있다고 한다. 편의점은 한때 명예퇴직이나 은퇴한 직장인들의 창업 아이템으로 여겨지곤 했으나 최근 편의점주 20대 비중을 놓고 보면 10곳 중 1~2곳은 20대가 운영하고 있다는 것이다. 20대 중후반에 창업해서 꾸준히 편의점을 운영하는 30대 가맹점주도 많다고 한다. 업계에서도 젊은 가맹점주에게 기대가 높다. 트렌드에 대한 감도가 높아 SNS를 통해 적극적으로 점포 마케팅을 하고, 전략적으로 발주를 해서 특화 상품을 키우는 등 경쟁력이 높다

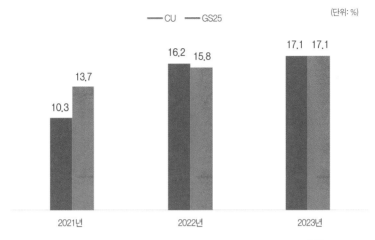

출처: CU, GS25

는 것이다.

 이러한 현상들은 밀레니얼 세대의 차디찬 직업관의 반대급부로 일과 직장에 대한 생각의 변화가 일어나기 시작한 결과로 보인다. 조직을 위해 일하는 것이 아니라 자신을 위해 자신의 일을 하자는 생각, 시간 활용이 비교적 자유로운 일을 선택하는 대신 그 외 시간에는 정말로 하고 싶은 일을 하겠다는 생각, 다른 요인의 개입이 적고 일한 만큼 인정받는 육체노동이 더 정직하고 떳떳하다는 생각 등 말이다.

 이전 세대까지는 대졸 화이트칼라 직업에 대한 선망이 높았던 것을 부정할 수 없지만 그러한 직업이 안정적 수입과 진정한 자아실현을 보장하지 않게 되자 직업과 일에 대한 생각이 달라지기 시작했

■ [그림 24] 학력과 경력에 어울리지 않는 직업 가능 여부

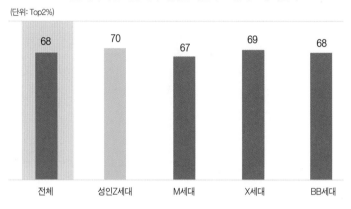

수입을 확보할 수 있다면 나의 학력/경력에
어울리지 않는 직장이나 직업을 가질 수도 있다고 생각한다

(단위: Top2%)

전체	성인Z세대	M세대	X세대	BB세대
68	70	67	69	68

다. 실질적인 실천은 밀레니얼 세대로부터 시작되고 있지만, 이러한 생각의 변화는 특정 세대에만 국한된 움직임만은 아니다. '수입을 확보할 수만 있다면 자신의 학력이나 경력에 어울리지 않는 직장이나 직업도 가질 수 있다'는 생각에 전 세대의 거의 70%가 동의하는 것이 이를 증명한다.

| 라이프스타일, 밀레니얼이 매료되는 키워드 |

2008년 금융위기 이후 2020년 팬데믹이 오기 이전까지 약 10년은 기술·경제·사회·문화 등 모든 면에서 급격한 변화가 있었던 시기다. 스

마트폰과 SNS가 보급됐고, 국경도 성역도 없이 정보 탐색은 물론 전 세계 남녀노소, 엄청난 부자나 셀럽의 삶도 앉은자리에서 들여다볼 수 있게 됐다. 디지털 광고와 디지털 플랫폼 신규 비즈니스가 등장했고, 2018년에는 드디어 1인당 국민총소득이 3만 달러를 넘겼다. **모두 밀레니얼 세대가 20~30대를 보내는 사이에 일어난 일이다.**

'1인당 국민소득 3만 달러'는 선진국에 진입하는 지표 가운데 하나로 받아들여진다. 국내총생산이 아니라 국민총소득을 기준으로 삼는 것은 양적 규모뿐 아니라 평균 소득과 생활 수준을 반영하는 지표이기 때문이다. 우리나라는 3050클럽이라 불리는 '국민소득 3만 달러 이상, 인구 5,000만 명 이상'인 7번째 국가다.

국민소득 3만 달러면 삶의 질을 중시하고, 물질이 어느 정도 충족되는 만큼 경험 소비에 대한 니즈가 증가하며, 가족 중심적 삶을 지향하는 중산층이 늘면서 라이프스타일 업종이 부상한다고 한다. 이를테면 홈 데코레이션이나 인테리어, 퍼스널 케어와 뷰티, 웰니스, 여가와 레저, 취미 등 개인의 취향과 스타일을 반영하는 종류의 업종이다.

대표적으로 이케아가 우리나라에 들어온 것은 국민소득이 3만 달러에 임박해가던 2016년이다. 이케아가 전개하는 홈 데코, 인테리어, 나아가 '휘게'[11]를 필두로 한 미니멀하고 단순하지만 편안하고 군더더기 없는 가족 중심적 북유럽식 라이프스타일은 당시 갓 독립

---

11 덴마크와 노르웨이에서 유래한 개념으로 안락함, 평온함, 즐거움을 뜻한다. 집에서의 편안함과 따뜻함, 친근함을 강조하는 생활 방식을 가리킨다.

하거나 가정을 꾸리기 시작한 밀레니얼 세대에게 깊은 인상을 남겼다.

라이프스타일은 개인의 생활 방식, 습관, 일상적인 선택들을 지칭하는 단어로, 그 자체로만 보면 긍정적이지도 부정적이지도 않은 중립적 단어다. 그런데 이 단어가 광고나 마케팅, SNS 등에서 삶의 질 향상이나 세련된 취향, 고양된 가치를 암시하는 메시지나 이미지와 함께 자주 쓰이면서 **우리나라에서 '라이프스타일'이라는 단어의 뉘앙스 자체가 앞서가는 취향과 개성적인 정체성을 드러내는 방향으로 진화**했다.

그리고 멋진 라이프스타일에 대한 동경은 인스타그램의 성장과 함께 그것을 전시하고 싶은 욕구로 이어졌다. 2008~2020년 사이는 금융위기로 경제 상황이 잠시 얼어붙었다가 미국의 양적 완화 영향으로 저금리에 유동성이 넘쳐나게 되면서 다시 소비 지향적인 분위기가 조성된 시점이다. 명품 최초 구매 연령은 더욱 낮아지고, 밀레니얼 세대의 SNS는 휴가 때면 해외여행과 호캉스, 주말이면 뮤지컬이나 콘서트, 전시 등으로 넘쳐난다. 문화생활을 즐기고, 맛집이나 호텔 뷔페를 다니는 일상, 미니멀한 분위기에 유명한 수입 브랜드 조명과 가구로 꾸민 인테리어 등 **SNS에 올린 이미지들은 내가 지향하는 라이프스타일 혹은 내가 기록하고 싶은 가치 있는 경험의 집합체가 됐다.**

호캉스는 2018년경부터 유행하기 시작하더니 여행이 제한된 코로나19 시기에 대표적인 여가로 자리 잡았다. 호캉스는 단순한 휴식을 넘어서 고급스러운 분위기와 세련된 인테리어 경험을 제공했고, 이러한 경험으로 높아진 안목은 '호텔 같은 집'을 만들기 위한 호텔식 침구나 수건, 조명, 수전 등 관련 상품의 인기로 이어졌다.

그런 밀레니얼 세대에게 여행은 아주 중요하고 포기할 수 없는 여가 가운데 하나다. 여행은 비일상의 경험일 뿐 아니라 SNS에 기록할 만한 가치가 있는 경험이어서 더욱 그렇다.

대홍기획의 라이프스타일 조사 결과에 따르면, 2022년 10월 코로나19 관련 여행 제한을 해제한 뒤 2023년 6월까지 약 1년 9개월 동안 해외여행을 다녀왔거나 곧 가기 위해 계획 중이라는 응답은 밀레니얼 세대가 58%로 가장 높았다.

재미있는 건, 밀레니얼 세대의 소비 동기 1순위가 '대비하는 소비'이며, 불황 때문에 소비지출을 줄이고 있다는 응답 역시 59%로 밀레니얼이 가장 높았다는 점이다. 소비지출을 줄이고 있지만 국경이 열리자마자 해외여행은 어떤 세대보다 빨리 다녀왔거나 다녀올 생각인 셈이다. 이처럼 상반된 응답이 한 세대 내에 양립할 수 있는 이유를 또 다른 항목에서 찾을 수 있다. 다른 지출을 줄여서라도 여행만은 간다는 응답 역시 밀레니얼 세대가 가장 높게 나타난 것이다.

밀레니얼 세대는 SNS를 소통이나 교류의 목적보다 자신이 어떤 사람인지 보여줄 목적으로 이용한다는 응답이 가장 높았다. 이는 밀레니얼 세대가 20~30대에 겪었던, 전 세계 각계각층 사람들의 전시된 삶을 봐온 경험, 라이프스타일을 통해 자신의 정체성과 안목을

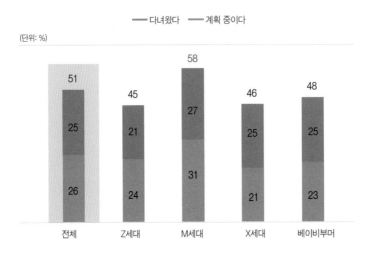

■ [그림 26] 세대별 여행 지출에 대한 인식

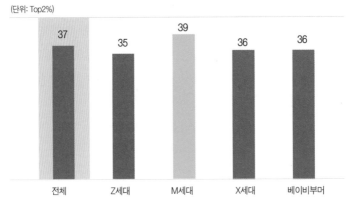

■ [그림 27] 세대별 SNS 이용 목적

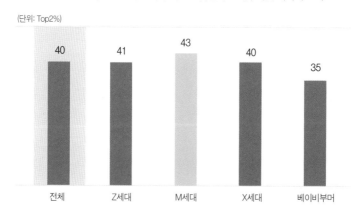

SNS는 소통, 교류보다는 내가 어떤 사람인지 보여주려는 목적이 크다

(단위: Top2%)

전체	Z세대	M세대	X세대	베이비부머
40	41	43	40	35

■ [그림 28] 세대별 라이프스타일(Top2%)

	전체	Z세대	M세대	X세대	베이비부머
나는 집에서 디퓨저, 섬유향수 등을 사용해서 향기도 관리하는 편이다	39	40	42	38	33
나는 여행이나 식사, 클래스 등 서비스 구매 프라이빗/단독 형태를 선호하는 편이다	40	39	43	38	36
나는 국내보다 해외여행을 더 선호한다	43	43	49	35	41

드러내는 태도와 관련이 높다. 그리고 여전히 밀레니얼 세대의 일상과 취향에는 고양된 삶에 대한 지향이 배어 있다. 예를 들면 생활수준이 극도로 높아진 연후에는 눈에 보이지 않는 향기까지도 관리의 대상이 되는데, 최근 1~2년 사이 다양한 니치 향수나 고급 향수가 인기를 끌고 있는 건 우연이 아니다. 이 유행의 선두에도 단연 밀레니얼이 있다. 프라이빗 클래스, 단독 서비스나 독채를 선호한다거나 국내 여행보다 해외여행을 선호하는 점 등은 밀레니얼이 지향하는 고양된 삶의 모습이 어떤 것인지 보여준다.

그렇다고 밀레니얼 세대가 라이프스타일을 소비주의적 경험으로만 드러내고 있는 건 아니다. 대표적으로 2021년경 불었던 '미라클모닝'[12] 챌린지 열풍은 라이프스타일을 드러내는 방식이긴 했으나 소비행동은 아니었다. 코로나19가 발생한 이후 집에서만 시간을 보내면서 무기력을 극복하고 무너지는 루틴을 바로 세우려는 노력이 반영된 것이 #미라클모닝챌린지'인데, 이는 이후 유행한 '갓생' 열풍과 그 궤를 같이 하는 것이다.

미라클모닝 챌린지는 자신의 하루하루를 가치 있게 보내고자 하는 노력, 그리고 그것을 기록하고 게시함으로서 밀레니얼은 고양된 삶을 가꾸며 살고 있다는 자각을 얻고 충만함을 느끼는 모습을 보여준다. 지향하는 라이프스타일을 실현하기 위해 루틴을 만들어 실천하고 그것을 인증함으로써 내 것으로 만드는 것, 그것이 밀레니얼

---

12 2016년 발간된 미국 작가 할 엘로드Hal Elrod의 베스트셀러 『미라클 모닝』에서 등장한 개념으로 이른 아침 일어나 운동, 영어 공부, 명상, 티타임 등으로 자신만의 시간을 갖는 것을 가리킨다.

이 기록과 인증을 실용적으로 활용하는 방식이다.

X에서는 '공복 러닝을 뛰러 나왔다가 관련 수치를 측정, 기록해주는 애플워치를 차고 나오지 않았다는 것을 아는 순간 열정이 식었다'는 글이 우스개처럼, 그러나 크게 공감과 화제를 일으키며 여러 커뮤니티에까지 돌아다닌 적이 있다. 글 아래에는 공감하는 댓글들이 여럿 달렸다.

- 애플워치는 보여주는 게 아니라 내가 보면서 기록하고 뿌듯하기 위한 것.
- 보상보다 기록. 별것 아닐 수 있지만 운동하고 열량을 소모했는데 하루라도 기록이 빠지면 연속 운동의 기록이 완성되지 않아서 신경 쓰인다.
- 만보를 채우기 위해 열심히 걷다가 스마트폰이 방전되면 그냥 그 길로 집에 돌아와버린다. 공부도 '열품타' 없으면 절대 안 한다.

열품타는 '열정 품은 타이머'의 줄임말로, 공부 시간을 측정하고 공유하는 앱의 이름이다. 이 앱은 공부 시간을 측정하고 같은 카테고리에 속한 사람들끼리 공부 시간을 비교하는 기능을 제공한다. 그러니까 애플워치와 유사한 기록 장치다. 미라클 모닝 챌린지 인증과 모두 유사한 심리에서 비롯되는 일들이다.

정보통신정책연구원^{KISDI}이 발표한 〈MZ세대의 미디어이용 특징 보고서〉에 따르면, 스마트 워치 보유율은 밀레니얼 세대 21.2%, X세대 12.6%, Z세대 11.7%, 베이비부머 세대 2.5% 순으로 밀레니얼 세대의 스마트 워치 보유율이 다른 세대보다 월등히 높았다.

혼자 보든 남이 보든 밀레니얼 세대는 기록에 진심이다. **소비나 멋진 경험만이 아니라 나의 지향이나 신념, 가치관에 따른 결심과 행동을 기록함으로써 자신이 추구하는 이상적인 라이프스타일을 실현하고 있다는 성취감을 느낀다.** 그래서 밀레니얼 세대에게 **라이프스타일이라는 단어가 특별하고, 라이프스타일을 구성하는 일상의 기록이 중요**하다.

| 아트를 누리고 아트에 투자한다 |

아트 마케팅에 뛰어드는 백화점이 늘고 있다. 현대백화점은 '더 아트풀 현대'를 2024년 아트 마케팅 캐치프레이즈로 선정하고 백화점 16곳과 아울렛 8곳 등 전국 24개 전 점포에 '아트 스폿'을 만들어 세계적인 예술 작품을 전시·판매할 예정이라고 한다. 이는 롯데, 신세계 등 주요 백화점에서 공통적으로 나타나는 경향이다.

백화점들이 아트 마케팅 강화에 나선 것은 젊은 세대에게 고급스럽고 트렌디하다는 이미지를 전달하기에 적합하다는 판단에서다. 이러한 아트 마케팅은 젊은 세대를 백화점으로 이끄는 데 효과가 입증됐다. 실제로 더현대서울의 복합문화공간 알트원은 2023년 1~11월까지 누적 방문객 가운데 2030세대 비중이 71%에 달한다고 한다.

여기에 아트를 활용한 제품들도 젊은 세대의 호기심을 자극하며 매출 증대 효과를 가져오는 요인으로 꼽힌다. 리움미술관이 코로나19 이후 재개관하면서 한국적인 느낌이 나는 아트 상품으로 판매한 '굿 럭 피쉬Good Luck Fish, 명태'는 3,000개가 순식간에 팔려나갔다. 심지어 박물관이 판매하는 굿즈도 인기몰이 중이다.

국립박물관문화재단은 자체 브랜드 '뮷즈MU:DS'를 론칭하고 전시된 유물이나 고미술품을 모티브로 다양한 굿즈를 내놓고 있는데, 그중에서도 '사유의 방'에 놓인 반가사유상의 모티브를 활용한 미니어처와 휴대폰 케이스는 밀레니얼 세대가 주로 활동하는 익명 커뮤니티에 소개될 정도로 화제를 모았다.

미술 시장도 움직이고 있다. 2021년 국내 미술 시장은 9,000억 원대 규모로 독일을 제치고 세계에서 5번째로 큰 미술 시장이 됐다. 다음 해인 2022년, 국내 미술 시장의 미술품 유통액은 1조 377억 원에 이르며, 사상 처음으로 1조 원을 돌파했다. 이는 전년 대비 37.2%나 성장한 수치이며, 2020년 3,000억 원대였던 규모와 비교하면 무려 3배 이상 급성장한 것이다. 문체부에 따르면 국내 미

나는 문화예술을 즐기고 누리며 사는 삶을 지향한다

(단위: Top2%)

전체	Z세대	M세대	X세대	BB세대
53	58	54	51	47

출처: 리움미술관 리움스토어

출처: 국립박물관 뮤지엄숍

술 시장의 성장은 아트페어와 화랑의 매출액 성장이 주 요인이다. 2022년 국내 아트페어 매출액은 3,020억 원으로 2021년 1,889억 원 대비 59.8% 증가했고, 방문객 수 또한 2021년 77만여 명에서 2022년 87만여 명으로 13.1% 증가했다고 한다. 미술 시장에 돈과 사람이 모여들고 있는 것이다.

이러한 국내 미술 시장의 성장성에 힘입어 2022년에 아시아 최초로 세계 3대 아트페어 가운데 하나인 프리즈^{Frieze}가 한국국제아트페어^{KIAF}와 함께 코엑스에서 개최된 데 이어 2023년에도 열렸다.

미술 시장의 이러한 폭발적 성장 뒤에는 MZ, 즉 밀레니얼 세대와 Z세대가 있다는 보도가 많이 나온다. 소수 부유층 중심의 시장에서 최근 젊은 수집가들이 몰리면서 저변이 확대되고 있다는 것이다. 문화체육관광부와 예술경영지원센터가 분석한 미술 시장 관련 기사의 주요 키워드를 살펴보면 미술 시장이 대폭 성장한 2021~2022년에 걸쳐 공통으로 'MZ', '아트테크(아트+재테크)'라는 키워드가 눈에 띈다.

■ [그림 30] 미술 시장 관련 주요 기사 키워드

구분	2021년	2022년
시장	#시장성장, #과열, #양극화, #버블, #미술한류, #물납제, #컬렉터, #컬렉션, **#MZ, #세대교체, #미술품투자, #자산, #아트테크, #재테크, #리벤지쇼핑**, #온라인, #공동구매, #NFT, #메타버스, #블록체인	#성장세, #활성화, #호황기, **#투자, #아트테크**, #NFT, **#MZ세대,** #1조, #양극화, #과열, #거품, #조정기, #침체, #하락세, #부진, #안전장치

이들이 아트페어에 모여드는 것은 아트를 즐기기 위한 목적만이 아니라 투자를 위해서이기도 하다. 주식도 부동산도 확실한 재산 증식이 보장되지 않는 시대가 됐다 보니 안전 자산이자 유망 자산이라 할 수 있는 미술품에 대한 선호가 높아졌다는 것이다.

서울옥션의 집계에 따르면, 2021년 신규 회원 가운데 약 3,500명은 온라인으로 가입한 30대였다고 한다. 국립현대미술관에 따르면, 2023년 상반기 관람객 가운데 MZ세대 비중은 63%로 코로나19 이전인 2019년 47%와 비교해 큰 폭으로 증가했으며, 온라인 그림 렌털 플랫폼인 오픈갤러리의 전체 고객 가운데 70%는 30~40대 여성이라고 한다. 이에 대해 한편으로는 거의 90%에 수렴하는 대학 진학률 덕분에 문화적 교양 수준이 높아진 덕이라는 해석도 있다. 아트를 누리고 아트에 투자하는 트렌드, 그 중심에 밀레니얼 세대가 있다.

| 케이팝 팬덤 문화의 원형을 만든 세대 |

높은 인기와 화제성을 자랑했던 tvN 〈응답하라〉 시리즈는 최근까지 이어지는 레트로(복고) 트렌드의 시작과 성숙을 이끈 작품들이다. 응답하라 시리즈의 1탄에 해당하는 〈응답하라 1997〉(2012)은 메인 포스터마저 그렇듯이 1996년 데뷔한 1세대 아이돌 'H.O.T.' 팬덤 문화에 관한 이야기가 메인 플롯을 이끌어가는 데 중요한 역할

을 한다. 드라마 주인공은 1981년생, 밀
레니얼 세대의 맏이 격인 여고생이다.

출처: tvN

그전에도 일명 '오빠부대'는 이미
있었다. 팬덤 문화가 태동한 시기는
1990년대 후반 1세대 아이돌 등장
시점이 아니라 1992년이었다고 보는
시각도 있다. 2가지 사건 때문이다.
1992년 2월 서울 올림픽공원 체조경
기장에서 열린 미국 보이 밴드 뉴키즈
온 더 블록의 첫 내한 공연[13]과 같은 해 4월 서태지와 아이들의 데
뷔다.

현재와 같은 팬클럽 시스템, 케이팝 팬덤 문화의 원형은 1세대 아
이돌 'H.O.T.'와 '젝스키스'의 등장 이후 자리잡기 시작했다고 봐야
한다. 〈응답하라 1997〉에 나타나는 것처럼 아이돌의 앨범, 포스터,
사진, 기사를 수집하고 이런 수집품들을 가지고 팬들이 서로 교환
하거나 공유하면서 소통하고 교류한다. 팬 미팅이나 콘서트, 뮤직비
디오 촬영 현장에 조직적으로 참여하고 라이벌 아이돌 팬덤에 이기
기 위해 경쟁한다. 인터넷 초기 단계였던 당시, **밀레니얼 세대는 아
직 미비했던 온라인 커뮤니티와 게시판을 통해 정보를 공유하고 소
통하면서 팬덤 문화가 조직화되고 체계화되는 과정을 온몸으로 겪으**

---

13 당시 관객들이 한데 몰리면서 고교생 1명이 사망하는 사고가 발생했다.

며 주도한 세대다.

이후 2000년대에 들어서면서 팬덤 활동은 인터넷과 SNS를 통해 한층 다양해졌다. 현존하는 많은 팬 응원 방식이나 연예기획사가 팬클럽을 직접 조직하고 관리하는 형태가 확립됐고, 공식적인 아티스트 응원 문화가 정립되기 시작했다. 이후 약 30년을 지나오면서 팬덤 문화는 한층 성숙해졌다. 단순히 아티스트에게 직접 선물하거나 '조공'하는 식에 그치지 않고 아티스트 이름으로 기부를 함으로써 선한 영향력을 과시한다든지, 사회적 이슈에 아티스트의 이름과 명예를 걸고 대응한다든지, 팬덤 내부의 다툼이나 사생팬, 아티스트 명예 훼손 등 관련된 문제에 대해서는 팬덤 스스로 강력한 자정 기능을 발휘하는 수준으로까지 진화했다.

원조 '오빠부대'였던 X세대는 국내 대중문화 검열이 존재하고 해외 대중문화 접근은 쉽지 않았던 시기에 오로지 덕력과 끈기로 제각기 서브컬처에 탐닉했다. Z세대는 덕질의 범위와 방식의 다양화, 일상화를 주도했다. 이들과 비교할 때 밀레니얼 세대는 아날로그가 디지털로 전환되는 과도기에 성장기를 보내면서 공동의 목적과 관심사를 중심으로 온라인 상에서 연대하며 오늘날 우리가 아는 팬덤 문화의 기초를 마련한 세대다.

즉, X세대부터 Z세대까지 대중문화를 향유하는 데 제각기 특색과 역할이 있지만, 좋아하는 것에 몰입하는 것을 넘어 기술 인프라를 활용해 연대하고 공동 행동을 하는 경지로 팬덤 문화를 끌어올린 것이 밀레니얼 세대의 특징이다.

직장인 익명 커뮤니티에서 태동한 대기업 사무직 노조

2021년 초, 직장인 익명 커뮤니티에서 대기업 4년 차 직원들이 주축이 돼 성과급 산정 과정의 투명성과 생산직과의 차이 등을 문제 삼기 시작하더니 급기야 외부에까지 퍼져 공론화된 적이 있었다. 이것이 크게 화제가 된 이유는 이들이 익명으로 불만을 나누는 것에 그치지 않고 사무직 노조를 만들고야 말았기 때문이다. 생산직 노조야 오랜 역사가 있지만 입사 후 만 5년도 되지 않은 젊은 직원들이 두려움 없이 목소리를 내고 수십 년간 아무도 만들지 못했던 사무직 노조를 만들었다는 점은 기업은 물론 사회 안팎에 상당한 충격을 던졌다.

노조가 만들어지는 일련의 과정에서 독특한 점은 디지털 플랫폼상에서 모든 일이 시작됐다는 점이다. 신원이 드러나지 않는 익명 커뮤니티에서 단순히 의견을 개진하는 데 그치지 않고 공동 목적을 위해 실질적으로 구체적인 일을 만들고 실행한다. 이는 밀레니얼 세대 이전 세대에서는 없던 일이다. 또 조직 방침에 항의하고 투명하게 밝히기를 요구하며 행동하는 것은 과거 운동권 학생들의 시위에 비견될 수 있지만, **대의나 정의를 위한 연대가 아니라 성과급이라는 나의 이득을 정당하게 챙겨 받기 위한 연대라는 데 차이가 있다.**

철저한 팬 메이드, 익명으로 이뤄지는 드라마 블루레이 제작 과정

유사한 맥락을 완전히 다른 사례에서 찾아볼 수 있다. 드라마가 히트를 치거나 일부 마니아적 인기를 얻으면 '디시인사이드'나 '더쿠' 같은 익명 커뮤니티에 전용 게시판 혹은 갤러리가 생긴다. 드라마 팬들은 이 전용 공간에서 관련 없는 사람들의 방해 없이 자유롭게 드라마에 대한 감상과 정보를 공유하며 '달린다'. 방해꾼 없이 하나의 게시판에서 같은 것을 좋아하는 사람들끼리 모여 '내가 오늘 앓는 부분은 여기'라든가, 특정 장면에 대해 '내 해석은 이렇다'라든가, 작품과 배우와 관련된 비하인드나 정보를 신속하게 공유하면서 함께 즐기는 것이다.

드라마의 골수팬들은 종영 후에도 작품 영상은 물론이고 촬영 중 있었던 비하인드나 미공개 영상, 배우들의 코멘터리, 작품의 중요한 소품을 모티브로 한 굿즈 등을 간직하고 싶어 하지만, 우리나라 방송사에서 직접 블루레이를 제작하는 일은 거의 없다. 그래서 팬들이 강력하게 요청하는 경우, 드라마 종영 전부터 익명 커뮤니티에서 블루레이 제작 업무를 맡아줄 스태프들을 모집하는 공고가 뜬다. 물론 공고를 띄우는 주체는 커뮤니티에 와서 노는 회원 가운데 한 명이지만 누구인지 신원은 아무도 모른다.

총대(총괄대표), 부총대(부총괄대표), 홍보 스태프, 번역 스태프, 디자인 스태프 등으로 제작진을 구성한다. 먼저 드라마 팬 여부, 다른 드라마 블루레이를 제작해본 경력, 성년 여부, 해당 커뮤니티에서 글을 게시하거나 댓글을 달았던 이력 등을 입증하고 해당 커뮤니티 사람들에게 인정받는 과정을 거쳐야 한다. 개인정보를 제외한 자격 조건을 철저히 심사하고 '불판'이라 불리는 의견 수렴 게시글에 댓글로 찬반을 표시하며 실시간으로 공동의 의견 수렴과 의사결정을 진행한다.

그렇게 스태프들을 모두 선정하고 나면 다음이나 네이버 포털에 해당 드라마 블루레이 제작 카페를 개설한다. 이들은 보수도 없이 철저히 드라마 팬으로서 봉사하는 마음으로 임한다. 여기서도 **포인트는 뽑힌 스태프들조차 서로의 신원을 전혀 모르며, 온라인과 유선으로만 소통한다**는 점이다.

이후 스태프들은 블루레이를 제작하는 과정 일체를 회원들로부터 위임받아 블루레이 제작사와 접촉하고, 가수요를 조사하고, 예스24 등 유통사와 접촉해 비밀 구매 링크를 만드는 등 공식 업무를 시작한다. 한류 영향이 커진 후에는 한국 드라마 블루레이는 해외 팬들에게도 판매하므로 번역 스태프들은 공지나 홍보 문구를 영어는 물론 일본어와 중국어 등으로 번역한다. 디자인 스태프는 인스타그램이나 카페에 게재할 홍보용 이미지를 제작한다. 홍보 스태프는 인스타그램이나 트위터에 전용 계정을 만들고 구매자를 더 모은다거나 중간 진행 상황을 알리는 광고와 홍보 작업을 한다.

한편 작가와 감독, 배우 등과 직간접적으로 접촉하며 코멘터리 녹화나 인터뷰 일정을 잡고, 장소를 잡고, 카페 회원들에게서 모금한 돈으로 일명 '서포트'라고 부르는 배우, 작가, 감독을 위한 선물 준비나 코멘터리 녹화 당일 식사와 간식 등을 준비하기도 한다. 금액과 사용 내역은 투명하게 카페에 공지한다. 익명의 오픈 공간이다 보니 욕설과 다툼, 논란이 섞이는 일도 비일비재하지만, 익명에 서로 신원을 모르고 리더가 존재하지도 않는 공간에서 공동의 목적을 위한 연대를 만들고, 복잡한 업무들이 차질없이 돌아가는 것을 보면 신기할 따름이다.

블루레이 제작은 드라마를 종영한 후 짧으면 10개월, 길면 1년이 넘게 걸리기도 한다. 한 세트당 가격이 28~30만 원에 달하며, 가수요가 최소 3,000~4,000개는 잡혀야 진행을 확정하므로 기간이나 금액 면에서 결코 가볍게 볼 수 없는 프로젝트다. 물론 워낙 복잡하고 큰 프로젝트다 보니 일이 어그러지거나 문제가 종종 생기기도 하지만, 이 모든 과정이 철저히 익명으로 금전적인 부분이나 절차상의 문제 또한 철저하게 투명하고 민주적으로 진행하는 과정을 보고 있노라면 어쩐지 경이로운 생각마저 든다. 이 신비한 연대는 블루레이 제작 완료 후 구매자 손에 배송되고, 불량 접수까지 마치고 나서야 비로소 종료된다.

디지털 인프라를 활용한 참여와 연대의 길을 연 세대

대표는 있지만, 리더는 없다. 목적은 있지만, 친목은 없다. Z세대에게 SNS와 디지털 인프라는 특별한 목적의식 없는 일상 그 자체라면, 밀레니얼 세대는 그것을 목적을 달성하기 위해 수단으로 이용한다. 익명 커뮤니티의 대표 격인 디시인사이드가 만들어진 지 20년이 넘었다. 이런 과정의 노하우는 커뮤니티 선조들로부터 아래로 전수되고 있다.

밀레니얼 세대는 온라인 익명 커뮤니티의 선조 격에 해당하는 세대로 커뮤니티들이 현재 작동하는 초기 법칙과 노하우 등 많은 부분을 세팅했다고 볼 수 있다. 개인의 희생을 최소화하고 모두가 인정할 수 있는 방식으로 상호 승인하며, 임무를 맡았다면 최선을 다해 책임을 진다. 일이 잘못되지 않도록 경우의 수를 따져 미리 원칙을 세우고 서로 연대하면서도 감시하고 견제한다. 그렇게 해서 공동의 목적을 달성하고 가능한 한 모두가 만족할 수 있는 방향을 지향한다. **민주적 가치를 실천하면서도 공동의 목적과 관심사를 위해 디지털 인프라를 영리하게 활용하는 것, 이것이 밀레니얼 세대가 남긴 유산이다.**

α

2010년 이후 출생 자녀의 부모
GENERATION ALPHA

탐구하는 소비 의식 있는 소비 유행 대세 소비

테마 투어 선호

알파 세대 부모 45%는
해외여행을 할 때 일반적 코스보다
특별한 테마(카페, 박물관, 그릇 등)
가 있는 여행을 선호한다

살아보는 여행 선호

알파 세대 부모 45%는
유명 관광지 위주로
돌아보는 여행보다
현지인처럼 살아보는
여행이 좋다고 응답했다

관심 있는 집중 탐구

알파 세대 부모 28%는
관심 있는 주종에 대해
시간을 내어 공부하거나
마셔보는 편이다

친환경 제품 구매

알파 세대 부모 58%는
친환경 또는 에너지 절약
제품을 의식적으로
구매한다

환경친화적 행동 우선

알파 세대 부모 55%는
다소 불편하더라도
환경친화적 행동(에너지절약,
일회용품 자제 등)을 우선한다

친환경, 유기농 식품 구매

알파 세대 부모 45%는
다소 가격이 비싸더라도 친환경,
유기농 식품을 구매하는 편이다

윤리적 생산/ 유통 중시

알파 세대 부모 39%는
가격이 비싸더라도
윤리적으로 생산/유통되는
제품을 우선 고려하는 편이다

유명 브랜드 신뢰

알파 세대 부모 53%는
브랜드가 유명할 수록
그 브랜드 제품의 품질을
신뢰하는 편이다

빠른 배송 선호

알파 세대 부모 39%는
멤버십, 추가 요금을
좀더 부담하더라도
빨리 배송 받는 것을
선호하는 편이다

유행 아이템 소비

알파 세대 부모 32%는
꼭 필요한 것은 아니라도
요즘 유행하거나 트렌디한
것이 있으면 사보는 편이다

알파 세대는 누구이며
무엇을 원하는가?

| 한눈에 보는 알파 세대 부모의 소비 성향 |

현재 초등생인 알파 세대는 스스로 설문에 응답할 수 없으므로 양육자인 알파 세대 부모의 소비 동기를 분석했다. 알파 세대 부모는 수도권 15~64세 2,000명을 대상으로 진행한 대홍기획의 라이프스타일 조사에서 약 60%의 밀레니얼 세대와 40%가량의 X세대로 구성돼 있었으나 실제 구성비는 알 수 없다. 그러나 보편적인 삶의 궤적을 고려하면 조사 결과에서 나온 구성비와 크게 다르지 않을 것이다.

다른 세대들과 공통 문항을 통해 분석한 **알파 세대 부모의 소비**

■ [그림 31] 세대별 소비 동기 순위

순위	Z세대	M세대	X세대	베이비부머	알파 세대(부모)
1	유행 대세	대비하는	의식 있는	자기 관리	탐구하는
2	탐구하는	향유하는	자기 향상	자기 향상	의식 있는
3	향유하는	탐구하는	자기 관리	의식 있는	유행 대세
4	대비하는	유행 대세	대비하는	향유하는	자기 향상
5	자기 향상	자기 관리	유행 대세	탐구하는	향유하는
6	자기 관리	의식 있는	탐구하는	유행 대세	자기 관리
7	의식 있는	자기 향상	향유하는	대비하는	대비하는

동기는 '탐구하는 소비'가 1위, '의식하는 소비'가 2위였다. 근소한 차이로 다음 순위는 '유행 대세 소비'였다.

알파 세대 부모의 소비 동기의 특징은 전반적으로 점수가 높다는 점이다. 표준점수가 100을 평균으로 한다는 것은 100을 넘는 경우 해당 소비 동기가 그 세대의 소비 행동 속에서 강하게 발현된다는 의미다. 그런데 알파 세대 부모는 다른 세대 대비 100 이하의 점수가 '대비하는 소비'의 1개뿐이다.

심지어 '대비하는 소비'는 소비 지출을 줄이기 위해 노력하고 경제성과 가성비를 고려하는 소비 행동과 관련된 동기이니 이는 알파 세대 부모가 돈을 아끼거나 덜 쓴다는 문항만 빼고, 각 소비 동기를 구성하는 소비 관련 문항에 대부분 높게 응답했다는 것을 의미한다.

소비 동기	세대별 표준점수				
	Z세대	M세대	X세대	BB세대	알파 세대 (부모)
의식 있는 소비	71.7	88.4	104.4	120.2	115.3
자기 향상 소비	89.1	73.1	101.6	125.0	111.2
향유하는 소비	116.3	116.9	76.3	80.4	110.1
유행 대세 소비	123.0	105.1	85.4	74.0	112.4
자기 관리 소비	73.4	92.9	100.1	128.5	105.2
탐구하는 소비	117.9	109.4	81.0	75.9	115.8
대비하는 소비	114.1	123.7	98.3	72.3	91.6

그 이유를 추정해보자면, 우선 알파 세대 부모의 대부분을 차지하는 밀레니얼 세대는 높은 교양을 바탕으로 고양된 취향과 개성을 소비에 반영하는 라이프스타일 덕분에 X세대 등장 이후 오랜 기간 잠잠했던 세대 담론의 논의에 다시 불을 붙인 세대라는 점을 꼽을 수 있다. 더구나 결혼은 선택의 문제가 되거나 한층 늦어지는 추세 속에 출산은 더욱더 특별한 결심이 돼가고 있음에도 불구하고 결혼은 물론 출산을 결행한 **알파 세대 부모들은 소득이나 자산, 소비 여력 등 경제적인 면에서 비교적 나은 환경에 속할 가능성이 크다.** 즉, 알파 세대 부모의 소비 동기 1위 '탐구하는 소비'와 3위 '유행 대세 소비'는 이들의 대부분을 차지하는 밀레니얼 세대의 소비 지향적 특

성, 그리고 지금 결혼과 출산을 결행할 수 있는 일부 밀레니얼의 안정적인 경제 기반과 연관지어 이해해야 한다. 현상을 좀더 들여다보면, 알파 세대 부모의 소비에서 탐구와 유행 대세의 요소들을 어렵지 않게 찾아볼 수 있다.

출산을 기점으로 사람들은 새로운 인생으로 접어드는 것이나 다름없는 역할 변화와 인생의 무게중심 변화를 겪는다. 첫 출산 전후 2~3년간은 아이를 위해서라는 미명하에 그야말로 돈을 물 쓰듯 쓰는 시기다. 아이를 중심으로 한 새로운 생활은 많은 공부와 탐구를 필요로 한다. 출산용품을 준비하기 위해 베이비페어에 다니고 분유나 건강식품 혹은 더 저렴한 유아용품을 사려고 해외 직구를 시작한다. 이유식을 시작하면서 유기농 전문 몰에 발을 들이게 되고, 조리원 동기 모임이나 맘카페 등 새로운 커뮤니티에서 입소문을 타 유행하는 육아템을 소비하기 시작한다. 이후 아이가 자라서 걷고 말을 할 수 있게 되면 아이의 경험 지평을 넓혀주기 위한 주말 나들이, 여행, 견학 등의 일정을 매 주말 촘촘하게 계획한다.

알파 세대 부모의 소비 동기인 '탐구'와 '유행 대세'는 실제 소비 행동에 이런 맥락으로 반영된다. 그러면 이렇게 자란 알파 세대는 어떤 소비 성향을 갖게 될까? 아직 어린이인 이들의 향후 모습을 쉽게 단정해서는 안 되지만, 현재로서 알파 세대는 밀레니얼 세대 부모 아래서 '미니 밀레니얼 세대'의 성향을 띠고 있을 가능성이 크다.

한편 알파 세대 부모의 소비 동기 2위인 '의식 있는 소비'는 친환경 제품을 구매하고 윤리적 소비를 지향하는 성향과 연결되는데,

이는 이들이 현재 초등학교 이하의 어린 자녀를 양육하는 부모라는 점과 관련이 깊다. 더구나 이들은 소득과 자산이 안정돼 있어 자녀를 위해 친환경, 유기농, 무농약 등 프리미엄 식료품과 생활용품을 구매하는 데 망설임이 적다. 당장 돈이 좀 더 들더라도 자녀가 살아갈 미래를 위해 친환경적이고 윤리적인 생활 양식에 투자해야 한다는 생각이 충만한 집단이다.

2023년 경제 상황이 급격히 나빠지면서 전반적으로 친환경 기업 제품의 구매 의향이나 친환경 프리미엄 식재료 구매 의향이 전년 대비 하향했는데 알파 세대 부모만큼은 그렇지 않았다는 점이 그 근거다. 한편 알파 세대와 Z세대의 부모인 X세대 역시 가장 강력한 소비 동기가 '의식 있는 소비'였다. 베이비부머 세대에게서도 3위였다는 점을 고려하면 '의식 있는 소비'는 자녀를 둔 부모의 정체성과 깊은 관련성이 있는 것으로 보인다.

| 알파 세대는 누구인가?|

알파 세대는 2010년 이후에 출생한 세대를 일컫는다. 이들은 이전 세대들과 달리 시작부터 21세기에 출생한 최초의 세대다. 그래서 Z세대의 다음 세대를 명명하기 위해 그리스 알파벳의 첫 글자로 시작을 의미하는 '알파'를 사용해 알파 세대라고 불리게 되었다.

스마트폰이 일반에 보급된 이후에 출생한 세대로 모바일 퍼스트,

알파 세대(2010년 출생 이후)
-미니 밀레니얼

알파 세대의 21%는
주 1회 무인매장에
방문한다.

알파 세대의 23%는
2~3주에 1회 다이소를
방문한다.

알파 세대의 27%는 월 1회
백화점을 방문하고, 23%는
월 1회 복합쇼핑몰에 방문한다

알파 세대의 67%는
주 1회 이상
편의점에 방문한다.

중고물품 거래 경험
알파 세대 10명 중 3명은
최근 1년 이내에 중고 물건을
구입/판매해본 적이 있다

알파 세대 10명 중 7명은
온라인 쇼핑 경험이 있다.
초등학교 고학년
여아의 경우 80%가
온라인쇼핑 경험이
있다고 응답했다.

알파 세대의 35%는
식음료 구매시 좋아하는 캐릭터를
활용한 메뉴와 브랜드를 선택
하고, 25%는 유튜브/틱톡에서
본 것을 선택한다고 응답했다.

알파 세대의 54%는 **장난감/문구 구매시**
좋아하는 캐릭터를 활용한 제품을 선택하고,
29%는 유튜브/틱톡에서 본
제품을 선택한다.

알파 세대가 주로 사용하는
SNS/OTT 콘텐츠

인스타그램(44%)   만화/애니(69%)
페이스북(35%)   예능(63%)
틱톡(30%)   영화/드라마(37%)

알파 세대의 65%는
아이돌/댄스 음악을 주로
듣는다고 응답했다.

만화/애니 주제가 45%
발라드 42%
랩/힙합 32%

[알파 세대 부모 응답]

알파 세대 부모의 자녀와의 여가 활동 빈도
월 4.3회/ 월 평균 24만 원

알파 세대의 부모 10명 중 8명은 여가 활동 결정 시 자녀와
논의 한다고 응답했다. 여가 활동 결정 시
자녀 의견 반영 정도는 82%이다.

알파 세대 부모가 최근 6개월간
자녀와 함께한 실외 활동

당일
근교여행
49%

영화
관람
47%

도서관/
서점 방문
45%

디지털 네이티브라는 점에서는 현재 10대 후반부터 20대에 걸쳐 있는 Z세대와 유사한 점이 많은 것으로 여겨지고 있다. 그러나 이들은 아직 유년기인 탓에 알파 세대만의 특성은 명확히 드러나지 않았다고 보는 것이 타당할 것이다.

우선 **알파 세대는 Z세대와 비교할 때 주민등록상 인구수가 훨씬 적다.** 그래서 이들은 X세대 후반생들과 밀레니얼 세대가 겪었던 취업난을 겪지 않을 가능성이 크다. 또 개인의 존엄과 다양성을 존중하는 교육이 보다 깊이 체화된 세대로서 Z세대로부터 시작되고 있는 새로운 직업관, **일률적인 사회적 성공의 이미지를 지향하지 않는 경향은 알파 세대에게서 더욱 심화할 것으로 보인다.**

알파 세대가 이전 세대와 가장 다른 점은 콘텐츠를 접하는 방식과 접하는 콘텐츠의 범위일 것이다. 애초에 이들에게는 TV 채널이라는

■ [그림 33] 행정안전부 주민등록인구 통계(2023년 11월 기준)

세대	인구수(명)	비중
산업화 세대	7,551,299	15%
베이비부머	8,794,637	17%
X세대	11,794,565	23%
M세대	11,074,855	22%
Z세대	7,361,365	14%
알파 세대	4,760,355	9%
계	51,337,076	100%

개념이 약하다. 그래서 이전 세대까지만 해도 신제품을 TV 광고로 접하는 경우가 많았겠지만, 알파 세대는 유튜브나 틱톡 등을 통해 새로운 제품을 접하는 경우가 많다.

근본적으로 편성표에 따라 움직이는 리니어 TV[14] 방송을 거의 보지 않는 편이므로 방송국 채널명이나 번호를 모르는 경우도 허다하다. 따라서 이들은 **시간에 맞춰 콘텐츠를 본다는 개념을 낯설어한다. 오히려 유료냐 무료냐 혹은 어느 플랫폼에서 서비스하느냐 등의 개념에 익숙**하다. 유튜브, IPTV나 넷플릭스, 디즈니+ 등 원하는 콘텐츠를 따라 여러 플랫폼과 OTT를 전전하는 행태가 도리어 이들에게는 당연하다.

명절이면 신문 편성표를 펴놓고 보고 싶은 프로그램을 미리 체크해서 동그라미 치곤 했던 부모의 이야기는 언젠가 싶게 아득한 옛날 이야기일 뿐이다. **서로의 콘텐츠 취향을 물어보는 질문 역시 이전 세대와 달리 "어제 그거 봤어?"가 아니라 "너 요즘 뭐 봐? 유튜브 어느 채널 봐?"**라는 식의 질문이 오간다.

다양한 플랫폼을 통해 다양한 콘텐츠를 접하는 만큼 콘텐츠를 통해 좋아하게 된 캐릭터는 아직 어린이인 알파 세대의 소비를 가장 강력하게 자극하는 요인 가운데 하나다. 영유아 시절에 가장 먼저 만나는 〈뽀로로와 친구들〉부터 시작해 〈헬로 카봇〉, 〈공룡 메카드〉, 일본 전대물의 더빙판이나 〈짱구는 못말려〉, 영원한 고전이 된 〈포

---

14 방송 스케줄이 정해져 있는 일반적인 공중파, 케이블, 종편 등의 TV 방송.

켓몬스터〉, 다시 살아난 산리오 캐릭터들(시나모롤, 쿠로미 등)과 〈캐치! 티니핑〉은 물론 시즌제로 부모들까지 기다리게 했던 〈신비아파트〉나 〈브레드 이발소〉 등의 애니메이션 시리즈는 스토리로 사랑받을 뿐 아니라 다양한 굿즈의 형태로서 한동안 개미지옥처럼 아이들을 끌어들인다.

물론 요즘은 보는 콘텐츠가 플랫폼에 따라서 다르고 옛날 콘텐츠를 찾아보기도 하니 어떤 아이는 〈도라에몽〉과 〈원피스〉를 좋아하고 또 어떤 아이는 전혀 모르기도 하는 것이 알파 세대의 특징이며 또한 이 시대의 특징이다.

한편 좋아하는 캐릭터와 그것을 좋아하는 이유를 자각하면서 아이들은 일찍부터 자기 취향에 눈을 뜨기 시작하는데, 이들은 아직 어리지만, 자기 가정의 소비를 좌우하는 영향력을 가졌다는 점에서 의미 있는 사실이다. **알파 세대 부모들은 아이가 직접 사용하는 장난감이나 의류, 신발 등은 물론이고 가정에서 소비하는 식품을 구매할 때도 자녀의 의사를 존중하고 의견을 묻는다.** 알파 세대 부모 10명 가운데 7명은 자녀가 자신의 취향이 확고하다고 응답했으며, 여가 활동에서도 10명 가운데 8명의 알파 세대 부모가 자녀와 논의해 여가 활동의 종류나 장소를 결정한다고 응답했다.

그러면서도 알파 세대는 의외로 물욕이 없는 세대이기도 하다. 근본적으로 없다기보다 **평소에 욕구를 갖기 전에 대부분 충족되어서 그렇다.** 알파 세대 아이들에게 생일이나 크리스마스 등의 기념일을 맞아 무엇을 갖고 싶은지 물으면 의외로 난감해하는 경우가 많다. 이제는 한 반에 외동이 아닌 아이를 세는 것이 더 빠를 정도로 귀하게 자라는 터라 양쪽 조부모나 이모와 고모, 삼촌까지 자신을 더없이 귀여워하고 아낌없이 지갑을 여는 '텐 포켓'에 VIB^{Very Important Baby}로 자라나는 형편이므로 물질적 부족함은 크지 않은 탓이다.

물질이 충족된 결과 욕망이 없는 세대가 탄생했고, 그로 인해 경험 소비가 각광을 받는다는 일련의 흐름은 이들 세대에 와서 더욱 심화 돼 보편이 된다. 또 상대적으로 소득이 높고 소비 지향적이며 자녀에게는 지원과 소비를 아끼지 않는 부모 아래서 자라는 알파 세대는 치열한 예약 전쟁 속에서 부모가 쟁취해낸 국내외 여행이나 핫 플레이스, 어린이 뮤지컬, 각종 전시나 박물관 등을 경험하며 문화를 즐기는가 하면 이도 저도 아닐 때는 먹거리부터 쇼핑, 키즈카페와 영화 등을 한자리에서 해결할 수 있는 복합몰에라도 가서 시간을 보낸다.

하지만 IMF와 금융위기, 저성장 시대를 헤쳐오면서 불안에 단련된 이들의 부모 세대는 분수에 맞는 소비와 투자의 개념, 투자 방법 등 경제관념에 대한 교육에 열을 올린다. 캐시리스 시대를 살아가는 이들은 이미 용돈은 계좌로 입금을 받고, 어린이 전용 체크카드나 신용카드를 사용하며, 남는 금액은 저축하거나 투자하는 데 쓰도록 교육받는다. 덕분에 알파 세대는 상대적으로 건강한 경제관념을 갖추지 않을까 기대도 해봄 직한 세대다.

최근 알파 세대에 대해 이런저런 특징과 그들로 인한 변화를 예측하는 목소리들이 많이 나오고 있다. 잘파 세대로 묶어보려는 시도도 적지 않다. 하지만 현재의 불확실성이란 과거 10년 전, 20년 전에 겪었던 불확실성과는 사뭇 다르다. 지금 필요하다고 생각되는 스킬이나 기술이 언제 사장되고 불필요한 것이 될지 예측하기 힘들 정도로 빠르게 변화가 일어나고 있어서다. 평생 직업의 개념이 소멸하고 있는 점 역시 하나의 산업이 전성기를 맞았다가 쇠락을 맞는 주기가 인간의 수명을 따라가지 못할 정도로 변화가 빠른 탓이다.

따라서 알파 세대의 미래는 어떤 사안보다도 예측하기 어렵다. 유발 하라리가 지적했듯이 지금 필요한 것이 불과 10년, 20년 내 필요성을 상실할 수도 있으므로 알파 세대 자녀에게 무엇을 가르쳐야 하는지 선별하고 가이드해주는 것, 즉 교육의 초점을 어디에 둘 것인가의 문제가 가장 첨예하게 떠오를 것으로 보인다.

밀레니얼 세대와 Z세대가 부모의 노하우나 경험이 통용되지 않는 것을 체감하며 살아왔다면, 알파 세대는 그 이상일 것으로 예상된다. 풍요로움과 온 가족의 사랑, 관심에 둘러싸여 성장하고 있는 알파 세대에게 가장 큰 도전은 이처럼 차원이 다른 불확실성일 것이다.

| 코로나 키즈 = 마스크 세대 |

알파 세대가 길지 않은 삶의 기간 중에도 이전 세대와 가장 구별되는 지점이 있다면 유년기에 코로나19를 겪은 세대라는 점이다. 코로나19가 발생한 2020년 초등학교에 입학한 2013년생들은 심지어

3월이 아니라 5월에 입학을 한 탓에 부모와 양쪽 조부모의 사랑을 독차지하면서도 온 가족이 참석한 초등학교 입학식의 기억이 없는 전무후무한 세대가 됐다.

두 달이나 지연된 입학, 그리고 초등학교에 입학하자마자 시작된 비대면 수업. 2020~2021년에는 초등학생들의 등교가 주 2~3회 이내로 제한돼 전면 등교를 시작했을 때 코로나19 시기 입학했던 아이들은 왜 학교에 매일 가야 하는지 웃픈 질문을 하기도 했다.

이들은 자신의 인생 대비 꽤 많은 시간을 마스크와 함께했다. 2020~2022년 기간 중 영유아기를 보낸 아이들은 마스크를 쓰는 것이 자신들의 '노멀'이어서 마스크를 쓰지 않아도 되는 시점이 왔을 때도 마스크를 고집한다든가, 마스크를 쓰지 않으면 불안해하는 모습을 보이기도 했다. 영유아기에 마스크를 쓴 채 3년을 보낸다는 것이 이 세대의 성장과 발달에 어떤 영향을 미쳤고 이것이 미래에 어떤 영향을 미칠지 아직은 알 수 없다고들 한다.

비록 먼 미래의 일은 모르겠지만 지금 당장 명확한 점은 있다. **알파 세대는 비대면 라이프와 이를 뒷받침해주는 디지털 세계로 진입하는 속도가 한층 빨라졌다**는 점이다. 유년기와 청년기에 걸쳐 아날로그를 경험했던 알파 세대의 부모들, 즉 밀레니얼 세대와 X세대는 일종의 의무감이나 죄책감(내가 편하자고 아이 손에 스마트폰을 들려준 것 같다는 생각)에 스마트폰을 관문으로 디지털 세계에 아이들이 진입하는 것을 애써 지연시키려 하는 것도 사실이다.

그러나 팬데믹을 기점으로 수업조차 비대면으로 전환되는 과정에서 그러한 억지력은 약화할 수밖에 없었다. 집에서 시간을 보내는 아이들에게 마냥 책을 읽거나 반려동물과 놀거나 보드게임을 하라고 종용할 수도 없는 노릇이었으니 말이다.

그 결과 일찍부터 게임이나 영상을 보는 양이 엄청나게 늘어난 것은 말할 것도 없고, 아이들의 교육 형태부터 빠르게 달라지고 있다. 사회적 거리두기로 줌을 활용한 회의와 콘퍼런스를 하던 시기에 어렵게 그 과정을 따라간 기성세대와 달리, 금세 상황에 적응해 아주 어린 아이들조차 손쉽게 줌을 연결하고 활용한다.

알파 세대는 새로운 기술에 의해 바뀌는 교육, 상용화된 에듀테크의 첫 사용자다. 학교에서는 전자책 도입에 관한 논의를 시작하고 있다. 비디오 퍼스트 세대답게 책이나 활자 매체 열독률이 상당히 떨어지는 이 세대가 교과서마저 전자책을 사용하면 어떤 결과가 초래될지 지금으로서는 예단하기 어렵다. 이미 논란이 되고 있는 이들 세대의 문해력 결손을 한층 더 심화시킬지, 아니면 기술 발전으로 이 모든 것을 극복할지 말이다.

| 터치스크린 네이티브에서 AI 네이티브로 |

"엄마! 나중에 내가 크면 AI가 공부도 해주고, 회사도 대신 가준대!"

2017년생인 아이가 약간 뭐든 되는 도깨비방망이 같은 느낌으로

'AI'를 처음 언급했다. 2013년생인 아이는 카카오톡에 있는 '아숙업 Askup'에게 〈마인크래프트〉에 적용할 코드를 물어봐서 며칠간 풀지 못했던 무언가를 해결했다고 했다. AI가 챗GPT와 함께 피부에 와 닿게 가까이 다가오면서 어른들은 변화에 대한 두려움과 과도한 기대나 우려로 당혹함을 느끼기도 하는데, **아이들에게 AI는 무언가를 대신해주는 존재, 어려운 것을 대신 해결해주는 존재로 먼저 다가가는** 모양이다.

알파 세대는 애초에 태어날 때부터 스마트폰 화면을 보면서 자랐고 손가락 2개로 늘리고 줄일 수 있는 터치스크린에 익숙한 세대다. 때로는 터치가 작동하지 않는 TV나 노트북에도 터치하려고 든다. 이미 AI 스피커와 대화해서 원하는 동요를 듣고 원하는 콘텐츠를 찾아달라고 하거나 TV를 꺼달라고 말하는 것은 이들에게 신기할 것 하나 없는 일상이다.

요즘 대부분의 학습지는 태블릿 기반의 디지털 학습지, AI로 진도 체크를 하거나 학습 디테일을 분석하는 AI 학습지로 바뀌고 있다. 학습용 패드에는 다양한 AI 기능이 탑재돼 있는데, 아이들이 가장 좋아하고 쉽게 접근하는 기능 중 하나가 그림 그리기다. 사용자가 원하는 키워드를 선택하면 AI가 그에 맞는 그림을 즉시 그려주는 것이다. 이런 경험을 일상적으로 하다 보니, '달리DALL.E'나 '미드저니Midjourney' 같은 **생성AI를 큰 감동이나 이질감 없이 받아들인다. Z세대가 PC나 스마트폰을 그렇게 받아들였던 것처럼** 말이다.

한편 〈로블록스〉나 〈마인크래프트〉 등 메타버스의 속성이 있는

■ [그림 34] 어린이 학습용 패드 AI 기능

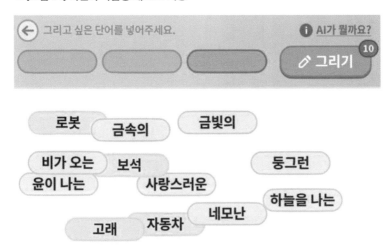

게임들은 알파 세대들이 가장 즐겨 하는 것이다. 메타버스 개념을 이해하는 것 자체가 도전인 어른들 대비 **알파 세대에게 메타버스는 설명이 필요하지 않은 놀이 가운데 하나다.** 메타버스는 디지털, 가상현실, 증강현실 등 다양한 기술을 결합한, 상호 연결된 가상 세계를 의미한다. 메타버스는 NFT, 웹3.0과 함께 2022년에 핫한 기술 키워드로 떠올랐다가 2023년 생성AI를 대표하는 챗GPT가 떠오르면서 다소 잠잠해진 감은 있다.

그러나 키워드 자체의 새로움과 별개로 산업적 적용을 위한 움직임은 계속 진행 중이다. 수익 관점을 떠나 일반 소비자로서 알파 세대가 받아들이는 메타버스는 가상 공간에서 또 다른 자아를 바탕으로 학교나 학원 친구들이 아닌 거기서 만나는 새 친구들과 현실에 가까운 몰입감을 선사하는 콘텐츠를 소비하고 또 다른 사회적 시스템을 경험하는 재미있는 곳일 뿐이다.

앞으로 여기에 AI를 비롯해 다양한 기술이 결합되고, 교육, 엔터테인먼트, 리테일 등 다양한 산업이 접목되면서, **알파 세대는 현재 온·오프라인 리테일의 경계가 엷어진 것이 일상이 된 것처럼 디지털과 현실의 경계가 사라진 새로운 세상을 살아갈 것이다.**

| 지금 아이를 낳는 특권 |

"우리 예솔이의 '퍼스트 구찌'예요. 할머니 선물 마음에 들어요?" 2023년 초 높은 인기를 구가했던 넷플릭스 시리즈 〈더 글로리〉에서 등장인물 박연진의 시어머니는 막 태어난 손녀에게 구찌의 배냇저고리를 선물하며 이렇게 말한다.

드라마 대사처럼 갓난아이에게도 명품을 입히는 시대다. 누구보다 귀한 아이인 알파 세대에게서 형제·자매·이웃의 옷을 물려 입던 풍경은 찾아보기 어렵게 됐다. 전반적으로 패션 시장이 침체 중인 상황에서도 버버리칠드런, 몽클레르앙팡, 베이비디올, 펜디키즈, 지방시키즈 등 명품 브랜드의 키즈 라인이 속속 진영을 갖추고 주요 백화점에 입점하고 있는데 그 성장세마저 남다르다. 2022년 신세계백화점 강남점과 현대백화점 압구정본점에 입점한 베이비디올의 아기 트렌치코트 가격은 200만 원대, 유모차는 600만 원대에 달했지만 없어서 못 파는 상황이다. 없어서 못 팔 지경인 명품 아동복과 달리 저렴한 마트 아동복은 잘 팔리지 않아서 마트에서는 아동복 코너가 사라지고 있다.

대홍기획 라이프스타일 조사 결과에 따르면, 알파 세대 부모들은 초등생인 자녀의 의류·신발·잡화 구매비로 월평균 12만 원을 쓴다고 응답했다. 트렌드세터에 속하는 부모들은 월평균 17만 원이라고 응답했다. 연간으로 환산하면 **연평균 144만 원에서 204만 원을 초등학생 자녀의 의류·잡화 비용으로 지출**하는 셈이다.

2023년 7월 기준 통계청에 따르면, 국내 출생아 수는 1만

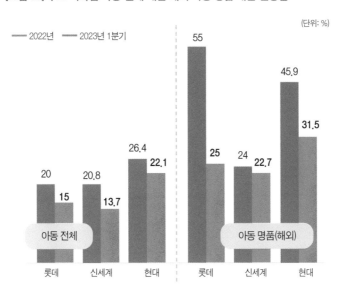

■ [그림 35] 주요 백화점 아동 전체 매출 대비 아동 명품 매출 신장률

(단위: %)

출처: 각 유통사, 《한국일보》 기사 「'텐 포켓' 시대, 저출산·불경기도 아동 명품 상승세 못 막네」

9,120명으로 전년 동기 대비 1,373명(6.7%) 감소했다. 국내 출생아 수가 2만 명 밑으로 내려간 것은 관련 통계 작성을 시작한 1981년 이후 처음이다. 2022년 0.78명이던 합계 출산율[15]은 2023년 2분기에 0.7명으로 떨어져 역대 최저치를 기록했다. 그래서 이토록 귀하다. 극심한 저출산 시대에도 유아동복 시장은 그 어느 때보다 활황을 맞이했지만 극심한 양극화가 나타나는 이유가 여기에 있다.

2023년 'MZ 셀럽 사진'이라는 사진 구도가 유행한 적이 있는데, 사진 화면에 피사체 1명을 찍기 위한 스마트폰 화면들이 여러 개 나오는 것이 핵심이다. 하지만 텐 포켓에 둘러싸인 알파 세대에게는 일상적인 상황이다. 사진이 찍히는 것은 알파 세대 아이 1명, 사진

■ [그림 36] 출생아 수와 합계 출산율 전망

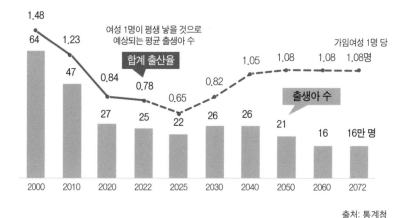

출처: 통계청

---

15 여자 1명이 가임 기간 동안 갖게 될 평균 출생아 수.

■ MZ 셀럽샷

출처: 한소희 인스타그램

을 찍는 사람들은 아이의 조부모와 부모, 이모나 삼촌 등 텐 포켓의 주인공들이다.

지금 아이를 낳는 특권을 가진 알파 세대 부모에 대한 흥미로운 조사 결과가 있다. 얼마를 받든 자신의 현재 연봉이나 임금 수준에 만족하기란 쉽지 않다. 높으면 높은 대로 낮으면 낮은 대로 불만족이 생기게 마련이다. 그런데 세대별로 현재 받고 있는 연봉이나 임금이 얼마나 만족스러운지 물었더니 예상 대로 매우 만족 혹은 만족을 응답한 사람은 전체 중 26%에 불과했고, 세대별 응답을 봤을 때도 가장 높은 것이 33%밖에 되지 않았다. 그런데 재미있는 건 만족도가 가장 높은 그 집단이 알파 세대 부모였다는 점이다.

알파 세대의 부모는 대부분 밀레니얼 세대와 X세대다. 이들과 비교해도 알파 세대 부모의 현 임금과 연봉 만족도 수준은 유의미하게 높다. 매년 눈에 띄게 줄고 있는 출생률, 딩크족의 확산, 비혼 선호 분위기 속의 현재 우리나라에서 아이를 낳는다는 것은 쉬운 선택이 아니다. 그렇다면 이러한 상황에서도 **기꺼이 아이를 낳아 키우는 것을 '감히' 결정한 부모라면 상대적으로 재정적 안정성이 확보돼 있을 가능성이 크다.**

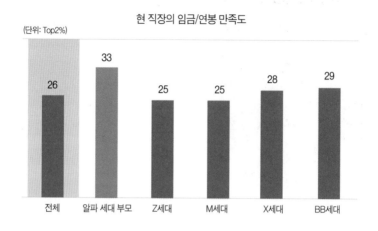

현 직장의 임금/연봉 만족도

알파 세대 부모의 소비 동기를 상기해보더라도 밀레니얼 세대와 X세대가 6.5 : 3.5 비중으로 섞여 있는 알파 세대 부모는 전 세대 가운데 소비 지향적 성향이 가장 강한 집단이다. 그런 면에서 가정 소비를 좌우하며 부모의 소비를 보며 성장 중인 알파 세대는 '향유하는 소비', '탐구하는 소비' 등 밀레니얼 세대의 성향을 공유할 것으로 보인다.

한국콘텐츠진흥원에 따르면, 의류·교육·콘텐츠·오락 등 여러 업종에 걸친 국내 키즈 산업 전체의 시장 규모는 2002년 8조 원에서 2023년 50조 원으로 확대될 전망이다. 글로벌 컨설팅업체 맥킨지는 국내 키즈 산업의 시장 규모를 2025년 58조 원까지 커질 것으로 예상했다. 그런데 현재와 같이 합계 출산율이 1명이 되지 않는 흐름은 2027년까지 이어질 것으로 보인다. 현재까지의 흐름을 보면 합계 출산율이 낮아질수록 명품 아동복 매출은 높아지고 있는 셈이다. 낮아지는 출생률과 부모의 소비 성향을 고려하면 한동안 키즈 산업은 프리미엄 상품군을 중심으로 성장할 전망이다.

| 알파 세대의 슬기로운 소비 생활 |

과거의 학교 앞 문방구는 아이들에게 매일의 시작과 끝을 함께하는 중요한 공간이었다. 아침 등굣길에는 그날 필요한 준비물을 사고 하굣길에는 친구들과 함께 뽑기, 쫀드기 같은 간식거리를 나눠 먹거나 작은 오락기 앞에서 시간을 보내기도 했던 추억의 공간이었다.

그런데 이제 그런 곳은 정말로 추억의 공간이 돼버렸다. 알파 세대는 학교 앞 문방구라는 공간을 모른다. 문구점이라고 하면 아트박스나 알파문구 같은 문구 전문점 혹은 무인 문구점이나 대형 마트 문구 코너를 떠올릴 것이다. 우선 개인용품 외의 기본 학습준비물을 학교에서 '학습준비물 지원 제도'를 통해 대부분 제공받으므로 예전처럼 수수깡이며 물체 주머니, 찰흙 등을 따로 살 필요가 없어졌다. 학용품이나 문구류 역시 대형 마트가 한때 대체했다가 이제는 다이소나 쿠팡이 그 역할을 대신하고 있는 편이다.

학교 앞 문방구 대신 알파 세대의 리테일 매장 선호도는 편의점과 문구 전문점, 무인점포, 다이소 순으로 나타났다. 이들 매장은 알파 세대인 초등학생 자녀가 부모 없이 혼자 혹은 또래 친구와 방문할 수 있는 곳들이다. 상대적으로 접근성이 높고 아파트 단지나 주택가 인근에 다수 포진해 있다.

그래서 **알파 세대의 새로운 '참새 방앗간' 역할을 하는 곳은 선호도 74%로 가장 높은 편의점이다. 편의점은 근린 생활권 내에 어디라도 있는 접근성을 바탕으로 아이들의 간식과 간단한 문구류 등의 수요를 대부분 흡수**하고 있다.

초등학생 자녀의 4.8%는 편의점에 거의 매일 방문하고, 28.5%는 주 3~4회 방문하는 것으로 나타난다. 초등학생 자녀의 67.3%가 주 1회 이상은 무조건 편의점에 간다는 얘기다. 편의점에서는 주로 과자나 스낵류, 아이스크림 등 간식거리나 장난감이 포함된 과자류를 구입하는 것으로 나타난다.

이런 상황이다 보니 알파 세대를 사로잡기 위해 편의점들도 다양한 마케팅을 전개하고 있다. 이마트24는 포켓몬 가오레 게임기, GS25는 토이캔디 전용 진열대, CU에서는 아예 케이팝 아이돌 음반을 판매하고, 음반과 팝업 스토어를 결합한 새로운 형태의 상품을 선보이기도 했다. 2022년 SPC의 포켓몬빵 역시 양산빵을 취급하는 편의점에서 인기를 끈 품목이다.

초등학생 자녀가 선호하는 리테일 2위와 3위인 문구 전문점과 다이소는 모두 문구류나 팬시, 캐릭터 상품과 장난감류를 사는 곳이다. 아이들에게 인기가 높은 다이어리 꾸미기(다꾸)를 위한 다이어리

선호도(Top2%)	74	71	68	66	59	57	46	40
방문 빈도(%)	편의점	문구전문점	다이소	무인매장/점포	복합몰	대형마트	SSM	백화점
거의 매일	4.8	0.6	2.4	1.8	1.2	0	1.8	0
주 3~4회	28.5	7.9	2.4	9.7	1.2	3.0	9.7	1.8
주 2회	15.8	9.1	6.1	14.5	1.8	7.9	6.7	1.8
주 1회	18.2	21.2	17.6	21.2	12.7	22.4	19.4	4.2
2~3주에 1회	15.8	23.0	23.0	13.3	14.5	24.2	20.0	9.7
월 1회	9.7	18.8	23.0	15.2	23.0	18.2	16.4	26.7
2~3개월에 1회	1.8	8.5	11.5	6.1	15.2	12.7	6.1	20.6
3개월에 1회 미만	2.4	3.6	7.9	5.5	21.2	6.7	6.1	17.6
방문하지 않음	3.0	7.3	6.1	12.7	9.1	4.8	13.9	17.6

초등자녀 편의점 선호도(Top2%)
74%

와 펜, 스티커 등 꾸밈 용품들, 애니메이션이나 웹툰 등을 통해 친숙해진 캐릭터들이 그려진 생활용품 등도 주된 품목들이다. 다이소는 문구류나 완구류를 비롯해 간식거리까지 한층 다양하게 사는 알파 세대의 백화점 같은 공간으로 편의점과는 다른 결로 아이들이 가장 좋아하는 리테일이다.

아이돌 포토 카드(포카)나 포켓몬 카드, 캐릭터 갓차(뽑기), 장난감 등을 파는 '무인 문구점'과 아이스크림과 과자 위주로 판매하는 '무인 편의점' 또한 알파 세대의 최애 장소들이다. 매장주와 직접 소통할 수 없는 무인 문구점에는 아이들이 원하는 물건을 요청하는 공간이 마련돼 눈길을 끌기도 한다.

"뉴진스 하나랑 라이즈 포카 구해주세요~", "사장님 별의 커비 제품도 가져다주심 좋을 것 같아요" 등 아이들이 붙인 포스트잇에는

■ 무인문구점 내부, 소통판

"구하는 중이에요~ 조금만 기다려주세요", "다음 주에 입고됩니다!"
라는 식으로 점주의 답변이 달린다. 무인점포를 이용하는 알파 세
대 소비 생활의 재미있는 한 단면이다.

복합몰, 대형 마트, SSM,[16] 백화점 등은 상대적으로 아이들이 스
스로 방문하기는 어려운 곳이지만 이 안에서도 독특한 점은 눈에
띈다. 대형 마트나 백화점이 아니라 복합몰의 선호도가 상대적으로
높은데, 방문 빈도 역시 복합몰이 유사한 업태인 백화점보다 높았
다. **초등학생 자녀의 복합몰 방문 빈도는 '거의 매일'부터 '월 1회 이
상'까지 합계가 55%로 백화점 44%보다 높다.**

복합몰은 백화점 입점 매장뿐 아니라 극장, 서점, 놀이시설, 마
트, 장난감 등 아이들과 함께 방문할 만한 테넌트가 다양하게 입점

---

16 Super SuperMarket의 약자. 중소 규모의 소매 유통 형태를 지칭하며, 전통적인 대형 마트와 편의점
    사이의 규모를 가진 매장을 의미. 롯데슈퍼, 이마트 에브리데이, 홈플러스 익스프레스 등이 이 업태
    에 해당한다.

하는 것이 일반적이다. 반려동물 출입을 허용하는 복합몰도 많은 덕에 꼭 쇼핑이 아니라 가족 나들이의 장소로 자주 활용된다. 이는 **알파 세대 부모의 57%가 '나는 쇼핑은 물론 즐길 거리와 먹거리를 갖춘 복합 공간에 가는 것을 즐기는 편'이라고 응답**한 것과도 상통한다.

한편 초등학생인 알파 세대의 소비는 주로 오프라인에서 이뤄지지만, 고학년으로 올라가면서 온라인 쇼핑이나 중고거래 플랫폼을 이용하는 경험을 시작한다. 대홍기획 라이프스타일 조사 결과에 따르면, **알파 세대 10명 가운데 7명이 온라인 구매 경험이 있고, 10명 가운데 3명은 최근 1년 이내에 중고물품 구매나 판매를 해본 적이 있다**고 응답했다.

이는 미성년자인 알파 세대도 신용 구매나 전산 결제를 할 수 있어야 가능한 일이다. 여전히 알파 세대의 많은 수가 현금으로 용돈을 받기는 하지만 체크카드나 신용카드, 각종 페이류를 활용하는 경우가 늘고 있다. 엄마 없이 혼자 혹은 친구들과 함께하는 시간이 급격히 늘어나는 초등학교 4학년 정도부터 이런 용돈 전용 카드를 갖게 되는 경우가 많다.

초등학생 자녀의 용돈은 대부분 월 5만 원 미만이며 체크카드, 충전식 카드, 신용카드나 페이로 받는 비중도 상당한 편이다. 알파 세대가 선호하는 리테일 3위인 무인점포나 무인 아이스크림 전문점은 이런 결제 수단을 가지고 알파 세대가 처음으로 '셀프 결제'를 경험하는 장소다.

이를 감지한 은행 업계에서는 어린이 전용 상품을 속속 내놓고

초등 자녀에게 용돈 주는 방식		자녀에게 주는 용돈(월 기준)	
현금으로 제공	69.1	5만 원	23.0
체크카드	18.8	3만 원	13.9
교통카드/충전식 카드	12.7	10만 원	13.9
부모님 명의 신용카드	7.9	2만 원	12.1
카카오/네이버페이	6.1	1만 원	11.5

있다. 만 14세 미만이라도 아이 전용 체크카드나 충전식 카드를 만들면 아이의 스마트폰에 앱을 깔아 직접 잔액을 확인할 수도 있다. 최근 맘 카페에서는 토스 유스카드, 아이쿠카 카드, 카카오뱅크 미니카드 등 대체로 충전식 카드 상품들이 많이 거론되고 있다.

알파 세대 부모들은 카드를 사용한 후 아이가 영수증을 챙겨오도록 하는 등 용돈 관리 방식을 통제함으로써 경제관념을 가르치려고 한다. 또 카드 상품을 사용한다면 부모가 아이의 소비 내역을 파악하기 쉬운 점도 부모들에게는 큰 이점으로 꼽힌다. 이처럼 알파 세대 어린이들은 부모의 경제 교육 신념과 시대적 추세에 따라 정해진 용돈을 카드나 페이 형태로 받고 직접 관리하는 연습을 일찍부터 시작하는데, 대체로 초등학교 1학년 때 스마트폰을 갖기 시작하므로 온라인 쇼핑이나 디지털 플랫폼을 통한 중고 거래에도 빠르게 눈을 뜨는 것이다.

| 상향 평준 시대를 살아가는 알파 세대를 움직이는 법 |

2022년 3월, SPC삼립에서 포켓몬빵을 재출시했다. 〈포켓몬스터〉가 처음 나온 것이 1996년이니 약 30년, 애니메이션과 캐릭터들은 아직도 시즌을 거듭하며 나오고 있다. 요즘 어린이들에게도 인기가 높지만, Z세대나 밀레니얼 세대 역시 유년 시절 포켓몬에 열을 올렸던 기억이 남아 있는 파워 콘텐츠다. 20~30대부터 알파 세대와 그 부모까지 달려들다 보니 그해 내내 포켓몬빵의 인기는 엄청났다. 출시한 지 일주일 만에 판매량 150만 개를 돌파했을 정도다.

BTS 멤버 RM(김남준)이 인스타그램에 남긴 구매 인증 후기도 큰 호응을 얻었다. SNS에는 빵 재고가 있는 매장 위치를 공유하는 글들이 실시간으로 올라오고, 아이를 위해 혹은 자신의 추억을 위해 많은 사람이 편의점에 물류 차량이 들어오는 시간까지 파악해서 따라다녔다.

초등학생들도 동네 편의점에 포켓몬빵이 들어오는 시간을 파악해서 흔히 말하는 '오픈런'을 했다. 띠부띠부씰(스티커) 앨범을 사서 매번 나오는 스티커를 수집하고 교환하는가 하면 당근 같은 중고 플랫폼에서는 포켓몬빵과 띠부띠부씰에 프리미엄이 붙어 거래됐다. 빵을 샀다기보다는 랜덤으로 나오는 띠부띠부씰(스티커)를 샀는데 빵이 따라오는 셈이라고 해도 과언이 아니다.

한편 요즘 7세 이하 여자아이들 사이에서는 SAMG엔터테인먼트의 TV 애니메이션인 〈캐치! 티니핑〉과 일본 산리오 산하의 시나모

포켓몬 빵, 띠부띠부씰

롤, 쿠로미 등 캐릭터가 인기다. 인기 캐릭터들은 완구는 물론 라이선스 계약을 통한 식품이나 생활용품 출시, 뮤지컬 공연 등 다양한 경로로 고객들에게 다가간다.

〈캐치! 티니핑〉이 시즌마다 새로운 캐릭터들을 내놓으면서 부모들에게는 '등골핑', '파산핑'으로 불리는 것처럼 이전에도 헬로 카봇, 터닝메카드, 폴리 등 캐릭터를 무한히 만들 수 있는 기획의 콘텐츠들이 많았다. 이처럼 포켓몬스터의 기획을 답습한 콘텐츠 IP와 캐릭터들은 알파 세대의 구매에 결정적 영향을 미치곤 한다.

휠라키즈와 협업한 '휠라꾸미 산리오 캐릭터즈' 신발은 출시한 지약 한 달 만에 95% 가까운 판매율을 보이며 매진됐다. 세븐일레븐은 빼빼로 데이를 앞두고 산리오 캐릭터 중 국내 인기 1위인 시나모롤 관련 상품을 대거 출시했다. 디저트 인증 샷을 남기기 좋은 시나모롤 디저트 접시 세트, 시나모롤 미니 트레이, 시나모롤 코스터 등의 굿즈를 더해 아이들의 마음을 공략했다. 포켓몬빵과 마찬가지로 본 상품인 빼빼로는 거드는 수준이다.

　포켓몬빵을 비롯해 캐릭터와 상품의 컬래버레이션과 그 인기는 사랑받는 캐릭터와 IP의 힘을 보여주는 전형적인 사례다. 상품의 질이 상향 평준화된 세상에서는 좋은 제품이나 서비스는 누구나 만들 수 있다. 따라서 제품의 성능이나 특장점으로 차별성을 확보하기는 어렵다. 포켓몬빵의 메인 상품은 '빵'이지만 맛없는 빵이 출시될 리 없고 취향에 따라 선호를 탈 뿐이다. 게다가 시장에 비슷한 상품은 얼마든지 있다.

　선택지는 다양하고 차별성은 체감하기 어렵다면 충성도는 약화하고 고객들은 아주 작은 이유로도 쉽게 움직이게 된다. 이것이 상향 평준화된 시대의 딜레마다. 이 딜레마를 뛰어넘어 사람들이 포켓몬빵을 찾아 헤매게 만든 근원은 포켓몬스터라는 캐릭터와 IP에 대해 사람들이 가진 마음, 애착이다. 〈캐치! 티니핑〉과 산리오 캐릭터도 마찬가지다.

　상품의 질은 거기서 거기이고 무얼 사도 나쁘지 않다. 기능만 취하자고 들면 다이소만 한 것이 없다. 태어나서부터 다양한 콘텐츠에 둘러싸여 살아온 **알파 세대에게는 상품의 좋고 나쁨보다 마음이 가는 캐릭터, IP의 존재가 강력한 구매의 트리거로 작용하고 있다.**

| 밀레니얼 세대 부모의 알파 세대 육아법 |

베이비부머 세대 부모의 높은 교육열과 헌신 속에 자란 밀레니얼 세대는 하나밖에 없는 자녀에게 전폭적인 지원을 하는 부모가 됐다. 다만 베이비부머 세대 부모와는 여러모로 결이 다른데 대홍기획 라이프스타일 조사의 결과를 살펴보자.

우선 전체 순위를 슥 훑어보기만 해도 2000년대까지 공무원과 교사 등 안정적인 직업의 인기가 높았던 것과 사뭇 다르다는 걸 알 수 있다. 그리고 초등학생 자녀와 부모가 희망하는 미래 직업 1위는 공통적으로 의사 혹은 수의사다. 최근 의대 증원 논란과 더불어 학원가와 직장가까지 술렁거린다는 얘기가 들린다. 이제 단순히 안정성만으로는 안 되고, 평균 수입의 크기와 지속 가능성이 중요해진 것이다. 그런데 부모 희망 4위에 랭크된 '없음'이라는 응답이 재밌다. 이는 최근 몇 년간 유행하고 있는 혹은 옳다고 인정받고 있는 육아 방식과 관계가 깊다. 그러니까 부모가 옳고 그른 것 혹은 좋고 나쁜 것을 단정해서 일러준다거나 아이의 목표나 해야 할 것을 대신 지정해준다거나 부모가 원하는 것을 자녀에게 강요해서는 안 된다는 것이다. 그래서 밀레니얼 세대 부모들은 자녀의 장래 희망 역시 부모가 아닌 본인이 원하는 것을 할 수 있도록 지원해야 한다고 생각하는 편이다.

그래서 영유아 시절에는 자녀에게 끊임없이 "○○이는 어떻게 생각해?", "○○이가 바라는 것은 뭐야?"라고 질문하면서 자녀의 대답

■ [그림 40] 자녀와 부모의 장래 희망 순위

순위	자녀 희망	부모 희망
1	의사/수의사	의사/수의사
2	인플루언서/유튜버	과학자/연구원
3	과학자/연구원	대기업 직장인
4	화가/미술가	없음
5	운동선수	공무원
6	가수/아이돌	교사
7	교사	검사/변호사/판사
8	경찰	개발자
9	개발자	교수/학자
10	만화가/작가	사업가(CEO)

을 끝까지 기다리는 '마음 읽어주기'에 치중하고, 자녀가 선호나 의사를 지속적으로 표명하기를 원하며, 가급적 원하는 대로 들어주려고 하는 편이다.

실제 조사 결과에서도 알파 세대 자녀와의 소통이 원활하며(70%), 가정 소비를 알파 세대 자녀가 좌우하는 경우가 많다(55%)는 응답이 높은 것은 이런 육아법과도 관련 깊다. 또 알파 세대 부모들은 자녀가 자신의 의사를 명확하게 표현하고 있고(69%), 자신의 취향을 확고히 가지고 있다(66%)고 응답했다.

알파 세대 부모는 같은 맥락에서 되도록 자녀에게 결정권과 자율권을 주려고 하는 편이다. 자신들의 부모 세대 대부분이 해당하는

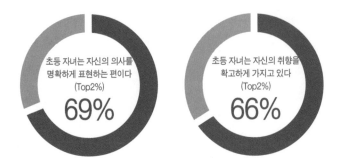

베이비부머 세대 혹은 그 이전 산업화 세대까지는 향상심을 바탕으로 열심히 일하고 자녀 교육, 무엇보다 상급학교 진학에 열을 올린 헌신적 부모였다. 정작 자녀와 정서적 교류는 약한 권위적 부모였던 반면, 밀레니얼 세대 대부분이 해당하는 알파 세대 부모들은 자녀에게 할 수 있는 한 지원은 아끼지 않되 강요는 하지 않는, 자녀의 삶을 위한 파인더이자 길잡이 역할을 지향한다.

부모가 자신의 꿈을 투영해서 자녀가 어떤 직업을 갖기를 바라기보다는 다양한 교육과 경험을 제공함으로써 자녀가 하고 싶은 일이 무엇인지 스스로 찾도록 지원하고, 원하는 것 혹은 잘하는 것을 찾았다면 그 방향으로 가기 위해 무엇을 해야 하는지 방향을 제시해 주려는 역할에 방점을 두는 것이다.

이러한 교육관은 알파 세대 부모들이 다채로운 예체능 교육이나 전시, 공연 등에 자녀를 일찍부터 노출하고 접촉할 수 있도록 애쓰는 현상으로 나타난다. 주말마다 어린 자녀를 둔 부모들이 문화적·

■ [그림 42] 초등학생 자녀 양육 방식(Top2%)

자녀가 원하는 것을 어느 정도 수용해 주고 자율권을 주려고 노력하는 편이다	56
계획, 규율, 약속 등에 따라서 약간 엄하게 또는 타이트하게 양육하는 편이다	33
자녀가 희망하는 것을 대부분 수용하고 자율권을 많이 준다	6
계획, 규율, 약속 등에 따라서 엄하게 또는 타이트하게 양육한다	5

교육적인 장소 혹은 힙 플레이스에 출현하는 것은 그런 이유다.

뿐만 아니라 이들이 열을 올리는 것은 경제(금융) 교육이다. 알파 세대 부모들은 베이비부머 세대 부모로부터 공부만 열심히 하면 다 된다고 교육받으며 자란 세대이지만 실제 세상은 그렇지 않다는 것을 뼈저리게 경험했다. 그래서 일찍부터 용돈을 관리하면서 사용하도록 한다든가 주식이나 투자 개념을 가르치려 애쓴다. 어차피 평생 직업이 사라진 시대라면 직업을 갖기 위한 교육이 아니라 소득과 자산을 어떻게 관리하고 운용할 것인지를 가르치는 것이 더 중

■ [그림 43] 알파 세대 부모의 경제(금융) 교육 관련 인식과 경험(Top2%)

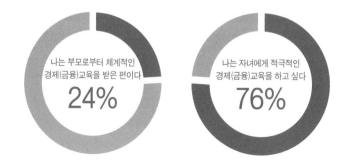

요하다고 보는 것이다. 의사나 수의사처럼 평균적으로 소득 수준이 높고 면허만 있으면 정년이 없는 직업이 희망 직업 1위를 차지한 것은 몇 안 되게 사회적 지위와 소득 수준이 비교적 일치하고 평생 직업이 가능하기 때문이다.

알파 세대 부모들은 높아진 정보력과 자신들의 경험을 바탕으로 이전 세대와는 다른 방식으로 자녀에게 헌신하고 있다. 요즘 세대들은 자기 자신도 중요하므로 자기희생을 해서라도 자녀에게 헌신하지는 않는다는 이야기가 많지만, 현재 알파 세대 부모들은 자신의 욕구와 희망을 희생해서라도 자녀에게 헌신하는 것이 바람직하다는 인식이 전 세대 가운데 가장 높다.

실제 알파 세대 부모들은 자녀에게 아끼지 않고 돈을 쓰고 있고,

■ **[그림 44] 세대별 자녀에 대한 헌신 인식**

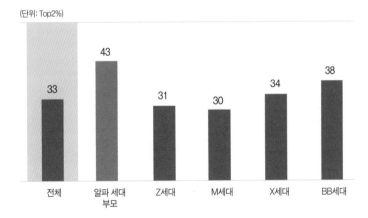

나 자신의 욕구나 희망을 희생해서라도 자녀에게 헌신하는 것이 바람직하다

(단위: Top2%)

자녀 1명에게 아낌없이 지원하기 위해 외동에 그치는 경우가 많은 편이다. 낮아지는 출산율에도 키즈 산업 규모는 더욱 커지고 프리미엄 상품군 중심으로 성장할 것으로 전망되는 이유는 이러한 맥락에서 기인한다.

X

1970~1979년 출생

GENERATION X

의식 있는 소비 · 자기 향상 소비 · 자기 관리 소비

생활 속 환경보호 노력

X세대 71%는
생활 속에서 할 수 있는 일을
실천하면서 환경을 위해 노력
하는 편이다(물/전기 절약, 세
제/쓰레기 줄이기 등)

친환경 제품 구매

X세대 46%는
친환경 또는 에너지 절약
제품을 의식적으로 구매한다

지속적 배움 필요

X세대 79%는
나이와 상관없이
새로운 것을 습득하기
위한 배움을 계속해야
한다고 생각한다

적성/능력 발휘 중요

X세대 71%는
적성/능력을 발휘할 수 있는
일을 하는 것이 중요하다고
생각한다

자기 관리 높은 관심

X세대 65%는
체중과 식습관 관리, 노화 방지 등
건강관리에 관심이 많은 편이다

더 많은 건강기능식품 구매 의향

X세대 60%는
앞으로 건강과 자기 관리를 위해
영양제 등 건강기능식품을 더 많이
살 것이라고 응답했다

변화한 결혼관

X세대 65%는
요즘은 이혼하더라도
흉이 되지 않는다고 생각한다

건강식품 직접 구매 및 섭취

X세대 47%는
건강기능식품/건강식품을
전부 직접 구입해서 먹는다

X세대는 누구이며 무엇을 원하는가?

| 한눈에 보는 X세대의 소비 성향 |

X세대에서 가장 강한 소비 동기로 '의식 있는 소비', 그다음은 '자기 향상 소비'가 뒤를 이었다. 분석하기 전까지만 해도 20대 당시 가장 화려하고 강렬하게 등장했던 X세대라면 기성세대가 됐어도 뭔가 남다르지 않을까 기대를 했다. 그런데 X세대의 소비 동기 순위는 다소 의외였다.

"난, 나야", "이렇게 입으면 기분이 좋거든요" 같은 문구들이 자동으로 연상되는 개인주의의 시조 세대, 40대 중반에서 50대 중반에 걸쳐 있는 우리 사회의 허리 세대로서 현재 가장 높은 구매력과 소

■ [그림 45] 세대별 소비 동기 순위

순위	Z세대	M세대	X세대	BB세대	알파 세대(부모)
1	유행 대세	대비하는	의식 있는	자기 관리	탐구하는
2	탐구하는	향유하는	자기 향상	자기 향상	의식 있는
3	향유하는	탐구하는	자기 관리	의식 있는	유행 대세
4	대비하는	유행 대세	대비하는	향유하는	자기 향상
5	자기 향상	자기 관리	유행 대세	탐구하는	향유하는
6	자기 관리	의식 있는	탐구하는	유행 대세	자기 관리
7	의식 있는	자기 향상	향유하는	대비하는	대비하는

비 여력을 가진 세대라는 점을 고려하면 '향유하는 소비'나 '탐구하는 소비' 가운데 하나쯤은 상위권으로 올라오는 것이 맞을 것 같은데 전혀 그렇지 않았으니 말이다.

세대별 표준점수 자체를 비교해보면 확실히 X세대는 남다르기는 했다. 그러나 예상한 것과 반대의 의미로 남달랐다. 알파 세대 부모는 1개 빼고 모두 100 이상이어서 놀라웠는데, **X세대는 3개 빼고 모두 100 미만이어서 놀라웠다. X세대는 다른 세대 대비 전반적으로 소비 지향성이 낮고,** 일부 100이 넘은 단 3개의 소비 동기도 100을 간신히 넘는 수준이어서 소비 행동에 이런 동기가 발현되는 강도 또한 강력하지 않았다는 의미로 볼 수 있다.

최근 X세대는 디지털 역량과 트렌디함을 지닌 '영포티'로 새로운 소비 권력으로서 이들을 주목하는 움직임이 부쩍 눈에 띈다. 게다

소비 동기	세대별 표준점수				
	Z세대	M세대	X세대	BB세대	알파세대 (부모)
의식 있는 소비	71.7	88.4	104.4	120.2	115.3
자기 향상 소비	89.1	73.1	101.6	125.0	111.2
향유하는 소비	116.3	116.9	76.3	80.4	110.1
유행 대세 소비	123.0	105.1	85.4	74.0	112.4
자기 관리 소비	73.4	92.9	100.1	128.5	105.2
탐구하는 소비	117.9	109.4	81.0	75.9	115.8
대비하는 소비	114.1	123.7	98.3	72.3	91.6

가 X세대 주류인 1970년대 전반 출생자들이 50대로 접어들면서 이전과 다른 시니어의 탄생을 예상하는 목소리도 있었다.

그러나 현재의 소비 성향과 행동에 대한 데이터를 살펴봤을 때, X세대는 그다지 독특한 존재감을 드러내지는 않았다. 오히려 **대부분 문항에서 윗세대인 베이비부머 세대와 아랫세대인 밀레니얼 세대 대비 적당한 수준의 답변을 하는 느낌이 강했고, 다른 세대보다 두드러지게 강렬한 반응을 보이는 영역이 거의 잡히지 않는 쪽에 가까웠다.** 강렬하게 등장했던 X세대의 존재감은 대체 어디로 갔을까?

데이터에서 인사이트를 읽어내는 사람들이 종종 하는 이야기지만, 무언가 해석이 애매하고 명확히 잡히지 않는다면 오히려 그 특성 자체가 인사이트일 수도 있다. 그런 관점으로 보면 **데이터 전반에서 풍기는 약간 냉소적이고 매사에 심드렁한 느낌이 혹시 최초의 완벽한 개인주의자이며, 그래서 서로 연대하지 않았고, 정치적 존재감마저 스스로 거세한 이 시크하기 짝이 없는 세대의 진짜 특성은 아닐까.**

그럼에도 데이터가 보여준 결과를 해석해보자면 X세대의 소비 동기 가운데 1위인 '의식 있는 소비'는 알파 세대 부모의 소비 동기 2위이기도 하다. 알파 세대 부모에게서 발현되는 '의식 있는 소비'는 **다분히 어린 자녀를 둔 부모로서의 정체성이 강력하게 발동된 결과다.** X세대 역시 알파 세대와 Z세대를 양육하는 부모 세대라는 점에서 같은 맥락에 있는 소비 지향으로 해석이 가능하다.

정치적 해석을 살짝 가미해보면 X세대는 나이를 먹어도 진보 성향을 유지하는 독특한 세대다. 그런 관점에서는 **분배나 공정을 중시하는 진보 성향으로 인해 대의와 공익을 위한 소비로서 '의식 있는 소비'를 지향하는 경향이 나타난다는 해석도 가능할** 것이다.

X세대의 소비 동기 2위인 '자기 향상 소비'는 개인의 성장과 자기계발을 중시하는 태도가 근간이 되는 소비 동기다. **지속적으로 새로운 것을 배우고 경험하는 것을 중요하게 여기는 성향과 관계가 깊다.** 이는 X세대의 전무후무한 등장, **이전에 없던 패션과 개성을 추구했던 이들의 20대를 연상시킨다.**

이제 막 사회초년생이 되던 시점에 IMF를 겪은 이들의 세대 경험과도 관련이 있어 보인다. 이들 역시 사회초년생 시절 IMF를 맞아 종신고용의 신화가 무너지고 대학을 졸업하면 당연하게 취업 되던 시절이 막을 내린 뒤 인생은 각자도생임을 뼈저리게 느끼면서 **닥쳐온 새로운 환경에 적응하고 어떻게든 살아남기 위해 고군분투했을** 것이다.

44 매일매일 더 나아질 거야.

4n 내일 당장 회사를 그만두게 되도 먹고살 무기를 가지자.

쉬지 말고 배우던 거 배우자. 인생 뭐 없으니까 무너지지 말고 걍 살자.

한 익명 커뮤니티에서 재미있는 게시글을 본 적이 있다. 각자 나이의 앞자리를 밝히고 자신의 마음가짐이나 생각을 댓글로 달아보는 글이었다. 많은 댓글이 달렸다. 각 연령대의 특징적인 태도가 한눈에 보였다. 거기서 눈길을 끈 40대 사용자들의 댓글이 있어 인용해본다. 많은 말을 할 필요도 없이 X세대의 '자기 향상 소비'의 근간은 이런 생각이 아닐까.

| X세대는 누구인가? |

2023년 OTT 쿠팡플레이 오리지널 예능 프로그램 〈SNL 코리아〉의 X세대 패러디 코너가 화제가 됐다. 1990년대 X세대에 대한 보도

■ [그림 47] 1990년대 X세대 문화를 패러디한
예능 프로그램

윤가이 / X세대
"전혀 신경 쓰지 않그든요."

출처: SNL코리아

에서 나왔던 기자의 리포트나 시민 인터뷰를 패러디해 연기자들이 당시 패션과 말씨를 재현하는 것이 핵심이다.

톡톡 짧게 끊어서 "~거든요"라고 맺는 종결어미와 끝 억양이 묘하게 올라가는 서울 말씨, 온 동네를 쓸고 다닐 듯 통이 넓은 힙합바지가 상징인 강남 패션, 딱 달라붙는 슬림핏 세미 정장과 뾰족코 구두로 대표되는 강북 패션, 과감성의 끝을 달리는 크롭 티셔츠(배꼽티)와 뷔스티에(끈 나시), 여기에 1994년 MBC 뉴스 데스크에 나온 시민 인터뷰를 패러디한 **"남들의 시선은 전혀 신경 쓰지 않고요, 이렇게 입으면 기분이 좋거든요"**까지 해줘야 완성이다.

연기자들의 열연에 1990년대 옷차림이며 말투와 유행어 등의 탁월한 '고증'으로 당시 젊은 시절을 보낸 X세대는 물론 그 시절을 직접 경험해본 적 없는 아래 세대에게도 큰 인기를 끌었다.

근래에 **X세대, 영포티에 대한 목소리가 다시 나오는 것은 최근 몇 년간 지속되고 있는 '레트로, 뉴트로' 트렌드와 관련이 깊다.** 메가 트렌드가 없는 이 시대에 이토록 오랜 기간 유지되는 유일한 메가트렌드가 레트로다. 유튜브와 SNS에서 알고리즘을 통해 1990년대 문화를 접한 10대와 20대들이 시대를 초월한 공감을 바탕으로 '퍼 나른' 결과, 미디어에서도 1990년대를 소환하기에 이르렀기 때문이다.

복고라고 해서 1960년대나 1970년대를 소환하지는 않는다. 늘 소환되는 것은 1990년대다. 1990년대 이후 만들어진 드라마나 영화는 화면 비율이나 화질 등에 차이가 있기는 하지만 1980년대 이전 콘텐츠와 달리 지금 봐도 큰 이질감 없이 볼 수 있다. **우리가 현재 당연하게 여기는 문화적 토양과 사상적 기반이 1990년대에 대부분 그 원형이 형성**됐기 때문이다.

지금이야 한 공간에 살아도 1인당 N개의 스크린을 보며 사는 터라 서로 다른 별에 사는 것과도 같은 시대이므로 매스 미디어 영향으로 전 국민 전 세대가 영향을 받는 메가트렌드가 나오는 건 쉽지 않다. 그럼에도 최근 몇 년간 유지되고 있는 레트로는 X세대가 만든 문화적 토양 위에 디지털에 익숙한 밀레니얼 세대와 Z세대의 탁월한 트렌딩 역량이 결합해 탄생했다. 세대들이 공명하는 지점에서 메가트렌드가 탄생했다는 것은 이들이 문화적 토양과 사상적 기반을 공유하고 있어서다.

│ 정치나 이념이 아닌 문화로 규정된 첫 세대 │

X세대는 전쟁이나 절대 가난의 기억이 없는 첫 세대, 그리고 고도성장기에 태어나 가장 높은 경제 성장률을 누리던 때 청소년기와

청년기를 보낸 세대다. 이들은 현재 우리나라 경제 상황과 정반대인 3저(저환율, 저유가, 저금리) 호황을 누린 1980년대에 10대를 보내냈다. 온갖 장르의 대중가요, 대학가요제, 프로야구에 열광하면서 1989년 해외여행 자유화 조치와 함께 대중문화가 폭발적으로 성장했던 1990년대에 20대를 보냈다.

X세대는 아날로그 시대와 디지털 시대를 동시에 경험한 낀 세대로, 밀레니얼 세대 전반생들과 함께 정치적·경제적 안정 속에 해외 배낭여행과 PC 통신, 인터넷 등을 청년기에 경험했다. 그런 연유로 이전 세대들이 산업화 세대, 유신 세대, 민주화 세대, 베이비부머 세대 등 주로 정치나 경제적 차원에서 규정됐다면 **X세대는 문화적 특성으로 구분되는 첫 세대다.**

X세대가 신세대, 신인류, 오렌지족 등으로 불리며 당시 향유한 하위문화와 독특한 가치관, 패션 등 라이프스타일은 그때나 지금이나 여전히 관심 대상이다. 게다가 오늘날까지 우리나라 대중문화계를 주름잡고 있는 인물들을 살펴보면 그 또한 대부분 X세대다.

유행은 돌고 돈다지만 '저세상 패션'이라든가 지금도 패션 브랜드 크리에이티브 디렉터들이 아이디어가 고갈되면 1990년대 영상을 찾아본다는 이야기의 저변에 깔린 심리는 약간의 부러움 한 스푼이다. 거의 20~30년이 지난 지금 1990년대를 과거 영상으로 처음 접하는 세대들도 자유분방하고 미래에 대한 걱정보다는 희망에 차 있고 거침없이 당돌한 젊음의 느낌을 받는 모양이다.

그래서 X세대라고 하면 20대 때부터 트렌드세터로 살아왔던 세대, 처음으로 '나'를 이야기한 개인주의의 시조 세대, 늘 우리나라의 중위연령과 자신의 나이가 일치했던 허리 세대 등의 이야기가 따라 붙는다. X세대가 개인주의의 근간과 대중문화의 원형을 형성했기 때문에, 이후 세대인 밀레니얼 세대와는 사회적·문화적으로 결이 비슷한 데가 많고 Z세대조차 X세대가 향유했던 대중문화를 크게 이질감 없이 받아들이는 편이다.

| 개인 여가와 취향 소비에 관대했던 최초 세대 |

X세대가 10대를 보낸 1980년대는 경제 성장과 함께 수입품이 자유롭게 들어오면서 미제와 일제에 대한 선호와 고급 인식이 형성됐다. 주식이나 부동산 투자 등 잉여 자산의 투자 개념도 이때부터 형성되기 시작했다. 집집마다 냉장고, 컬러TV, 세탁기는 기본 가전이고 여유의 상징으로 '전축' 같은 음향 가전도 중산층 가정에 속속 보급됐던 시기다.

클래식 음악을 배경으로 하는 전축 광고도 꽤 나왔던 시기였다. 워크맨은 이들의 청소년기 누구나 꿈꾸는 개인 소형 가전이었다. **먹고사는 문제가 해결되면서 여가·취미·즐거움을 위한 소비가 활성화되기 시작한 시점**이다.

당시 기성세대가 X세대를 규정하기 어렵고 이해할 수 없다며 당혹스러워했던 것은 인생의 무게중심이 완전히 달라진 첫 세대여서다. 이전 세대는 먹고사는 문제와 민주화, 인권 등 상대적으로 무겁고 본질적인 문제가 중한 시대를 살았다. 그러니 여가·취미·문화·예술을 즐기는 데 익숙하며 그러한 소비를 쉽게 하는 X세대가 별종으로 비쳐지는 것이 당연하다.

경제적 풍요 속에 자란 X세대에게 소비는 일상이며 현재는 미래를 위해 양보해야만 하는 것이 아니라 지금 즐거워야 하는 것이었다. 그래서 X세대는 더 가까운 연령의 베이비부머 세대보다는 '향유하는 소비'와 '탐구하는 소비' 동기가 있는 밀레니얼 세대나 Z세대와 한층 공명하기 쉽다.

| X세대의 리얼한 현재 모습을 직시해야 할 시점 |

여기까지는 X세대의 화려한 등장과 존재감, 그것을 형성했던 사회경제적·문화적 배경 이야기였다. 우리나라 X세대에 대한 전망이나 분석들은 대체로 그들의 20대, 1990년대를 소환하며 여가와 취미 소비에 적극적이고 자신을 위한 소비에도 인색하지 않은 새로운 시니어의 탄생을 예견한다. 현재 40대 중반에서 50대 중반에 걸쳐 있는 이들은 생애 중 소득이 가장 높은 시기인 만큼 현재 가장 구매력과 소비 여력이 높은 세대라는 점에서 X세대가 뭔가 해줄 것 같은 기대감을 높인다.

그러나 X세대가 10대와 20대 때 어떤 세대였는지는 이미 흘러간

과거의 이야기일 뿐이다. **현재의 X세대 모습을 똑바로 보려는 시도는 부족한 것으로 보인다. 20대의 X세대 모습이 아니라 그 이후와 현재의 모습을 직시할 필요가 있다.**

그토록 '나'를 내세우던 X세대가 20대 이후에는 오히려 잠잠해진 이유는 뭘까? 그토록 강렬하게 등장해서 존재감을 드러냈던 것에 비해 X세대는 밀레니얼 세대 대기업 직원들의 사무직 노조 설립처럼 자신들의 의견을 피력하고 관철하기 위해 연대하고 들고일어난 적이 없다.

혹자는 X세대가 사회에 진출하던 시기 IMF 직격탄을 맞고 살아남기 위해 조직에 순응할 수밖에 없었다고 말한다. 베이비부머 세대 상사에게는 감히 반기를 들지 못하고 밀레니얼 세대 이하 후배들이 당연하게 정시 퇴근, 연차 사용, 불분명한 기준에 대해 투명한 공개를 요구하는 모습을 보며 그 당돌함에 기가 차면서도 내심 심적으로는 동의하는 세대라고도 한다. 혹은 탈권위와 개인주의를 자신의 내면으로 깊이 받아들인 나머지 X세대 스스로 정치적으로 연대하거나 권력화하는 것을 포기했다고 분석하는 견해도 있다.

X세대는 후배에게 권위를 세우는 것도 여의치가 않고, 개인주의의 가치에 동의하므로 후배들에게 전체를 위한 개인의 희생을 요구하는 것도 마음이 내키지 않는다. **좀처럼 조직의 권력을 놓지 않는 베이비부머 세대에게 한껏 치이다가 이제는 밀레니얼 세대라는 드센 후배가 들어오면서 제대로 낀 모양새다.** 어떤 연유로든 X세대는 조직의 질서에 순응하며 빠르게 기성화 돼버렸다.

소비에서도 X세대는 20대 당시 보였던 강렬한 존재감 대비 현재는 소비 지향이 가장 낮다. 몇 가지 데이터만 살펴봐도 X세대에 대한 논의가 지나치게 낭만적이었던 감이 있다. 그러니 이제는 **X세대의 리즈 시절에만 주목할 것이 아니라 현재와 미래의 중요한 소비 주체로서 현재의 X세대를 올곧게 바라봐야** 한다.

| X세대에 대한 오해 |

우리나라 X세대는 명백하게 소비주의와 함께 등장했다. 또 청소년기부터 X세대가 여가나 문화 소비의 첨병이었다는 점은 누구도 부정할 수 없다. 그래서 현재의 대중문화 원형을 형성했고 다양한 하위문화를 즐기던 세대라는 이야기가 X세대 담론의 주된 줄기다. **세간의 X세대 담론에 젖어 있었다면 지금부터 살펴볼 데이터는 매우 이질적으로 느껴질 것이다.**

[그림 48]은 시간과 비용을 들여 몰입하는 취미 활동 유무 비율을 세대별로 질문한 결과다. 베이비부머 세대의 무려 64%, 밀레니얼 세대와 Z세대도 60% 이상이 비용을 들이는 취미 활동이 있다고 응답했는데, X세대만 60%에 미치지 못했다. 연령 효과라면 Z세대부터 베이비부머 세대까지 각 막대 그래프의 높이가 계단식으로 우상향 혹은 우하향해야 한다. 그러나 X세대는 자주 이런 식으로 훅 꺼진 결과를 보여준다. 적어도 X세대에게만큼은 연령 효과가 잘 설

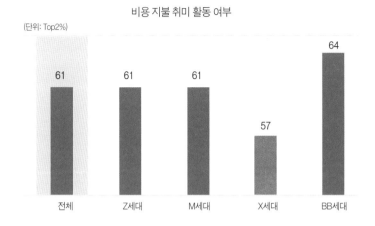

비용 지불 취미 활동 여부

(단위: Top2%)

전체	Z세대	M세대	X세대	BB세대
61	61	61	57	64

명되지 않는다는 뜻이다.

　세대별로 비용을 들여 몰입하는 취미 활동이 있다고 응답한 사람들은 월평균 20만 원가량 쓰고 있다고 응답했다. 여기서도 X세대는 베이비부머 세대와 비슷한 수준이며, 밀레니얼 세대와 Z세대 대비 금액 수준이 낮았다. X세대의 화려했던 소비 지향의 리즈 시절이나 현재 생애 주기상 소득이 가장 높은 시점에 해당한다는 점을 떠올려보면 [그림 48]과 [그림 49]의 데이터는 다소 의외라는 생각이 들게 한다.

■ [그림 49] 취미 활동에 투입하는 월평균 금액

	전체	알파 세대 부모	Z세대	M세대	X세대	BB세대
평균 : (만 원)	20	20	23	21	18	18

그렇다면 경제 성장기 풍요 속에 성장했고 즐거움을 추구하는 소비에 거리낌이 없었던 X세대의 20대를 떠올리면서 [그림 50]의 데이터도 살펴보자. "예쁘고 아름다운 장소, 핫 플레이스에 가보고 경험하는 것은 나에게 즐겁고 중요한 일이다"라는 문장에 대해 세대별 동의도를 질문한 것이다.

최근 백화점이나 복합몰, 마트의 가장 큰 과제는 이커머스의 편리함에 대항해 오프라인만이 줄 수 있는 강점을 극대화하는 데 초점이 있다. 그렇다 보니 매장을 리뉴얼하거나 독특한 테넌트를 입점시키는 목적은 단 하나, 많은 사람의 관심을 끄는 핫 플레이스가 되는 것이다. 그래서 엔데믹 이후 핫 플레이스에 대한 관심이 이보다 더 높을 수 없을 정도로 높은 상황이다. "핫 플레이스를 가보고 경험하는 것은 즐겁고 중요한 일"이라고 다른 세대들 모두가 응답했

■ [그림 50] 핫 플레이스 방문 중시 여부

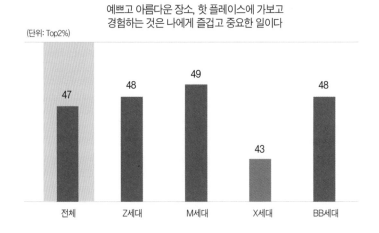

예쁘고 아름다운 장소, 핫 플레이스에 가보고
경험하는 것은 나에게 즐겁고 중요한 일이다

(단위: Top2%)

전체	Z세대	M세대	X세대	BB세대
47	48	49	43	48

는데 X세대만 동의도가 낮은 수준이다. 여가와 문화 소비에 가장 먼저 눈을 뜬 세대라고 하기에는 다소 어울리지 않는 결과다.

여가나 문화 소비에 당연히 따라붙는 것이 사진인데, 사진에 대한 태도에서도 X세대는 튀는 모습을 보여준다. 높아서가 아니라 다른 세대 대비 혼자 낮아서 튄다. Z세대와 밀레니얼 세대는 인스타그래머블 콘텐츠에 민감한 세대답게 사진으로 일상을 기록하는 일 자체에 높은 가치를 두고 있고, 사진을 통해 그 순간을 회고하는 시간을 즐겁게 여긴다.

X세대와 베이비부머 세대는 상대적으로 낮은 편이기는 한데, 노년에 들면서 여가와 문화 소비에 눈뜬 베이비부머 세대는 오히려 X세대보다 사진의 가치에 더 긍정적인 모습이다. 그래서 **X세대의 낮**

■ [그림 51] 일상 사진의 가치

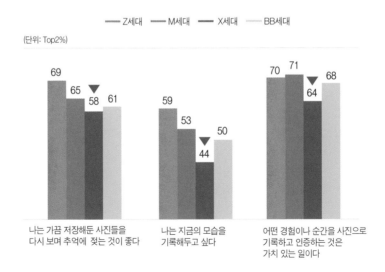

은 응답이 유독 냉소적으로 느껴진다. 고정관념에 가까운 '트렌디한 X세대' 담론에 비판적 시각이 필요한 이유다.

| '의외로' 온건한 X세대의 직업관 |

직장과 일에 대한 데이터를 몇 가지 살펴보자. 밀레니얼 세대의 직업관이 차디차기 짝이 없다면 X세대의 직장관은 대체로 온건하다. 마치 베이비부머 세대와 밀레니얼 세대의 중간적 타협점처럼 느껴지기도 한다. **베이비부머 세대와 함께 적성을 살리는 일을 중시하고, 직장과 일이 자아실현의 기회일 수 있다고 믿는다.**

조직에 충성하는 것이 내 미래를 보장하는 것이 아니라(61%)는 명제에 밀레니얼 세대(68%)보다 낮고 베이비부머 세대(55%)보다는 높다. '나'를 최초로 주장했지만, 기성세대의 그늘에서 완전히 벗어나지 못한 탓인지, 아니면 불혹을 넘어 지천명을 향해 가는 이 세대의 연령 효과 때문인지는 확실치 않다. Z세대도 유사한 경향을 보이고 있기 때문이다. X세대는 과연 낀 세대다.

한편 다소 '낭만적인' 인식 차를 보여주기도 한다. "직장은 생계를 해결하는 곳"이라는 문장에 대해 밀레니얼 세대와 베이비부머 세대의 동의도는 높은 데 비해 X세대와 Z세대의 동의도는 다소 낮다. X세대와 Z세대가 "적성과 능력을 발휘할 수 있는 일"을 중시하는 경향과 연결해보면 **X세대는 여전히 직장과 일이 생계만을 위한 것은**

	전체	알파 세대 부모	Z세대	M세대	X세대	BB세대
나의 적성/능력을 발휘할 수 있는 일을 하는 것이 중요하다	70.0	66.1	72.8	61.8	70.7	81.0
내가 속한 조직에 충성하는 것이 내 미래를 보장하는 것은 아니다	62.9	69.1	60.6	69.1	62.0	54.9
나에게 직장은 자아실현의 기회를 제공하는 곳이다	43.2	40.0	51.1	37.3	43.6	48.8

아니라고 주장하는 듯하다.

그러면서도 **남의 시선이나 세상의 기준에 대해서는 초연한 모습**을 보여준다. '아르바이트든 재테크든 생활에 필요한 만큼 수입을 올릴 수만 있다면 반드시 정해진 직장이나 직업을 갖지 않아도 된다'는 생각에 대해 X세대는 밀레니얼 세대와 함께 전 세대 가운데 가장 높게 응답했다. 이번에는 밀레니얼 세대와 함께다.

밀레니얼 세대는 현실주의와 실용주의의 차가운 화신으로 직장을 생계 수단으로 보는 경향이 강하니 개연성이 있는 결과다. X세대는 적성과 능력을 발휘하는 일에 대한 긍정, 직장이나 직업이 단순히 생계만 위한 것이 아니라는 낭만을 보여주면서, 수입만 올릴 수 있으면 직장이나 직업이 필요 없다고 하는 것을 보면 종잡을 수 없는 모습이다. 나이를 먹으면서 기성화돼 좀 더 현실적인 중년이 돼가는 것인지도 모른다.

■ [그림 53] 세대별 직장과 일 가치관

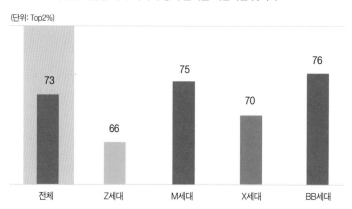

나에게 직장은 나와 가족의 생계 문제를 해결하는 곳이다

(단위: Top2%)

전체	Z세대	M세대	X세대	BB세대
73	66	75	70	76

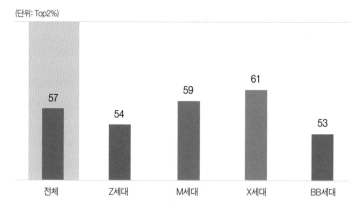

알바나 재테크로 생활에 필요한 수입을 올린다면
반드시 정해진 직장이나 직업을 갖지 않아도 된다고 생각한다

(단위: Top2%)

전체	Z세대	M세대	X세대	BB세대
57	54	59	61	53

| '낀 세대'와 베이비부머 세대가 공감하는 곳 |

X세대는 밀레니얼 세대와 유사한 경향을 보이는 지점과 베이비부머 세대와 유사한 경향을 보이는 지점을 모두 가지고 있다. 말 그대로 '낀 세대'다운 모습인데, 여기서도 일정한 패턴을 관찰할 수 있다. 소비 동기 관점에서 친환경적 소비, 윤리적 소비와 관련이 깊은 '의식 있는 소비', 지속적인 자기 계발과 배움을 위한 소비와 관련 깊은 '자기 향상 소비', 건강에 관한 관심으로부터 비롯된 '자기 관리 소비' 영역에서는 X세대와 베이비부머 세대가 유사한 경향을 보인다. 이는 다분히 연령 효과에서 비롯된 결과로 볼 수 있다.

먼저 [그림 54]의 친환경적 소비, 윤리적 소비 관련 인식과 행태를 살펴보자. Z세대와 밀레니얼 세대, X세대와 베이비부머 세대의 응답이 현저히 양분되는 경향이 있다. 소득 문제일까? 대의나 공익을 중시하는 정도에 달린 문제일까?

알파 세대 부모의 응답률이 X세대와 베이비부머 세대 쪽에 가까운 것을 보면, **우리나라의 친환경·윤리적 소비에 대한 의식은 부모의 정체성과 강하게 본딩돼 있는 것으로 보인다. X세대가 알파 세대 부모와 함께 '의식 있는 소비'의 동기를 강하게 가지고 있는 이유가 여기**에 있다.

한편 우리나라의 사상적·사회적·기술적 변화가 세계적으로 유례없이 빨라 **X세대와 베이비부머 세대는 이를 거쳐온 기성세대로서 변화에 적응하고 성장·발전해야만 한다는 일종의 우상향 지향 마인드**

■ [그림 54] 친환경적 태도와 구매 행태

나는 생활 속에서 내가 할 수 있는 일을 실천하면서 환경을 위해 노력하는 편이다

(단위: Top2%)

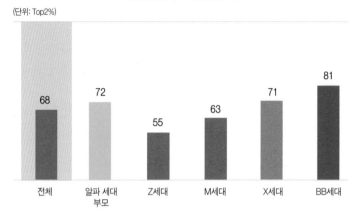

나는 친환경 또는 에너지 절약 제품을 의식적으로 구매한다

(단위: Top2%)

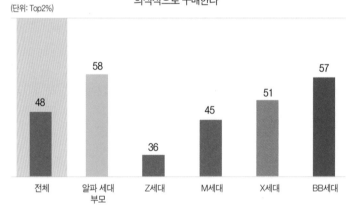

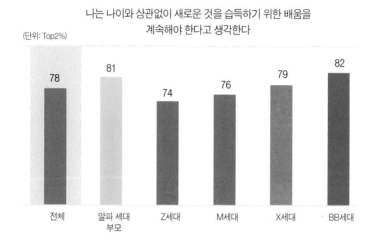

나는 나이와 상관없이 새로운 것을 습득하기 위한 배움을
계속해야 한다고 생각한다

(단위: Top2%)

전체	알파 세대 부모	Z세대	M세대	X세대	BB세대
78	81	74	76	79	82

를 보유하고 있다. 이것 역시 연령 효과의 영향이 크다. 실제 노력으로 상황을 개선했던 경험, 혹은 그럴 것이라고 교육을 받았던 경험이 있는 세대들이기 때문이다. 이를 증명하듯이 [그림 55]의 자기 계발에 대한 태도 문항에서도 X세대와 베이비부머 세대의 응답이 상대적으로 높았다.

자연스러운 맥락으로 연령 효과를 강하게 타는 영역인 건강과 자기 관리 소비에서도 Z세대와 밀레니얼 세대, X세대와 베이비부머 세대의 경향이 양분된다. **연령이 높을수록 건강 관리 관심도가 높아지는 우상향**의 차트 형태다. 전체 평균 응답률인 70%를 중심으로 Z세대와 밀레니얼 세대가 낮은 쪽, X세대와 베이비부머 세대가 높은 쪽이다. 건강기능식품의 섭취 여부에서도 X세대와 베이비부머 세대는 전체 평균 대비 응답률이 높게 나타난다.

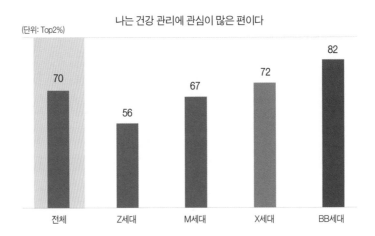

나는 건강 관리에 관심이 많은 편이다

(단위: Top2%)

전체	Z세대	M세대	X세대	BB세대
70	56	67	72	82

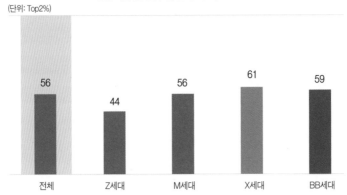

나는 건강을 위해 건강기능식품(홍삼, 비타민 등)이나
건강식품(건강즙 등)을 챙겨 먹는 편이다

(단위: Top2%)

전체	Z세대	M세대	X세대	BB세대
56	44	56	61	59

| '낀 세대'가 밀레니얼 세대와 공명하는 곳 |

여기까지만 보면 X세대는 베이비부머 세대와 더 가까운 듯 보이는데, 거기에는 부모로서의 정체성과 연령 효과라는 패턴이 보인다. 그러나 낀 세대답게 X세대는 밀레니얼 세대와 공명하는 측면도 많다. 밀레니얼 세대의 의식 형성 배경을 살피면서 언급했듯이 두 세대는 모두 청년기에 IMF를 겪으면서 성장기까지 기대했던 장밋빛 미래가 꺾이는 모습을 눈으로 그리고 몸으로 겪은 적이 있다. 또한 두 세대 모두 직접 경제 활동을 본격적으로 시작하거나 가정을 꾸리던 무렵부터 저금리, 저성장 시대를 살았다.

그런 관점에서 [그림 57]은 각 세대의 경제 인식을 명확하게 보여준다. 실제 '티끌 모아 태산'을 경험했을 세대인 베이비부머 세대는 여전히 65%가 "티끌 모아 태산이라는 말을 믿는다"고 응답한 데 반해, X세대 이하 전 세대의 동의도는 50%대 중반으로 베이비부머 세대와 10%p가량 차이가 난다. **X세대 이하 세대에게 티끌은 모아도 티끌**이라는 얘기다. 고점에 물려버린 주식이나 이미 반쯤 무너진 코인, 아예 가망이 없어 보이는 부동산 그 밖에 무엇이든 드라마틱한 반전은 불가능하다고 믿는다. 그에 따른 각 세대의 대응이 다를 뿐이다.

쇼핑 행태에서도 X세대는 윗세대보다는 아래 세대들과 유사한 경향을 보인다. 팬데믹을 거치면서 이커머스가 급속도로 침투했지만 그래도 신선식품 중심의 장보기 시장은 온라인으로 넘어가는 속

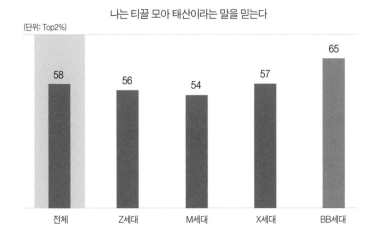

나는 티끌 모아 태산이라는 말을 믿는다

(단위: Top2%)

전체	Z세대	M세대	X세대	BB세대
58	56	54	57	65

도가 상대적으로 더뎠다.

디지털 역량과 관련이 있으므로 아무래도 연령 효과가 작용할 텐데 X세대는 디지털 역량 측면에서 밀레니얼 세대나 Z세대에 필적하는 얼리 어답터early adopter는 아니지만 그렇다고 레가드laggard도 아니다. 그래서 [그림 58]을 보면 **X세대는 온라인에서 주로 장을 본다는 응답 비율이 밀레니얼 세대 등 아랫세대와 유사하며 베이비부머 세대와는 10%p가량 유의미한 차이**를 보인다.

이미 필요한 물건을 손에 넣는 것이 목적인 쇼핑에서는 카테고리를 막론하고 온라인 쇼핑이 보편이 돼가고 있지만, 사회적으로 많은 역할을 요구받는 시기를 살아가고 **있는 '타임 푸어time poor' 세대인 X세대와 밀레니얼 세대는 어떤 품목이든 온라인에서 사겠다는 의향이**

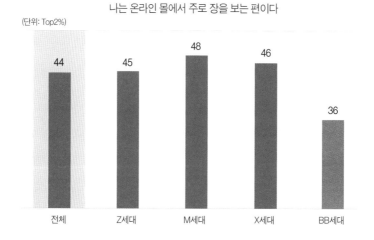

나는 온라인 몰에서 주로 장을 보는 편이다

(단위: Top2%)

전체	Z세대	M세대	X세대	BB세대
44	45	48	46	36

높다. 롯데멤버스가 최근 패널 7,000명을 대상으로 조사한 결과에서도 주요 품목 카테고리에서는 온라인 구매 비중(51.8%)이 오프라인 구매 비중(48.5%)을 제쳤다고 한다.

온라인 쇼핑 의향은 편의와 효율에 대한 지향과 맞닿아 있고 이런 성향은 한 번 몸에 배면 나이를 먹어도 쉽사리 달라지지 않는다. 따라서 목적이 명확한 쇼핑은 계속해서 온라인으로 넘어갈 것이다. 이것은 대세이고 거스를 수 없다.

그런 관점에서 X세대는 취미·여가·문화 소비에 대한 열정은 밀레니얼 세대나 Z세대에 비해 약하지만, **새로운 기술에 적응하는 능력, 기술을 활용해 편의와 효율을 추구하는 영역에서는 동조한다.** X세대는 이제 앞서가는 트렌드를 나서서 만들어내지는 않을 것이다.

나는 앞으로 식료품을 온라인에서 살 것이다

(단위: Top2%)

전체	Z세대	M세대	X세대	BB세대
49	46	53	51	42

나는 앞으로 비(非) 식료품을 온라인에서 살 것이다

(단위: Top2%)

전체	Z세대	M세대	X세대	BB세대
59	58	62	62	52

그러나 밀레니얼, Z와 공유한 문화적 토양 그리고 기술 적응력을 바탕으로 아래 세대에서 만들어내는 트렌드를 빠르게 인지하고 이해하며, 그것을 한층 증폭하는 데 일조할 수 있는 세대다.

| X세대, 친구 같은 부모의 탄생 |

X세대가 우리 사회에 가져온 가장 혁명적인 변화가 있다면 가족이 가장 소중하다는 관념을 형성한 것이다. X세대는 20대의 화려함을 뒤로한 채 성실하고 가정적인 부모가 됐다. 이전 세대인 베이비부머 세대까지만 해도 가족보다 바깥일에 더 열심인 아버지 모습이나 권위적이고 엄격한 부모상이 보편적이었다면, **X세대는 부모가 그랬던 것도 아닌데 친구 같은 부모가 되기를 자처한 첫 세대다.**

'나'를 소중하게 여기는 세대이므로 이들의 자기중심주의는 '나'의 확장인 가족을 소중하게 여기는 방향으로 발전한 것으로 보인다. 그 덕분에 Z세대는 부모와 대화를 자주 하며, 심지어 부모와 대화가 잘 통한다고 생각하는 첫 세대가 됐다([그림 60]).

X세대가 독특한 점은 본인이 받지 못한 것을 자녀에게 주기 시작한 세대라는 점이다. 집집마다 차이는 있겠지만 X세대는 물론 밀레니얼 세대 전반생까지만 해도 가부장적 분위기, 권위적인 부모 아래 성장하는 경우가 많았다. 그러나 X세대는 친구 같은 부모가 되고 싶다는 로망을 품었고 대체로 그것을 실현하고 있는 모습이다.

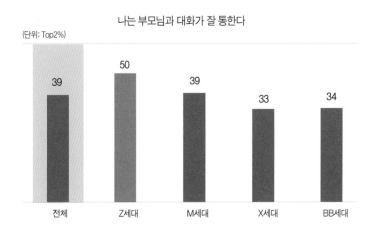

나는 부모님과 대화가 잘 통한다

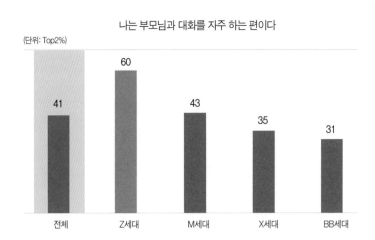

나는 부모님과 대화를 자주 하는 편이다

합계 출산율을 1980년부터 2022년까지 그려보면, '둘만 낳아 잘 기르자'라는 산아 제한 정책으로 다소 인위적인 출산율 감소가 있었던 1980년대 초반을 제외하면 Z세대가 출생한 1996~2009년은 자연적으로 출산율이 급격히 감소한 시기다. X세대가 부모가 된 시기로 **X세대는 이전보다 적게 낳고 더 많은 지원을 해주는 방향으로 가족계획을 수정한 첫 세대인 셈이다.**

그런데 세대별 부모와의 관계, 자녀와의 관계에 대한 인식을 데칼코마니처럼 펼쳐놓고 보면 X세대에게서 재미있는 현상을 포착할 수 있다. 이를 위한 질문 문항은 부모에게서 받은 지원, 부모와의 친밀도에 관해 묻고 그것을 반대로 자신이 자녀에게 하는 지원, 자녀와

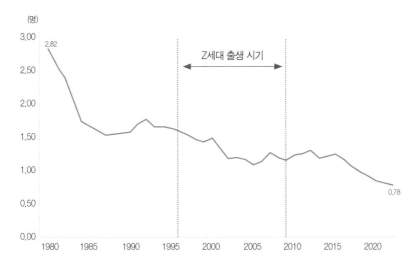

■ [그림 61] 1980~1922년 합계 출산율

(명)

Z세대 출생 시기

2.82

0.78

출처: 통계청

Chapter 2. 데이터로 본 소비 동기 7가지와 세대별 특성

■ [그림 62] 세대별 부모와 자녀와의 관계 인식(Top2%)

BASE:전체	전체	Z 세대	M 세대	X 세대	BB 세대
(1) 나는 부모님으로부터 충분히 경제적 지원을 받은 편이다	37	57	41	30	21
(2) 나는 부모님으로부터 충분한 정서적 지지와 보호를 받은 편이다	47	53	47	45	43
(3) 나는 부모님이 알아서 스스로의 노후를 준비하셔야 한다고 생각한다	43	41	44	43	41
(4) 나는 부모님과 대화가 잘 통한다	39	50	39	33	34
(5) 나는 부모님과 대화를 자주 하는 편이다	41	60	43	35	31
(6) 부모님은 나의 일에 개입을 많이 하는 편이다	28	38	28	28	20
(7) 나의 부모님은 나에게 너무 많은 것을 기대하시는 편이다	30	35	28	27	30
(8) 나의 부모님은 나에게 친구 같은 분들이다	36	52	39	31	26
(9) 나는 부모님처럼 살고 싶다	26	37	28	20	19
(10) 나는 부모로부터 체계적인 경제(금융)교육을 받은 편이다	24	39	25	19	17
(11) 나는 부모님을 위해 종종 대리구매를 해드리는 편이다 (온라인 쇼핑, IT 기기구매 등)	56	49	65	56	46
(12) 나의 부모님은 물건을 살때, 브랜드나 제품 선택에 있어 나의 영향을 받는 편이다	37	45	40	32	30
(13) 나는 자녀에게 충분히 경제적 지원을 하는 편이다	49	0	58	52	39
(14) 나는 자녀에게 충분한 정서적 지지와 보호를 하는 편이다	61	0	68	61	56
(15) 나의 노후는 자녀에게 맡기기보다 내 스스로 준비할 생각이다	82	100	81	82	83
(16) 나는 자녀와 대화가 잘 통한다	49	0	55	52	43
(17) 나는 자녀와 대화를 자주 하는 편이다	56	67	69	55	50
(18) 나는 자녀의 일에 개입을 많이 하는 편이다	29	0	41	29	20
(19) 나는 자녀에게 많은 것을 기대하는 편이다	27	0	33	29	21
(20) 나는 자녀에게 친구 같은 부모이다	50	33	56	51	45
(21) 나의 자녀는 나처럼 살기를 원한다	21	0	27	19	18
(22) 나는 자녀에게 적극적인 경제(금융)교육을 하고 싶다	68	33	76	71	59
(23) 나는 자녀에게 종종 대리구매를 요청하는 편이다(온라인 쇼핑, IT 기기구매 등)	23	33	21	22	26
(24) 나는 물건을 살때, 브랜드나 제품 선택에 있어 자녀의 영향을 받는 편이다	32	67	35	29	33

의 친밀도에 관해 묻는 형태로 거울처럼 쌍을 이루도록 개발됐다.

조사 결과를 디테일하게 하나하나 보지 않고 [그림 62]에 색이 칠해진 부분이 어떻게 분포하는지 큰 시야로 살펴보도록 하자. 전체 평균 대비 높은 수치가 있는 셀만 붉은색으로 표시했다. 위의 12개는 부모와의 관계에 대한 응답이고, 아래 12개는 자녀와의 관계에 대한 응답이다. 재미있는 패턴이 눈에 띌 것이다.

가장 우측에 있는 베이비부머 세대부터 살펴보자. 위도 아래도 색칠된 칸이 많지 않다. X세대의 윗세대인 베이비부머 세대는 부모로부터 받은 것도 없지만 자녀에게도 많은 지원을 해줬다고 생각하지 않는다는 의미다.

밀레니얼 세대를 보자. 밀레니얼 세대는 위도 아래도 색칠된 칸이 가득하다. 밀레니얼 세대는 부모로부터 받은 것도 많고 자녀에게 해주고 있는 것도 많다고 스스로 생각하는 것이다. Z세대는 미혼이거나 무자녀 비중이 더 높아 자녀와의 관계 부분이 비어 있는 것으로 생각하면 된다. 그렇다면 이 절의 주인공인 X세대는 어떨까?

X세대의 부모와의 관계를 보면 위쪽은 거의 색칠된 칸이 없다. **경제적이든 정서적이든 충분히 지원받았다는 인식은 낮은 편이다. 특별히 대화가 많거나 다정한 관계를 형성하고 있지도 않다.** 권위적인 부모에 대한 기억이 더 많은 세대라는 점은 여기서도 증명된다. 부모와의 관계에서 전체 평균보다 높은 단 1개의 속성은 '부모님이 알아서 스스로 노후를 준비하셔야 한다'는 내용이다.

자녀와의 관계를 보면 색칠된 칸이 많아진다. 이 결과로만 보면 X

세대는 자녀와 친밀하고 친구 같은 관계이고 최대한 지원하지만, 노후는 알아서 하겠다고 다짐하는 부모가 된 것으로 보인다. 실제로 X세대는 어떤 부모일까? 그것은 [그림 60]의 Z세대의 부모와의 관계를 살펴보면 X세대가 실제 어떤 부모인지 알 수 있을 것이다.

세부적으로 들여다보지 않아도 Z세대의 윗칸, 부모와의 관계는 대부분이 색칠됐다. 세부적으로 들여다봐도 부모로부터 충분한 경제적·정서적 지원을 받았다고 응답한 비율이 전 세대 가운데 가장 높다. 부모와 대화가 잘 통하고 자주 한다는 응답이 가장 높은 세대이며, 부모를 위해 대리구매를 해준다는 응답은 낮은 편이다. 밀레니얼 세대가 베이비부머 세대 부모를 위해 대리구매를 한다는 응답이 전 세대 가운데 가장 높은 점과 비교되는 결과다.

그러므로 X세대는 자녀에게 대리구매를 부탁하지 않아도 될 디지털 역량도 경제력도 충분히 갖췄다는 얘기다. 그러면서도 Z세대는 부모가 브랜드나 제품 선택을 할 때 자신의 영향을 많이 받는다고 응답했다. X세대와 Z세대는 소비 생활에서 케미가 꽤 좋은 부모 자식 관계인 모양이다. 이렇게 보면 확실히 X세대는 받은 것은 많지 않지만 주는 것은 많은, 원했던 대로 친밀한 부모가 되는 데 성공한 것으로 보인다.

20대의 화려한 등장 이후 잠잠했던 X세대는 어디로 갔던 것인가. 답은 여기에 있다. X세대는 가정으로 갔다. 그럼에도 이들이 개인주의의 시조이며 다양성의 가치를 인정하고자 했던 최초의 진보적인 세대라는 점은 결혼과 이혼에 대한 진보적 시각에 여전히 흔적이

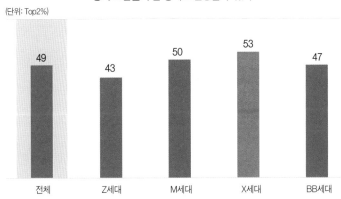

동거도 결혼의 한 형태로 인정할 수 있다

(단위: Top2%)

전체	Z세대	M세대	X세대	BB세대
49	43	50	53	47

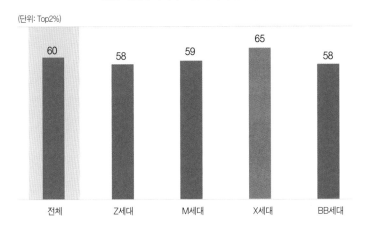

요즘은 이혼을 하더라도 흉이 되지 않는다

(단위: Top2%)

전체	Z세대	M세대	X세대	BB세대
60	58	59	65	58

남아 있다. X세대는 어떤 질문에도 다른 세대를 압도하는 강력한 응답을 한 적이 없었는데, 혼전 동거에 대한 인정이나 이혼에 대한 쿨한 시각에서만큼은 전 세대 가운데 가장 긍정적으로 응답했다 ([그림 63]).

어쩌면 X세대는 가장 제대로 개인주의를 실현하고 있는지도 모르겠다. 자녀에게도 지나치게 개입하거나 강요하지 않고 내가 원하는 것이 아니어도 인정할 수는 있다고 생각하는 세대, 개인의 희망과 자유와 개성이 가장 중요하다고 생각한 세대의 중년과 노년은 이렇게 시작되고 있다.

| 덕질의 시조, 세대 교감의 실마리 |

한 백화점에서 '엄마·아빠의 아이돌'이라는 전시를 본 적이 있다. 주인공은 2000년대 초반 자살로 생을 마감한 홍콩 배우 장국영이었다. 요즘 말하는 아이돌과 개념은 조금 다르지만 1980~1990년대 청소년들과 청년들이 열광했던 아티스트들이라고 하면 역시 홍콩과 할리우드 배우, 북미와 유럽의 팝 스타나 록 뮤지션이 많은 비중을 차지했다.

잡지는 인터넷이 아직 보급되지 않았던 시절에 해외 아티스트들의 소식과 작품 이야기, 선명한 컬러 사진과 벽에 붙일 수 있는 올 컬러의 브로마이드까지 얻을 수 있는 거의 유일한 매체였다. 1984년 4월 영화 전문 월간지를 표방하며 창간된 《스크린》이 대표적이다.

《스크린》은 영화뿐 아니라 TV, 팝 음악 등 국내외 엔터테인먼트를 전반적으로 다루면서 당시 청소년기와 청년기를 보내고 있던 X세대에게 엄청난 인기를 끌었다. 뒤이어 《로드쇼》, 《음악세계》, 《하이틴》 등의 잡지가 이들의 문화적 갈증을 해소하는 데 중요한 한 축을 담당했다. 1995년에는 순수 영화 잡지를 표방한 《키노》와 영화를 비롯해 영상 매체 전반을 다루는 《씨네21》이 창간됐다. 유일무이한 IT 전문지로 지금까지 거의 약 30년간 명맥을 이어오고 있는 《PC사랑》도 1995년에 창간됐다.

1990년대는 분야별 정보와 지식, 트렌드를 전하는 정기 간행 전문지가 번창했던 시기였다. X세대는 전문지와 해적판을 오가며 어렵게 그러나 끈기 있게 좋아하는 분야에 파고들어야 했다. 일본 문화를 개방하기 전까지 헌책방을 뒤져 한두 달 정도 늦은 일본 잡지를

출처: 「대중 영화 잡지 《스크린》의 등장에서 현대까지」, 한국영상자료원, 2011년 11월 14일.

구해보는 일도 많았다. 어쨌든 당시에는 대중문화는 물론 모든 면에서 일본이 우리를 10년쯤 앞서가는 선진국이었으니 말이다.

한편 X세대는 최초의 '오빠부대'이기도 했다. 이 사실 하나만으로도 현재의 덕질, 팬덤 문화를 이해하는 데 X세대를 빼놓기는 어렵다. 동시에 이는 X세대가 40~50대에 접어들었어도 쉽게 그 문화에 동화되고 적응할 수 있다는 것을 의미한다. 국민적 인기를 끌었던 아티스트들이 이전에도 많았지만 10대 팬들이 열광한 김완선, 소방차, 박남정 등 댄스 가수들이 주목받았던 것이 1980년대 후반, X세대의 10대 시절이다.

1971년생이 주인공인 tvN 〈응답하라 1988〉 속 에피소드에도 소방차와 박남정이 등장한다. 현재는 40대 중반에서 50대 중반에 걸쳐 있지만, X세대는 제한적인 조건 속에서도 다양한 장르의 문화와 아티스트를 접하면서 '덕후' 기질을 발휘해온 '덕질'의 시조 같은 세대다. X세대는 '덕질'이라는 단어의 의미까지 잘 알고 있는 것으로 나타나 이 지점에서도 밀레니얼 세대 이하 세대와 공명한다([그림 64]).

최근 아이돌 팬덤 중심의 엔터테인먼트 비즈니스에 이모 팬, 삼촌 팬으로 불리는 40대 이상 팬들이 활발하게 모여들고 있다. 이들은 왕년에 '오빠부대'였거나 최소한 그러한 문화를 직간접적으로 경험해본 사람들이다. 그렇게 과거에 '오빠들'을 좋아해본 경험도 있고 X(트위터)와 각종 커뮤니티 기반으로 돌아가는 팬덤 활동에 빠르게 적응할 수 있을 정도로 디지털 문화에도 익숙하다는 점이 중요 포인트다. 마음가짐이야 갖춰져 있다. 이들은 나이에 맞는 선호가 따로 있다고 생각하지 않는 '개성'을 존중하는 세대이니 말이다.

요즘처럼 공연 관람 비용이 비쌀 때 아이돌 콘서트 전 회차 관람에 굿즈까지 사고 1년에 몇 번씩 있는 다양한 이벤트에 돈으로 따르려고 든다면 10~20대가 감당하기는 쉽지 않은 수준이다. 뮤지컬 역시 VIP석 기준 20만 원 전후로 티켓 값이 높은 상황이니 좋아하는 배우가 출연하는 회차를 모두 챙겨보는 것은 쉬운 일이 아니다. 그래서 상대적으로 10~20대 대비 재정이 나은 밀레니얼 세대나 X세대가 현재 많은 라이브 콘서트나 뮤지컬 시장에서는 큰손 고객에 해당한다.

이런 경향에 힘입어 1990년대부터 2000년대에 활동했던 1세대와 2세대 아이돌들은 오랜 팬덤을 기반으로 여전히 의미 있는 수익을

■ [그림 64] '덕질' 단어 인지 여부

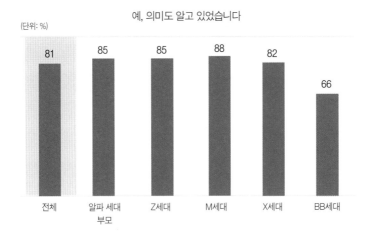

Chapter 2. 데이터로 본 소비 동기 7가지와 세대별 특성

올리며 활동하는 모습이 드물지 않다. 이것 역시 X세대의 여전한 '덕력'과 경제력에서 이유를 찾을 수 있을 것이다. 이런 형편이다 보니 요즘은 '엄마·아빠의 아이돌' 혹은 '엄마의 최애'라는 기획이 그다지 낯설지 않다. 도리어 자녀와도 친구처럼 친근한 것이 X세대 부모이므로 Z세대의 '엄빠랑' 트렌드와 맞물려 마케팅적 시너지나 잠재력을 기대해볼 수 있는 콘셉트다.

X세대 부모는 헌신적 친구처럼 Z세대 자녀를 정서적으로 지원할 뿐 아니라 구매력 측면에서도 확실한 서포터가 돼 줄 수 있다. X세대는 아래 세대 대비 인구 규모가 두텁고 소비 여력은 상대적으로 높다. 또한 아래 세대와 진심으로 공명한다. 따라서 Z세대를 사로잡는 것이 중요한 과제가 된 브랜드라면 친구 같은 부모로서 Z세대를 지원하는 X세대를 엮어주는 것도 고려해볼 만하다.

BB

자기 관리 소비   자기 향상 소비   의식 있는 소비

매일 좋은 식품 섭취 중요

베이비부머 세대 80%는
약이나 건강기능식품보다
매일 좋은 식품을 섭취하는
것이 건강 관리에 더 중요
하다고 생각한다

건강관리 높은 관심

베이비부머 세대 73%는
체중과 식습관 관리, 노화 방지 등
건강관리에 관심이 많은 편이다

정기적 운동

베이비부머 세대 57%는
정기적으로
운동을 하는
편이다

가급적 제로슈거 섭취

베이비부머 세대 53%는
가급적 제로슈거, 무가당
식품이나 음료/주류를
섭취하려고 하는 편이다

지속적 배움 필요

베이비부머 세대 82%는
나이와 상관없이 새로운 것을
습득하기 위한 배움을 계속해야
한다고 생각한다

적성/능력 발휘하는 일 중요

베이비부머 세대 81%는
적성/능력을 발휘할 수 있는 일을
하는 것이 중요하다고 생각한다

친환경 제품 구매

베이비부머 세대 81%는
친환경 또는 에너지 절약
제품을 의식적으로 구매한다

질좋은 식료품 구매 의향

베이비부머 세대 61%는
앞으로 가급적 건강을 위해
유기농, 친환경 등 보다 질 좋은
식료품을 살 것이라고 응답했다

생활 속 환경보호 노력

베이비부머 세대 50%는 생활 속에서
할 수 있는 일을 실천하면서 환경을
위해 노력하는 편이다
(물/전기 절약, 세제/쓰레기 줄이기 등)

베이비부머 세대는 누구이며 무엇을 원하는가?

| 한눈에 보는 베이비부머 세대의 소비 성향 |

베이비부머 세대는 '자기 관리 소비'와 '자기 향상 소비'가 가장 강력한 소비 동기로 나타났다. 나이가 나이인 만큼 이 세대에게는 건강이 중요한 소비의 트리거가 된다. 그래서 '자기 관리 소비'가 1위인 것은 매우 자연스럽다.

현재 베이비부머 세대는 과거의 50~60대 대비 한층 젊고, 기대여명 역시 길다. 또 개개인의 소득이나 자산 규모는 천차만별이겠지만, 이 세대의 보유 자산 합계는 전 세대에서 가장 크다고 한다. 물론 현금화가 어려운 부동산 비중이 크겠지만, 건강과 자기 관리에

순위	Z세대	M세대	X세대	BB세대	알파 세대(부모)
1	유행 대세	대비하는	의식 있는	자기 관리	탐구하는
2	탐구하는	향유하는	자기 향상	자기 향상	의식 있는
3	향유하는	탐구하는	자기 관리	의식 있는	유행 대세
4	대비하는	유행 대세	대비하는	향유하는	자기 향상
5	자기 향상	자기 관리	유행 대세	탐구하는	향유하는
6	자기 관리	의식 있는	탐구하는	유행 대세	자기 관리
7	의식 있는	자기 향상	향유하는	대비하는	대비하는

관심이 높은 세대가 인구수는 물론 보유 자산까지 많다는 점은 비즈니스 관점에서 주목할 수밖에 없다.

베이비부머 세대의 소비 동기 2위인 자기 향상 소비는 한국전쟁 직후 전반적인 빈곤, 정치적 혼란, 자원 부족의 시대적 배경 아래 태어나 성장하다가 1970년대 한강의 기적으로 불리는 경제 성장을 경험한 이들의 유·청년기와 연결해 이해해야 한다. **이들이 시대적 과제를 극복한 수단은 근면함과 교육이었다.** 성실함, 배움, 책임 등의 가치는 이들의 삶 전반을 관통하는 중요한 요인이다.

아무것도 없던 나라에서 급성장하던 시기 경제활동인구였던 베이비부머 세대는 개인의 근면성뿐 아니라 시대적 배경에 힘입어 현재 전체 인구 구조의 관점에서 가장 높은 자산을 보유한 세대가 됐다. 물론 세대 전체의 합계 관점이고 산업화 세대까지 포함하면 노

소비 동기	세대별 표준점수				
	Z세대	M세대	X세대	BB세대	알파세대 (부모)
의식 있는 소비	71.7	88.4	104.4	120.2	115.3
자기 향상 소비	89.1	73.1	101.6	125.0	111.2
향유하는 소비	116.3	116.9	76.3	80.4	110.1
유행 대세 소비	123.0	105.1	85.4	74.0	112.4
자기 관리 소비	73.4	92.9	100.1	128.5	105.2
탐구하는 소비	117.9	109.4	81.0	75.9	115.8
대비하는 소비	114.1	123.7	98.3	72.3	91.6

년층의 빈부 격차는 극심한 편이다. 그러나 베이비부머 세대로 한정해보면 첨단 IT 기기와 스마트폰에도 비교적 빠르게 적응했으며 **노년에도 생산적 활동은 물론 여가와 취미 활동을 즐기려는 의지가 강한 편이다.**

한편 베이비부머 세대는 한국전쟁 직후에 출생해서 반공 교육을 받고 자란 세대로 대의나 공공 이익, 애국심 등에 민감하게 반응하는 경향이 있다. 그런 맥락에서 생각해보면 **'의식 있는 소비'는 환경에 대한 책임감을 내포하는 공익적 소비 동기다.** 환경이나 윤리적 소비에 대한 필요성은 공감하면서도 개인의 경제적 이유로 실천에는 소극적인 태도를 보이는 젊은 세대와 다르다.

베이비부머 세대는 경제력과 투철한 공공 의식을 바탕으로 실제 소비에도 그러한 신념을 반영하고 있는 것으로 보인다. 친환경적 소비, 윤리적 소비를 실제 실천하는 것도 '가치 소비'의 선두로 일컬어지는 밀레니얼 세대가 가장 냉소적인 태도를 보이지만, 베이비부머 세대가 가장 적극적으로 긍정하고 실천하고 있다.

| 베이비부머 세대는 누구인가? |

베이비부머 세대는 전후 인구가 급증하던 시기에 태어나 격동의 현대사 속에 성장한 세대다. **이들의 출생과 성장기는 한국전쟁 직후의 재건 시기부터 급속한 경제 성장 시대까지 이어졌다.** 2023년 만 65세를 맞아 공식적인 노년에 접어든 '1958년 개띠'는 이 세대의 상징적 집단으로 '베이비붐'이라는 세대 명칭의 이유가 되는 집단이다. 이는 1958년 개띠가 한국전쟁 이후 인구 급증의 정점을 이루는 해에 태어나서 그렇다.

1958년은 한국전쟁이 끝난 후 상대적으로 안정된 시기다. 1955년부터 1957년까지 출생 인구가 80만 명대에 머물렀던 반면, 1958년에는 90만 명대로 급상승했다. 이후에도 출생 인구가 계속 증가해 이들을 진정한 베이비부머 세대의 시작으로 볼 수 있다. 또 1958년 개띠가 고등학교에 진학하던 시기인 1974년 서울에서는 고등학교 평준화 제도를 시행해 연합고사만 치르고 거주 지역에 따라 '뺑뺑

이'로 학교를 배정받기 시작했다.

그 밖에도 이들은 한국전쟁 후의 재건과 사회적 변화, 교육과 제도의 변화 등 다양한 역사적 사건과 밀접하게 연관돼 있다. 그래서 1958년 개띠라는 표현은 우리 현대사에서 격동의 시기를 겪은 특별한 세대를 의미하는 고유명사처럼 쓰이기도 한다. 통계청 장래인구 추계에 따르면, 2023년에 만 65세가 된 1958년 개띠의 인구수는 무려 92만 5,000명에 달한다.

베이비부머 세대가 현대 소비 시장에서 주목받는 가장 중요한 이유는 인구 규모 때문이다. 베이비부머 세대의 상징인 1958년 개띠가 2023년에 65세가 됐고 이로써 2024년 우리나라 고령층 인구는 1,000만 명을 돌파한다. 인구 5명 가운데 1명이 65세 이상인 '1,000만 실버 시대'가 열린 것이다.

2023년 11월 기준 행정안전부 주민등록인구 통계에 따르면, 1955~1969년 출생자로 묶는 경우 단일 집단으로 베이비부머 세대는 약 17%, 이전의 산업화 세대를 포함해 포괄적 노년층으로 잡는 경우 노인 인구는 약 32%로 가장 큰 인구 블록이다. **앞으로도 고령 인구는 매년 증가할 예정이고 출생률은 1명 이하로 떨어진 상황이니 베이비부머 세대가 주축이 될 실버 시장은 당분간 성장하는 시장일 수밖에 없다.**

베이비부머 세대가 인구 규모 외에 현대 소비 시장에서 주목받는 또 다른 이유는 **이들의 자산 규모가 전 세계 기준 50%에 육박할 정도로(미국 기준으로는 80%) 부를 독점한 집단이라는 점이다.** 그런 연유

세대	인구수(명)	비중
산업화 세대	7,551,299	15%
베이비부머	8,794,637	17%
X세대	11,794,565	23%
M세대	11,074,855	22%
Z세대	7,361,365	14%
알파 세대	4,760,355	9%
계	51,337,076	100%

로 많은 기관과 연구자 혹은 저자들이 지적했지만, 한때 실버 세대를 위한 비즈니스라고 하면 의료 기기와 건강기능식품 케어 푸드 등 건강이나 노화에 초점을 둔 것 아니면 럭셔리한 세컨드 하우스, 전원주택, 최고급 크루즈 여행 등 초고액 자산가에게나 먹힐 법한 상품에 논의가 집중된 적도 있었다.

그러나 최근에는 베이비부머 세대를 포함한 시니어 세대에 대한 이해가 피상적이라는 점을 자각하면서 점차 노인스럽지 않은 노인들이 늘어날 것이고, 이들의 수명이 100세를 바라보는 상황에서 균질한 단일 타깃으로 간주하는 것은 바람직하지 않다는 지적이 이어지고 있다.

한편 초기 베이비부머 세대의 삶은 한국전쟁 이후의 복구 과정에서 형성됐다. 베이비부머 세대는 산업화 세대와는 구분이 필요하다. 산업화 세대는 절대적인 빈곤 속에 근검절약의 태도를 내면화했고 소비는 최소화해야 하는 것, 개인 만족을 위한 소비는 곧 사치이며 죄악시하는 분위기에 익숙했다.

베이비부머 세대는 그러한 환경에서 태어나고 유년을 보냈지만, 상대적으로 소비에 너그러운 성향을 보인다. 1970~1980년대 산업화와 도시화의 급속한 진전 속에 중산층을 중심으로 가정용 전자 제품, 자동차, 레저 활동에 대한 소비를 경험한 덕분이다.

이들이 경제 활동을 가장 활발히 하던 때는 국가 경제가 가장 가파르게 성장한 시기로 경제적 번영은 소비문화의 발전과 함께 자녀 세대에 대한 기대와 투자로 이어졌다. **베이비부머 세대는 자신들의 경험을 반영해 자녀들에게 더 나은 교육 기회와 경제적 안정을 제공하고자 했다. 교육 수준이 높으면 성공 확률을 높일 수 있다는 자신의 시대 경험에 비춰서 말이다.** 이는 자녀 세대의 학력 향상과 더 나은 취업 기회 추구로 이어졌으며 우리 사회의 교육 중심 구조를 더욱 강화하는 결과를 낳았다.

이들이 청년기를 보낸 1960~1970년대는 군부 정권의 권위적 통치하에 미디어와 대중문화에 대한 검열과 통제가 강화된 시기였다. 전 세계적으로 진보적인 학생 운동이나 저항적인 청년 문화가 발호했던 1968년의 분위기가 우리나라에는 그다지 영향을 미치지 못했다.

서구 문화의 영향을 받아 대학가를 중심으로 나타난 청바지, 통기타 가요, 미니스커트 등의 움직임이 있었지만 유신 체제와 긴급조치, 금지곡 등 경직된 사회 분위기 속에 이내 위축됐다. 도리어 **미디어와 대중문화가 이데올로기의 전파 수단으로 이용되곤 했다.** 대의를 위한 개인의 희생은 당연한 것 혹은 필요한 것이었고, 이는 베이비부머의 권위적 성향 혹은 상대적으로 권위에 순응하는 경향과도 관련이 있는 것으로 보인다.

이처럼 권위와 통제의 시대에 청년기를 보낸 베이비부머 세대는 **현재는 가장 적극적으로 취미를 통해 삶을 다채롭게 보내려고 하며, 억눌려 있던 문화적 욕구들을 발산하려 하는 세대가 됐다.** 젊은 시절에는 성장 목표 앞에 개인 희망이나 취향 같은 것을 그다지 챙기지 못하고 살았지만, 이제는 자신을 위한 투자에 인색하지 않다는 점도 이전의 산업화 세대와는 다르다.

건강은 물론 여행·교육·취미에도 충분히 시간과 돈을 투입할 의지가 있다. 이런 성향을 바탕으로 현재 베이비부머 세대는 길어진 삶을 더 즐겁고 의미 있게 영위하기 위해 기술적 변화에 적응하고 세상의 변화를 받아들이고자 노력 중이다. 그러한 태도는 자기 향상 소비가 강하게 발현되는 결과로 이어졌다.

여담이지만, 이들의 소비 동기 분석을 위해 베이비부머 세대의 소비 관련 인식과 행태를 설문 응답 데이터를 중심으로 살펴봤을 때 어떤 질문이든 응답 수준이 매우 높은 편이라는 점이 독특했다. X세대는 어떤 질문이든 응답 수준이 낮은 편이어서 무언가 심드렁하고 냉소적인 듯한 느낌을 지울 수 없었는데 베이비부머 세대는 정반대 느낌을 주었다. 열심히, 적극적으로, 성의껏 답변하는 느낌이 강했다.

이 장의 서두에서 인포그래픽으로 제시한 것처럼 친환경적 소비나 윤리적 소비, 건강을 위한 자기 관리나 식품의 질을 따지는 태도, 급변하는 세상을 따라잡고 길어진 삶을 대비하기 위해 지속적인 배움과 자기 계발에 임하려는 의지에서 이들의 응답은 문항을 막론하고 평균 60~80%를 오갈 정도로 강력하고 명확하고 긍정적이다. 그러니 X세대가 등장했을 때 윗세대인 베이비부머 세대가 얼마나 당혹스러웠을지 데이터 경향만 봐도 짐작이 갈 정도다!

| 럭셔리 실버의 허상, 베이비부머는 과연 부유한가 |

2022년 가계금융복지조사 결과에 따르면, 우리나라의 50대는 금융 자산과 실물 자산을 가장 많이 보유한 세대다. 60세 이상 노인의 자산 규모는 5억 4,372만 원으로 전체 연령에서 3번째로 높았다. 우리나라 노인들이 다른 세대보다 상대적으로 많은 부를 축적한 것은 우리나라가 압축 성장하던 때 경제 활동 최전선에 있었던 덕분이다.

국제결제은행BIS에 따르면, 1975년에서 2022년 사이 우리나라 주거용 부동산 가격은 2,318% 올랐다. 같은 기간 일본(107%)이나 미국(1247%) 상승률을 크게 뛰어넘는다. 주가 지수(코스피)는 1980년 이후 지금까지 26배 뛰었다.

그러나 절대다수의 노년층이 보유하고 있는 것은 금융 자산보다 부동산 1채일 텐데, 시세도 예전 같지 않고 거래도 잘되지 않아서 현금화도 쉽지 않다. 이런 요즘 상황을 보면 과연 높은 자산을 바탕으로 자신을 위한 소비에 능동적이고 관대한 '액티브 시니어'의 존재를 낙관해도 되는지 의문을 품게 된다.

미국에서는 노인 빈곤층과 전체 자산의 50%(미국은 80%)를 독점한 액티브 시니어 사이에 존재하는 '잊혀진 중간$^{forgotten\ middle}$', 즉 정부 지원을 받기에는 어느 정도 자산과 소득을 보유하고 있고 고급 요양이나 프리미엄 서비스를 이용하기에는 재정적으로 부족한 중산층 노인에 대한 고려가 없다는 목소리가 나오고 있다고 한다.

게다가 한국은행이 2021년 기준 우리나라 연령대별 소득 불평등도를 조사해보니 70세 이상의 지니계수[17]가 20~40대보다 최대 1.7배 큰 것으로 나타났다. 노인 세대의 빈부 격차가 젊은 세대보다 훨씬 심한 것이다. 한편 OECD 회원국 가운데 우리나라의 노인빈곤율은 40.4%로 OECD 회원국 평균 14.2%보다 3배 가까이 높고, 고령층으로 갈수록 더욱 빈곤하다. 66세 이상 인구의 평균 가처분소득은 OECD 회원국 평균이 88%인 데 반해, 우리나라는 68%에 불과하다고 한다.

물론 이는 부동산 같은 자산을 빼고 소득만으로 계산한 '통계 착시'에 불과하다거나 오히려 부동산을 포함하면 60세 이상 인구가

---

17 빈부 격차를 나타내는 대표적인 지표.

국내 순자산의 50% 가까이 보유하고 있다는 반박도 존재한다. 하지만 부동산은 유동화가 어려운 자산이므로 실질적으로 이들의 구매력이 가장 높을 것인지 의구심이 생긴다.

설사 자산과 부를 젊은 세대보다 많이 갖고 있다고 해도 베이비부머 세대에게는 이중고가 존재한다. 유시민 작가는 한 시사 프로그램에서 베이비부머 세대에 대해 **부모를 부양한 마지막 세대이지만 정작 본인은 자식으로부터 부양받지 못하는 최초의 세대**라고 했다. 베이비부머 세대가 그토록 열을 올리며 교육을 시켰건만, 자녀인 밀레니얼 세대와 Z세대는 높은 교육 수준과 대단한 스펙에도 불구하고 취업난과 저성장 흐름 속에 독립은 늦어지고 예전보다 훨씬 오랫동안 부모의 지원을 받는다. 최초로 부모보다 가난해진 이 세대에게 부양을 기대하기 어렵게 되었다.

대홍기획 라이프스타일 조사 결과에 따르면, 베이비부머 세대의 83%는 노후를 자녀에게 맡기지 않고 스스로 준비할 생각이라고 응답했다. 이들 세대가 자산이 가장 많다고 한들 노인 빈부 격차가 극심하고, 부모를 부양할 뿐 아니라 자녀까지 오랫동안 부양하거나 지원해야 하며, 자기 노후까지 스스로 준비해야 하는 고충에 처해 있는 상황이다.

베이비부머 세대는 가장 많은 부와 자산을 축적한 세대일까? 아니면 자식을 자신보다 더 나은 삶을 살게 해주고자 교육열을 불태우고 부모까지 봉양하느라 미처 노후를 챙기지 못해줄 수 있는 것은 모두 주고도 여전히 자녀에게 미안함을 품은 세대일까?

X세대 담론은 20대 때의 화려함만을 소환하면서 현재 모습을 제대로 보려는 시도가 적다는 점이 문제였다면, **베이비부머 세대를 포함한 시니어 담론은 베이비부머 세대를 자산이 많고 활기가 가득하며 자기 자신에게 돈을 쓸 준비가 돼 있는, '액티브 시니어'라는 꽃중년의 프레임 안에 가두고 있다는 점에서 우려가 있다.** 마케팅 타깃이나 커뮤니케이션 이미지는 본디 선망이나 공감을 목표로 하므로 뷰티 필터를 몇 개쯤 끼운 듯한 모습으로 비춰질 수 있지만, 이 세대를 정말로 이해하는 것은 다른 문제다.

베이비부머 세대의 보유 자산이나 소비 여력에 대해 이견은 존재하지만, 이들의 인구수가 많고 삶은 더욱 길어질 것이라는 점은 명백하다. 이들은 연령 효과에서 기인한 강력한 소비 동기, 건강 이슈가 있다. **기존의 실버 비즈니스에 대한 논의가 건강이라는 동기에 주로 치우친다는 것은 문제지만, 이것이 이 세대의 가장 중요한 소비 동기라는 점은 변하지 않는다.** 또 길어진 기대 여명 탓에 은퇴 후 자산 증식과 소득을 올리는 데 관심이 높다.

더불어 이들의 젊은 시절, 즉 절대적 결핍이 이들의 정신적 고양과 취향 탐구를 억제했다면 이제는 환경적으로도 시간적으로도 매이지 않은 몸이 돼 자기 계발과 성장, 발전에 적극적인 성향을 바탕으로 여가와 개인의 즐거움을 추구하는 방향으로 움직일 가능성이 크다. '럭셔리 실버'는 허상일 수 있으나 이 세대의 소비 여력이나 니즈, 관심사에 대해서는 섬세하고 세밀한 접근이 필요한 이유가 여기에 있다.

| 세대별 '노년'의 연상 이미지 차이 |

노년에 대한 인식은 세대별로 특색 있게 나타난다. '노년'의 연상 이미지를 비교해보면 각 세대의 노후에 대한 관점, 기대와 불안이 드러난다. 대홍기획 조사 결과에 따르면, 노년을 바라보는 모든 세대의 공통 인식은 '휴식'과 '여유'다. 노년을 삶의 분주함에서 벗어나 평안을 찾는 시기로 인식하는 것은 전 세대가 동일한 셈이다.

세대별로 보면 베이비부머 세대는 유일하게 '불안' 대신 '안정'과 '평온'이 상위에 랭크된 점이 특징적이다. 이미 노년에 가까웠거나 들어서 있는 베이비부머 세대의 인식은 다른 세대에 비해 노년을 긍정적으로 바라보는 경향이 강하다. 베이비부머 세대는 노년을 사회적·정서적으로 풍요로운 시기로 바라보고 있다. 지혜와 관용은 베이비부머 세대에서 상대적으로 높은데, 이는 그들이 스스로 노년을 삶의 경험을 통해 얻은 교훈과 통찰을 바탕으로 한 단계 성숙한 삶의 단계로 인식하고 있음을 보여준다.

반면 밀레니얼 세대와 X세대 시각에서는 노년에 대한 불안과 두려움이 더욱 두드러진다. 불안정한 노후에 대한 두려움은 청장년층이 느끼는 현재의 압박과 미래에 대한 불확실성이 얽힌 복잡한 감정을 투영한다. 경제적 측면의 불확실성, 대비 부족에 대한 불안감, 수명은 길어지는데 현재와 같은 생활 수준을 소득이 없는 노년기에 어떻게 유지할 수 있을 것인지 등의 우려가 나이를 먹으면서 보다 현실적으로 다가오는 데서 기인한 결과일 것이다.

■ [그림 68] '노년'의 연상 이미지 - 세대별 순위'

순위	Z세대	M세대	X세대	BB세대
1	휴식	휴식	휴식	휴식
2	여유	여유	여유	여유
3	평온	불안	안정	안정
4	안정	안정	불안	평온
5	불안	두려움	두려움	두려움
6	두려움	평온	평온	불안
7	슬픔	슬픔	슬픔	지혜
8	행복	행복	지혜	슬픔
9	지혜	균형	행복	관용
10	균형	지혜	관용	행복
11	공포	관용	균형	조화
12	다양	불행	불행	균형
13	불행	공포	조화	불행
14	조화	조화	공포	공포
15	관용	다양	다양	다양

　한편 노후 생활에 대한 세대별 불안감도 노년에 대한 연상 이미지
가 가장 부정적인 밀레니얼 세대가 가장 높고, 근소한 차이로 X세
대가 뒤를 잇는다. Z세대는 베이비부머 세대보다 불안감이 낮았다.
노년에 대한 연상 이미지에서도 나타난 것처럼 가장 젊은 세대인 Z
세대는 상대적으로 노년을 낙관적으로 바라보는 경향이 있다.

Chapter 2. 데이터로 본 소비 동기 7가지와 세대별 특성

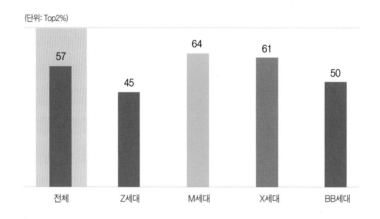

(단위: Top2%)

전체	Z세대	M세대	X세대	BB세대
57	45	64	61	50

| 지금은 그들의 '관성'이 되어야 할 때 |

최근의 전반적인 경향은 어떤 카테고리든 소비자의 브랜드 충성도가 예전만 못하다는 것이다. 모든 것이 상향 평준화된 시대, 어떤 것을 선택해도 차이는 크지 않다. 모두 충분히 좋아서 그렇다. 그래서 개인의 취향이 중요해진다. 선택은 합리적이지 않을 가능성이 크고, 논리보다 취향, 알 수 없는 순간의 감정에 좌우된다. 선택지는 다양하고 차별성은 체감하기 어려우니 충성도는 더욱 약화하고 고객은 작은 이유로 쉽게 움직인다. 밀레니얼 세대와 Z세대의 움직임이 눈에 띄는 이유가 여기에 있다.

반면에 **베이비부머 세대에 대한 주목이 떨어지는 것은 이들이 다**

른 세대에 비해 탄력적으로 반응하지 않는 집단인 점도 하나의 이유다. 베이비부머 세대는 브랜드를 하나 정하고 나면 충성도가 가장 높은 집단이다. [그림70]을 보면 베이비부머 세대의 71%는 대체로 이전에 써왔던 브랜드를 계속 구매하는 편이라고 응답했으며, 52%는 자신이 신뢰하거나 선호하는 브랜드라면 다소 불편하거나 배송이 늦거나 심지어 가격이 조금 더 비싸도 사겠다고 답했다.

이처럼 베이비부머 세대는 전 세대 가운데 가장 관성적 소비 성향이 강한 집단이지만, 그 속을 들여다보면 유의미한 변화들이 조금씩 나타나고 있다. **2024년 기준 50대 후반에서 60대까지 걸쳐 있는 베이비부머 세대는 빠르게 세상의 변화에 녹아들고 있는 참이다.** 유튜브는 이미 이 세대에게도 깊숙이 침투해서 정치 영역에서는 활발하게 이들의 여론을 움직이는 데 한몫하는 참이고, 넷플릭스 등 OTT에서도 50~60대 점유율이 가파르게 증가하고 있다.

한국콘텐츠진흥원에 따르면, 베이비부머 세대가 절반가량을 차지하는 50대의 OTT 이용률은 2021년 44.4%에서 2022년 54.4%로 10%p 증가했다. 20대(95.9%)나 30대(90.9%)보다는 이용률이 낮지만, 증감률로 보면 전 연령 가운데 가장 가파르게 증가하고 있다.

하나금융경영연구소가 발간한 『대한민국 금융소비자보고서 2024』에 따르면, 1946~1965년생의 인터넷 전문 은행 거래율이 66%로 전년보다 10.7%p 늘었고 핀·빅테크 거래율(88%)도 7.7%p 증가했다고 한다. 온라인 쇼핑에서도 팬데믹 이전 대비 현저하게 베이비부머 세대의 참여가 높아졌다. 이전부터 온라인 쇼핑을 주로 활

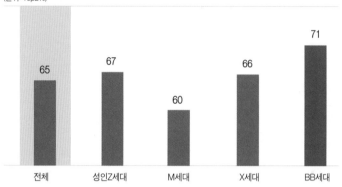

나는 대체로 이전에 써왔던 브랜드를 계속해서 구입하는 편이다

(단위: Top2%)

전체	성인Z세대	M세대	X세대	BB세대
65	67	60	66	71

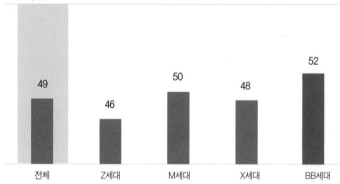

나는 내가 신뢰하거나 선호하는 브랜드라면 다소 불편하고
배송이 늦거나 가격이 조금 더 비싸도 그것을 살 것이다

(단위: Top2%)

전체	Z세대	M세대	X세대	BB세대
49	46	50	48	52

용했던 Z세대나 밀레니얼 세대는 팬데믹을 거치면서도 이용률에 드라마틱한 변화가 적었지만, 팬데믹은 베이비부머 세대의 디지털 역량을 빠르게 끌어올리는 데 현저한 영향을 미친 것이다.

관성적 소비 성향이 강하고 브랜드 충성도가 높은, 혹은 잘 바꾸지 않는 소비자 집단인 베이비부머 세대의 정보 탐색 능력과 온라인 접근성은 한층 높아지고 있다. 그렇다면 지금 접하는 업종별 플랫폼에 만족하기만 한다면, 그들의 관성적 소비 영역 안에 들어갈 수 있다면 쉽게 이탈이 일어나지 않는 고객, 재구매율과 유지율이 높은 고객을 얻을 수 있다는 얘기도 된다.

쉽게 변하지 않는 세대가 지금 변하고 있다. 그렇다면 지금은 그들의 '관성'이 될 적기다. 연령이 높을수록 선점 효과는 강하게 작용한다. 베이비부머 세대는 구매 크기보다 지속성에서 한층 더 매력적인 고객일 수 있다.

| 대의(大義)를 위한 소비를 당연시하는 세대 |

밀레니얼 세대와 Z세대의 '착한 소비'는 일종의 신화처럼 회자되는 얘기다. 서두에서 세대에 대한 편견으로 언급한 것처럼 친환경적 소비나 윤리적 소비는 젊은 세대의 전유물이 아니다. 소비 동기 분석에서도 살펴봤듯이 환경과 공동체를 위한 '의식 있는 소비'가 활성화된 세대는 40대 중반 이상의 X세대와 베이비부머 세대다. 신념

■ [그림 71] 친환경 제품의 의식적 구매 여부

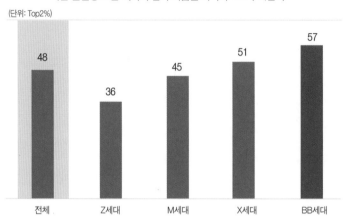

나는 친환경 또는 에너지 절약 제품을 의식적으로 구매한다

(단위: Top2%)

- 전체: 48
- Z세대: 36
- M세대: 45
- X세대: 51
- BB세대: 57

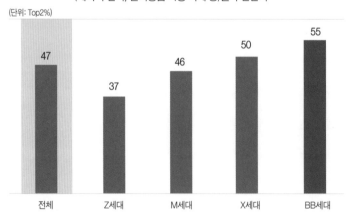

다소 불편함을 감수하더라도 환경친화적 행동
(에너지 절약, 일회용품 사용 자제 등)을 우선한다

(단위: Top2%)

- 전체: 47
- Z세대: 37
- M세대: 46
- X세대: 50
- BB세대: 55

이 실질적인 소비로까지 이어지는 것은 기성세대라는 얘기다. 옳다고 생각하는 것에서 나아가 조금 더 비싸거나 번거로워도 환경이나 대의를 위한 소비를 실행하는 경향은 베이비부머 세대와 X세대가 아래 세대 대비 현저히 높다.

이 지점에 대한 오해가 발생하는 원인은 젊은 세대들이 착한 소비를 지향하는 원인을 공동체를 위한 대의로 곡해하는 데 있다. 밀레니얼과 Z세대는 부정, 불공정, 거짓말에 대한 민감성이 기성세대에 비해 높다. 그것이 공동체를 위한 선, 공익이어서가 아니라, 그러한 행위의 결과가 다른 누군가의 피해가 된다는 점을 먼저 떠올리기 때문이다. 이는 치열한 경쟁 속에서 한 치도 남보다 손해보지 않기 위해 날을 세웠던 감각에 한층 가깝다. 그리고 그러한 민감성을 단지 생각만 하는 것이 아니라 디지털 역량을 활용해서 트렌딩하고 실제 영향을 미쳐서 원하는 결과를 이끌어내고야 만다는 점에서 기성세대와 완전히 다르다.

예를 들어 미담의 주인공으로 소개된 가게에 물건 주문을 독려해서 '돈쭐을 내'준다든지, 부당한 일에 SNS나 자신의 미디어를 통해 거리낌 없이 밝히고 그것이 기업이라면 불매 운동을 하는 식으로 적극적인 응징에 나선다. 그래서 **착한 소비의 신념에 대해서는 전 세대가 대체로 동의하지만, 실질적으로 실천하고 있다고 응답하는 세대는 베이비부머 세대와 X세대 순**으로 나온다. 착한 소비에 동의하느냐의 문제와 실질적으로 자신이 손해를 보더라도 혹은 돈을 더 써서라도 그런 소비를 실천하느냐의 문제는 다른 문제인 것이다.

| '해야 하는 것'이 아니라 '하고 싶은 것'을 바라보다 |

통계청에 따르면, 60세 이상 국민은 노후를 취미, 여행 활동 (67.7%)이나 소득 창출 활동(12.3%)으로 보내고 싶어 하는 것으로 나타났다. 취미와 여행에 대한 베이비부머 세대의 긍정은 은퇴 전후 시점에 와 있는 이들의 지향을 명확히 드러낸다.

베이비부머 세대는 해야 하는 일을 하며 살아온 시간을 뒤로하고 이제는 하고 싶은 일에 눈을 돌리고 있다. **다른 어떤 세대보다도 베이비부머 세대는 취미 활동이 인생을 다채롭고 즐겁게 만든다**고 응답한다. [그림 72]에서 나타나듯 여행이나 문화를 향유하는 취미 생활을 선호한다는 응답도 Z세대와 함께 가장 높은 수준이다.

한편 베이비부머 세대는 어떤 세대보다도 배움에 적극적이다. 살아오면서 변화에 적응해왔듯이 나이와 상관없이 새로운 것을 습득하기 위한 배움을 계속해야 한다는 생각에 베이비부머 세대의 동의도는 무려 82%다([그림 73]). 팬데믹을 계기로 베이비부머 세대의 디지털 역량이 대폭 증가한 것은 이런 성향과 관련이 깊은 것으로 보인다.

2023년 말 문화체육관광부가 한국문화관광연구원과 함께 발표한 '2023년 국민문화예술활동조사'에 따르면, 연령별 문화예술행사 직접 관람률 통계에서 60대 이상의 고연령층 관람률이 큰 폭으로 증가했다([그림 74]). 관람료 상승으로 부담을 느낀 20대와 30대는 각각 4.0%p, 4.7%p씩 하락한 반면 60대는 7.7%p, 70세 이상은

생업(공부)과 무관한 취미 활동을 갖는 것은 인생을 다채롭고 즐겁게 만든다

(단위: Top2%)

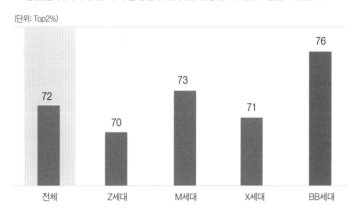

나는 여행이나 공연, 전시, 미술관 등 경험 및 문화를
누리는 취미 생활을 선호하는 편이다

(단위: Top2%)

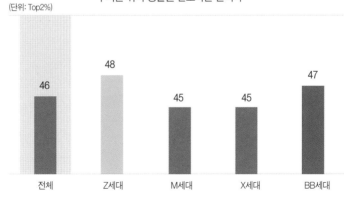

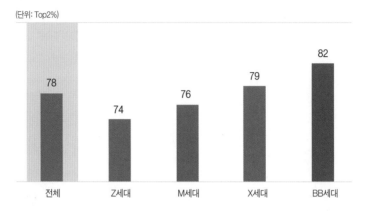

나는 나이와 상관없이 새로운 것을 습득하기 위한 배움을 계속해야 한다고 생각한다

(단위: Top2%)

전체	Z세대	M세대	X세대	BB세대
78	74	76	79	82

5.1%p 상승했다. 분야별로 세분해보면 60세 이상 고령층의 직접 관람률 증가는 대중문화·연예 관람에서 주로 찾아볼 수 있다. **최근 고령층의 덕질, 팬덤 문화가 화제가 되고 있는데 이것이 통계 수치에도 유의미한 변화로 나타난 것이다.**

마음의 나이는 몸의 나이에 비례하지 않는다. 더 중요하다고 여기는 다른 가치를 위해 절제할 수는 있지만, 나이를 먹는다고 해서 좋아하는 것이나 하고 싶은 것이 줄어들거나 사라지는 것은 아니다. 인생에서 해야 하는 것을 어느 정도 완수해낸 베이비부머 세대는 이제 하고 싶은 것을 향해 눈을 돌리고 있다. 여기에는 인터넷과 SNS 등을 통해 자신과 같은 관심사와 취향을 가진 사람들을 만날 수 있게 된 것이 큰 영향을 미쳤다.

베이비부머 세대의 디지털 역량 증가는 이들이 하고 싶은 일을

■ [그림 74] 연령별 문화예술행사 직접 관람률(%)과 2022년 대비 2023년 차이(%p)

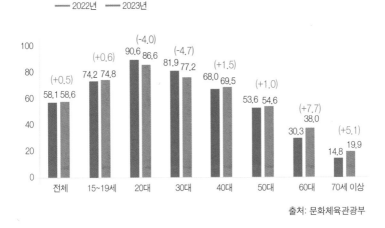

■ [그림 74] 연령별 문화예술행사 직접 관람률(%)과 2022년 대비 2023년 차이(%p)

출처: 문화체육관광부

좀 더 적극적으로 하기 위해 나서는 데 용기를 준 셈이다. 디지털 플랫폼과 콘텐츠 중심으로 이뤄지는 팬덤 문화에 베이비부머 세대가 큰손으로 떠오른 데도 다 이유가 있다.

| 팬덤 시장의 큰손, 임영웅 효켓팅에서 음원 스밍까지 |

우리나라에는 건드리면 안 되는 팬덤이 있다고 한다. 4위는 아이유 팬덤, 3위는 BTS 팬덤, 2위가 임영웅 팬덤, 1위는 송가인 팬덤이라고 한다. 한 익명 커뮤니티에서 우스개처럼 올라온 게시글에서 언급한 내용인데, 이는 마냥 우스개만은 아니다. 팬덤의 '화력'이란 응집력, 동원력, 자금력, 행동력 등을 아우르는 개념이다.

TV조선의 〈미스트롯〉과 〈미스터트롯〉은 그동안 잠들어 있던 골드 실버의 '덕력'를 촉발한 대표 프로그램이다. 닐슨미디어코리아의 '2012~2022년까지 연령별 동영상 콘텐츠 이용시간 변화'를 살펴보면, 2022년은 50~59세가 1위, 60~69세가 2위다. 실제로 OTT 플랫폼 '티빙'이 임영웅 콘서트를 생중계하자 일간 활성 사용자 수^{DAU}와 신규 설치 기기 수가 급증했다. 역대 티빙 라이브 생중계 가운데 가장 높은 유료 가입자 수를 기록하며 실시간 시청 점유율이 96%까지 치솟았다.

음원 이용량에서도 압도적이다. 한국문화관광연구원이 발표한 '2012~2022 모바일 음악 콘텐츠 이용 시간의 변화'에 따르면 2022년 50대의 음원 서비스 이용 시간은 19억 8,000만 분으로 아이돌 가수들의 주 수요층인 10대(10억 5,000만 분)의 거의 2배 수준

■ [그림 75] 연령별 동영상 콘텐츠 이용 시간 변화

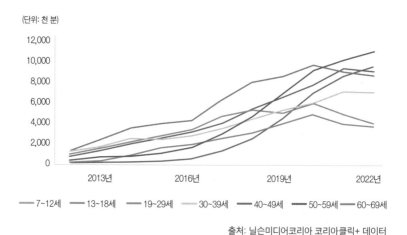

(단위: 천 분)

— 7~12세 — 13~18세 — 19~29세 — 30~39세 — 40~49세 — 50~59세 — 60~69세

출처: 닐슨미디어코리아 코리아클릭+ 데이터

으로 높았다. 2018년만 해도 10대가 10억 3,000만 분으로 50대(7억 2,000만 분)를 앞섰던 것과 대조적이다. 이런 변화는 임영웅을 비롯한 트롯 열풍을 빼놓고는 설명하기 어렵다.

음원과 동영상 콘텐츠 이용 시간이 이토록 어마어마하게 늘어나는 것은 '단순히 좋아서 많이 듣기 때문'만은 아니다. 음원 차트의 상위에 올려놓기 위한 팬들의 '스밍' 덕분이다. 스트리밍의 준말인 스밍은 덕질 용어 가운데 하나로 열성 팬들이 본인 휴대폰이나 PC, 안 쓰는 휴대폰이나 태블릿 혹은 중고나라나 당근에서 구한 중고 디바이스까지 끌어모아 여러 대를 공장처럼 음원 스트리밍용으로 돌려서 조회 수를 올려 음원 차트 순위를 높이는 행위를 말한다. 한 사람이 여러 기기를 돌리는 것이 불법은 아니니 이는 팬덤의 화력과 정성으로 만들어지는 결과다.

그래서 요즘은 가수들이 앨범을 내고 나면 초동 음반이 몇 장이나 팔렸는지, 멜론이나 지니뮤직 차트에 1위부터 모든 수록곡을 올려놓는 '차트 줄 세우기'를 얼마나 유지하는지, 콘서트나 투어 때 전석 매진이 얼마나 빨리 되는지 등이 아티스트의 인기 나아가 팬덤의 화력을 입증하는 지표가 되고 있다. '건드리면 안 될 정도로' 강력한 팬덤의 위력이란 이런 데서 유감없이 발휘된다. 그런 관점에서 가수 임영웅의 팬덤 화력은 가히 위력적이다.

그러한 위력을 바탕으로 임영웅의 음원은 BTS나 블랙핑크가 이름을 올리던 빌보드 글로벌 차트에도 11주 연속 진입하는 진기록을 세웠다. 글로벌 스트리밍 플랫폼 스포티파이의 2023년 최다 스트리밍 앨범 역시 임영웅의 'IM HERO'라고 한다. 국내뿐 아니라 굴지의 해외 차트에 진입했다는 점도 대단하지만, 베이비부머 세대 중심으로 구성된 팬덤의 디지털 서포트 활동이 아이돌 팬덤을 앞지르는 것을 결과로 증명했다는 점은 눈여겨볼 만하다.

임영웅이 광고 모델로 활동하고 있는 브랜드들은 대체로 드라마틱한 매출 상승을 경험한다. 팬들은 합심해서 그가 광고하는 물건을 사고 먹고 선물한다. 본죽의 공식 유튜브 채널에 공개된 CF 영상 조회 수는 2,000만 뷰를 넘겼고, TS샴푸는 임영웅을 모델로 발탁한 뒤 진행한 홈쇼핑 방송에서 40분 만에 15억 원의 매출을 올리기도 했다.

광고 제품뿐 아니라 임영웅이 갔던 곳, 언급한 곳은 모두 성지순례 장소가 된다. 임영웅이 2021년 〈마량에 가고 싶다〉고 노래했더니 전라남도 강진군 마량면의 까막섬과 고금대교 등 관광지와 일대 숙박·식당 매출이 30% 급증했다고 한다. 임영웅이 맛있다고 극찬한 부산광역시 꼬막비빔밥집, 경상남도 거창군 미당식당도 그렇다. 임영웅이 방문한 영국과 아일랜드, 프랑스 등 유럽을 묶은 '임영웅 해외 성지순례' 여행 상품까지 나왔다. 한 경제지는 이렇게 베이비부머 세대를 소비의 최전선으로 끌어낸 임영웅이 파생한 경제 효과를 일컬어 '히어로노믹스'라는 신조어를 만들기도 했다.

요즘은 집집마다 임영웅을 비롯해 〈미스터트롯〉 출신 가수들을 덕질하는 부모나 조부모에 대한 에피소드가 하나씩은 있는 듯하다. 전국 투어를 하는 최애 가수의 모든 공연과 전 회차 관람을 위해 전국을 돌고 있는 어머니 이야기라든가 명절에 내려갔더니 음식을 싸주던 예전과 달리 홈쇼핑으로 왕창 구매해둔 TS샴푸를 안겨준 할머니 이야기라든가. 이런 이야기의 끝은 보통 부모 혹은 조부모가 좋아하는 것에 몰입하는 것이 좋아 보인다는 얘기로 귀결된다.

그래서 자녀들은 어른들의 덕질을 돕기 위해 '피켓팅', 즉 '피의 티켓팅'에 대리 참전하곤 한다. 콘서트 티켓팅은 정해진 날짜와 정해진 시간에 엄청난 사람들이 한꺼번에 접속해서 경쟁적으로 구매하는 방식이므로 좋은 자리는커녕 티켓을 잡는 것 자체가 어렵다. 임영웅과 송가인 등 트로트 가수의 공연에 중년을 넘어 고령층이 다수를 차지하지만, 인터파크 같은 티켓 예매 사이트가 제공하는 티켓 구매자 연령 통계에서는 50~60대가 높게 나오는 경우는 거의 없다.

2023년 연말부터 2024년 연초에 걸쳐 예정된 임영웅 콘서트의

■ **[그림 76] 2022 임영웅 콘서트 현장**

출처: 저자 촬영

예매자 통계를 보면, 평균적으로 성별 비율은 남자 3, 여자 7 비율에 30대가 30%대, 20대가 20%대로 절반 이상이 20~30대였다. 피켓팅이 곧 효켓팅이라는 점이 통계로 입증되는 셈이다.

운 좋게 초대권을 받아서 올림픽체조경기장에서 개최된 임영웅 콘서트를 관람한 적이 있다. 콘서트장 입구부터 가수의 상징 컬러인 하늘색 티셔츠와 수건 등을 온몸에 두르고 응원봉을 들고 있는 팬들이 잠실종합운동장 전체를 뒤덮었다. 이들은 기획사가 판매하는 오피셜 굿즈를 구매하고 팬들끼리 만들어온 비공굿(비공식 굿즈)을 나눠주기도 하고, 지치지 말라며 피로회복제와 초콜릿, 사탕 등 간식을 서로 나누기도 한다. 임영웅 콘서트에 온 이상 우리는 모두 하나라는 의미가 담긴 은근한 미소와 눈짓은 덤이다.

관객의 연령 범위가 넓은 점도 인상적이었다. 최소 연령은 입장 가능한 최소 연령인 8세, 최고 연령은 90대인데 102세 관객이 최고 기록이었다고 한다. 한편 고령의 관람객이 많은 점을 고려해 아티스트 쪽에서도 냉난방이 갖춰진 쉼터를 만들고, 간이화장실을 설치하는가 하면 대기 시간을 지루하지 않게 해줄 이벤트 부스를 운영하는 등 여느 공연과는 사뭇 다른 배려 깊은 서비스로 팬들뿐 아니라 커뮤니티와 언론에까지 알려지며 화제가 됐다.

2000년대 초 일본 중년 여성들의 욘사마 열풍에 대해 처음 듣고 의아한 생각이 들었을 때와 비교하면 무려 20여 년 이상 지난 덕분이겠으나 확실히 우리 사회의 '덕질'에 대한 인식, 나아가 '나잇값'에 대한 생각은 변했다. 덕질이나 팬덤에 대한 인식은 최근 2~3년 내

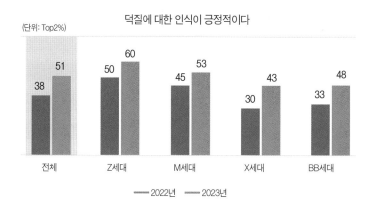

덕질에 대한 인식이 긍정적이다

(단위: Top2%)

	전체	Z세대	M세대	X세대	BB세대
2022년	38	50	45	30	33
2023년	51	60	53	43	48

━ 2022년　━ 2023년

획기적으로 개선된 편이다.

　'덕질'에 대한 긍정적 인식 정도를 물었을 때 2022년 대비 2023년의 결과는 평균적으로 10%p 이상 상승했으며, 베이비부머 세대의 긍정률은 33%에서 48%로 증가 폭이 가장 컸다([그림 77]). 이제 나이와 관계없이 좋아하는 것을 추구하는 것은 멋지고 건강한 일로 간주하고 있다는 얘기다. 인구 규모와 자산 규모가 가장 큰 세대인 베이비부머가 덕질과 취미 소비에 한층 관대해지면서 팬덤 비즈니스는 베이비부머를 포함한 한국인의 소비에서 빼놓을 수 없는 요인이 됐다.

한국인의 소비 동기와
지속될 씨앗들

이제는 변화가
상수다

| 화무십일홍, 영원한 것은 없다 |

화무십일홍, 열흘 붉은 꽃이 없듯 번영의 정점에 도달한 것이라도 결국은 쇠퇴한다는 고전적인 비유다. 수제 맥주부터 골프, 온라인 서비스까지 큰 인기를 얻더라도 오래가지를 않는다. 숏폼 콘텐츠에서 배속 시청까지 콘텐츠 소비뿐 아니라 상품과 서비스에 관심을 두는 기간도 점점 줄어든다.

각 세대의 욕망과 불안, 기술 발전을 필두로 한 시대의 변화가 씨줄과 날줄처럼 교차하면서 이토록 세상은 바쁘게 바뀌고 변하고 달라지고 있다. 문제는 그 주기가 빨라도 너무 빠르다는 것이다.

3년을 못 간 수제 맥주 트렌드

2019년 노 재팬 운동과 주세 제도 변화에 따라 급부상한 수제 맥주는 2020년 코로나19로 집에 갇힌 사람들 사이에 생겨났던 혼술, 홈술 트렌드에 의해 탄력을 받아 급성장했다. 일본 맥주가 힘을 잃은 상태에서 편의점의 '4캔 1만 원' 프로모션에 수제 맥주가 포함되면서 인기는 더욱 높아졌다. 당시 제주맥주와 곰표맥주는 수제 맥주 시장의 상징적 스타 상품이었다.

그러나 수제 맥주의 인기는 채 3년을 넘기지 못하고 와인, 위스키, 하이볼에 그 자리를 내줬다. 편의점 업계에 따르면, 2019년 이후 매년 200%대를 기록했던 수제 맥주 매출 증가율은 2022년 60%대로 하락하더니 2023년에는 증가세가 거의 멈추다시피 했다. 수제 맥주 호황기에 '수제 맥주 상장 1호'로 뜨거운 관심을 모으며

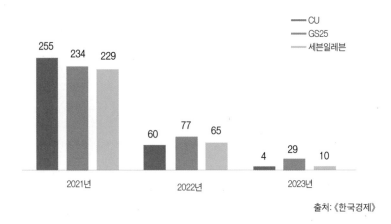

■ [그림 1] 2021~2023년 편의점 3사 수제 맥주 매출 증가율(전년 대비 %)

출처: 《한국경제》

상장했던 제주맥주(상장일은 2021년 5월 26일) 주가는 시장이 침체기에 접어들며 연일 하락세를 보이다 2023년 10월에는 1,000원 이하로 떨어져버렸다.

짧은 유행, 급격한 하락

팬데믹 기간에 대면 거리나 참여 인원의 밀도가 낮은 프라이빗한 스포츠로 젊은 세대를 중심으로 대폭 성장했던 골프는 최근 한풀 꺾인 모습이다. 한국레저산업연구소에 따르면, 2021년 국내 골프 인구는 약 564만 명으로 2018년 470만 명에서 100만 명 가까이 증가했었다고 한다.

2022년 하반기 고금리 움직임이 가시화되고 해외여행의 빗장이 풀리면서 한창 유입되던 젊은 라이트 유저Light User의 신규 진입은 급격히 둔화된 모양새다. 하늘길이 열리자 해외 골프 패키지가 금세 매진되는 현상을 보면 골프는 여전히 인기 있는 스포츠이고 골프를 즐기는 코어 유저들은 유지되고 있지만, 3高(고금리, 고환율, 고물가) 앞에 당장 소비 여력이 줄어든 라이트 유저들인 '골린이'들이 이탈하고 있기 때문이다.

한번 필드에 나가서 골프를 치려면 인당 수십만 원의 그린피에 캐디 팁, 골프용품과 의류도 갖춰야 하고 함께 먹고 마시는 비용도 있으니 호기심으로 갓 입문한 젊은 골린이는 감당하기가 쉽지 않았을 것이다. 그래서 2022년 말부터 2023년 상반기까지 당근마켓에는 골프용품과 의류를 정리하려는 판매글이 다수 올라왔고, 같은 기

■ [그림 2] 2023년 상반기 롯데백화점 상품군 매출 증가율(전년 동기 대비 %)

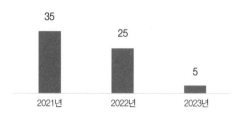

간 롯데백화점 골프 상품군 매출 증가율 역시 전년 동기 대비 둔화하는 양상이었다.

한편, 팬데믹 기간 중 유동성이 넘치면서 유행했던 오마카세와 파인다이닝 등 럭셔리 식문화에도 변화가 생겼다. 오마카세(お任せ)는 원래 스시집에서 그날의 신선한 식재료와 셰프의 의도에 따라 모든 걸 셰프에게 믿고 맡기겠다는 의미다. 이것이 인기를 끌면서 스시에만 국한되었던 오마카세가 한우, 디저트 등으로 확장을 한 것이 유행의 첫 단계였고, 나중에는 오마카세라기보다는 메뉴가 정해진 코스 요리나 세트 메뉴에 오마카세, 파인다이닝이라는 이름이 마구 사용되기 시작했다. 그렇게 유행을 하더니 이제는 소비 여력 감소와 함께 트렌드도 꺾이는 모양새다.

온라인 서비스 분야에서는 단기간에 큰 인기를 얻었다가 빠르게 사그라드는 현상을 자주 목격할 수 있다. 2023년 초, 20~30대의 소셜 놀이터라고도 불리며 큰 화제를 모았던 앱 '본디'는 아바타를

■ [그림 3] 오마카세 언급 추이

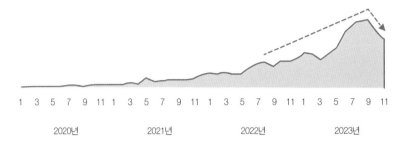

	1 3 5 7 9 11	1 3 5 7 9 11	1 3 5 7 9 11	1 3 5 7 9 11
	2020년	2021년	2022년	2023년

만들어 친구들과 소통할 수 있는 메타버스 메신저로 잠시 인기를 끌었으나 이내 관심이 급격히 줄어들었다. 그해 7월 메타(페이스북)가 출시한 텍스트 기반 SNS '스레드'도 출시 5일 만에 1억 명의 가입자를 모으며 주목을 받았지만, 이후 10일 만에 이탈률 70%를 보이며 롤러코스터 같은 추세를 탔다.

수혜 업종과 피해 업종의 반전

반면에 사람들의 관심이나 수요가 줄어서가 아니라 상황이 바뀌어서 판도가 바뀌는 일도 있다. 팬데믹 같은 특이점으로 인해 비대면 업종은 수혜 업종으로 대폭 성장을 했고 대면과 오프라인 업종은 피해 업종으로 역성장을 많이 했다. 그러나 경제규모가 절대적으로 성장한 것은 아니므로 피해 업종에서 빠진 돈이 수혜 업종으로 이동했을 뿐이었다.

엔데믹 이후에는 반대 양상이 나타난다. 코로나19 기간 동안 크게 성장한 온라인 클래스, 배달 앱도 빠르게 성장한 만큼 빠르게 위기를 맞이하고 있다. 온라인 클래스의 대표주자 '클래스101'과 '탈잉'은 엔데믹 이후 온라인 교육 시장이 위축되자 경영 위기에 직면했고, 비즈니스 모델 전환과 글로벌 확장을 통해 수익성 확보에 고군분투하고 있다.

배달 앱 또한 2022년까지는 여러 지방자치단체와 기업이 배달 앱을 론칭할 만큼 인기가 있었으나 1년이 채 지나지 않아 서비스 지속에 어려움을 겪거나 이용자 수가 급감했다. 초창기에 지방자치단체마다 경쟁하듯이 도입하며 한때 30개 넘게 운영되던 공공 배달 앱가운데 현재까지 살아남은 곳은 10개 내외에 불과하다.

2022년 신한은행에서 새롭게 론칭했던 배달 앱의 상황도 다르지 않다. 모바일인덱스에 따르면, 신한은행 배달 앱 '땡겨요'의 월간 활성 이용자 수[1]는 2022년 5월 10만 명에서 불과했지만 1년 만인 2023년 5월에는 72만 명으로 급증했다가 11월 MAU는 37만 명으로 감소해 정점이었던 5월 대비 49% 감소했다. 불과 6개월 만의 일이다.

---

1 특정 앱이나 서비스를 한 달 동안 사용한 고유 사용자 수를 나타내는 지표다. 해당 앱이나 서비스가 얼마나 많은 사용자를 유지하고 있으며, 그들이 얼마나 자주 서비스를 이용하는지를 보여준다.

| 무너지는 경계, 질서의 붕괴와 재편 |

코로나19는 사람들의 소비 심리나 행동, 인간관계, 직업관 등 여러 곳에 일종의 상흔 같은 것을 남겨서 소비 생활에 근본적인 변화를 일으키고 있는 것처럼 보인다. 가정의 달이나 복날, 김장, 명절, 연말 등 전통적인 쇼핑 시즌에도 유통업체나 식당에 예견된 매출 상승의 호재가 나타나지 않는 등 우리가 익히 알던 소비 패턴에도 변화의 균열이 나타나고 있다.

이러한 소비 패턴의 변화 혹은 소비자의 이동은 브랜드가 대응해야만 하는 과제다. 어떤 제품을 경험한 후 새로운 종목이나 더 나은 프리미엄 품목으로의 빠른 이동은 기업에 롤러코스터 같은 일시적 호황과 급격한 하락을 경험하게 한다. 더 깊이 있고 다양한 체험을 원하는 **소비자의 지출은 한곳에 오래 머무는 대신 빠르게 이동한다.** 바야흐로 가변성의 시대다.

편의점에서 장을 보는 사람들

최근 편의점의 거침없는 변신이 눈에 띈다. 편의점은 점포 수도 많고 거주 공간이나 직장 등 트래픽이 존재하는 곳 어디에든 촘촘하게 들어서 있다. 그런 편의점의 상품 구색이 확장되더니 급기야 장을 보는 곳으로 변하고 있다. 처음에는 젊은 세대, 1인 가구들을 위해 주말 먹거리의 장을 볼 수 있는 정도로 삼겹살이나 일부 채소 등을 갖추더니 이제는 본격적으로 나서고 있는 참이다.

대형 마트가 최초로 등장한 것이 25년쯤 전인데, 이후 오래지 않아 장보기는 주말에 온 가족이 대형 마트에 가서 1~2주쯤 먹고 쓸거리를 가득 쟁여오는 도시인의 라이프스타일로 보편화됐다. 그러나 팬데믹을 계기로 **신선식품 장보기 영역에도 이커머스가 빠르게 침투하면서 20여 년 이상 지속된 대형 마트 중심의 장보기 행태는 이미 변화 중이다.**

대홍기획의 라이프스타일 조사에서도 무려 전체 응답자 기준 44%, 상위 5% 고소득자와 트렌드를 선도하는 트렌드세터 집단은 55%가 온라인 몰에서 장을 본다고 응답했다. 장보기와 관련해 또 하나 재미있는 결과는 당일 혹은 짧은 기간 필요한 만큼만 장을 본다는 응답(53%)이 대량으로 사서 쟁여 둔다는 응답(34%)보다 더 높았다. 편의점에서 장을 본다면 쟁여 두기는 어렵다. 확실히 30년 가까이 유지되던 장보기 패턴에 변화가 나타나고 있는 것이다.

한편 2022년 말부터 서서히 재택근무나 탄력근무가 감소하고 출퇴근이 늘면서 직장가 부근 식당가는 활기를 띨 것으로 예상했다. 그러나 고물가로 인한 런치플레이션에 점심 한 끼를 저렴하게 해결하려고 사람들이 몰린 곳은 편의점이었다. 편의점은 도시락과 간편한 먹거리의 높은 팔림새에 힙 입어 동네 식당의 역할을 겸하기 시작했다.

거기에 중고 거래와 현물 교환이 활발한 젊은 세대들에게 편의점 반값 택배는 편의점의 트래픽을 높여주는 효자 서비스다. 반값택배가 덕질 물품 교환이나 굿즈 거래에 자주 활용되다 보니 엔터테인먼트 기획사와 협약을 맺고 음반 초판 발매까지도 편의점에서 하는 사례가 생겨났다. 한편 편의점 앱을 통해 와인과 위스키 등 주류 픽업 예약을 하는 것은 안정적으로 자리 잡은 서비스다.

이처럼 편의점은 생활에 필요한 것이라면 없는 것 빼고 다 있는 곳, 리테일 올라운더로 자리를 잡아가고 있다. 그 결과 산업통상자원부가 2023년 11월 발간한 『2023년 상반기 주요 유통업체 매출 동향』에 따르면, 유통 업계 전체 매출 가운데 편의점은 16.6%로 대형마트(13.3%)를 따돌리고 백화점 매출 비중(17.6%)을 단 1%p 차로 턱밑까지 추격해 충격을 안겼다.

이제 편의점은 올라운더를 넘어서 지역별 인구 특성에 따른 수요와 필요에 따라 특화 매장이나 특화 상품을 차별적으로 가져가면서 지역 밀착 생활 종합 플랫폼으로 변모하고 있다.

마트다움을 버려야 할 때

편의점이 마트의 영역이던 장보기를 침범하고, 사람들이 대량으로 쟁이는 게 아니라 근처에서 가볍게 사 오는 식으로 장보기 패턴을 바꾸면서 대형 마트가 가장 곤란해졌다. 대형 유통업체들은 식품은 물론 비식품, 가전, 가구까지 구색을 갖춘 대형 마트와 근린 상권에서 신선식품과 가공식품, 생활용품의 일부 구색을 취급하는 동네 슈퍼마켓SSM, 신선식품을 제외하고 말 그대로 접근성과 신속성이 필요한 품목 중심으로 대응하는 편의점CVS 업태를 구분해서 운영해왔다.

그러나 편의점이 장보기뿐 아니라 주류 전문점, 동네 식당, 굿즈 판매, 택배 서비스까지 아우르는 생활 종합 플랫폼이 되는 사이 사업을 접네 마네 했던 SSM은 오히려 근린 장보기 채널로 살아나기 시작했지만, 대형 마트는 이커머스와 근린 채널 사이에 끼어 입지가 애매해졌다. 대형 마트에 가야만 할 TPO나 이유가 모호해진 것이다.

대형 마트 역시 성과가 낮은 매장 일부는 폐점하고, 백화점이 그렇듯이 집객을 위해 다양한 시도를 하는 중이다. 점포 리뉴얼을 통해 전반적인 매대 구성과 인테리어를 바꾸고 사람들의 발길을 끌만한 테넌트와 펫, 세탁소, 병원, 약국, 차량 등 사람들이 자주 올 수밖에 없는 생활 서비스를 보강하는 등 개선 작업을 진행하고 있다. 한편 제품 구색이나 가격 면에서 온라인을 결코 이기기 어려운 비식료품 영역은 줄이고 마트 고유의 강점인 신선식품과 그로서리를 강화하는 것이 대부분 대형 마트 업체의 공통 전략이다.

롯데마트 역시 유사한 전략을 구사하고 있지만 괄목할 만한 성과를 거둔 전략은 따로 있었다. 일찌감치 마트사업부와 슈퍼사업부 수장을 단일 대표로 일원화하고, 마트 업계에서 처음으로 대형 마트와 슈퍼마켓이라는 포맷 구분에서 벗어나 상품 소싱 업무와 상품 코드를 통합하면서 업무 효율과 수익성까지 개선하는 데 성공했다. 이를 본 이마트에서도 대형 마트인 이마트, SSM인 이마트에브리데이, 편의점인 이마트24까지 단일 대표로 일원화하고 겉으로 드러나는 부분만이 아닌 상품 소싱 등의 통합 작업에 속도를 내고 있다.

결국 기존 업태 고유의 형태나 역할에 대한 고정관념에서 벗어나 경계 없는 연상과 창의적인 연결을 시도하지 않으면 의미 있는 변화와 성과를 거두기는 어렵다. 편의점이 그런 것처럼 더는 어떤 특정 업태만의 고유한 영역이란 없다. 쿠팡은 직매입, PB^{Private Brand}(일반 제조사 브랜드), 로켓배송으로 유통업과 브랜드, 유통업과 물류업의 경계를 없앴다. 제조업체도 자사몰을 만들어서 자사 제품과 일부 소싱 제품을 취급하는 D2C[2] 전략을 구사하고 있다.

이처럼 제조업과 유통업 간의 경계가 사라졌고, 유통업에서는 온라인과 오프라인의 경계가 사라졌으며, 나아가 유통업과 물류업 경계도 사라졌다. 기존 업태의 고유성이나 역할을 벗어나지 않은 채 문제를 해결하려는 것은 똑같은 시도를 하면서 다른 결과가 나오기를 바라는 것과 같다.

TV를 떠나는 홈쇼핑

시대의 변화로 경계가 무너지는 업종이라고 하면 TV 홈쇼핑 또한 빼놓기 어렵다. 홈쇼핑은 팬데믹 기간 중 집콕 영향으로 반짝 호실적을 뒤로하고 TV 시청률 저하와 높은 송출 수수료 사이에 끼여 사면초가에 놓였다. 주요 홈쇼핑 회사들은 모두 이전 대비 부진한 실적을 거뒀다.

관건은 TV 매출 의존도라고 보고 업계는 유통 과정을 간소화할

2　중간 유통업체나 중개업체를 거치지 않고, 제조사나 브랜드가 소비자에게 제품이나 서비스를 직접 판매하는 비즈니스 모델을 가리킨다.

수 있는 자체 PB 강화, 모바일 라이브 커머스 등 신규 판로 구축, 콘텐츠 마케팅을 통한 고객 관계 강화 등에 나서고 있다. CJENM 커머스부문CJ온스타일은 'TV홈쇼핑'이라는 수식어 자체를 거부하고 주력 플랫폼의 무게중심을 TV에서 모바일로 빠르게 전환, '멀티 플랫폼 기업'으로 거듭나겠다는 포부를 밝혔다.

이 같은 노력은 장기적인 방향 설정에 불과할 뿐 안정적인 매출을 확보하는 데는 상당한 시간이 필요하며 아직은 요원하다. 모바일 환경, 라이브커머스 등 새로운 판로에 뛰어들곤 있지만, 소비자에게는 인플루언서의 1인 커머스나 숙련된 쇼호스트의 라이브커머스나 그저 비슷한 콘텐츠일 뿐 친근함이나 선망성은 스스로 선택한 인플루언서 쪽이 더 나을지 모른다.

그런 연유로 인플루언서의 1인 커머스도 급성장 중이다. 홈쇼핑 전성기 시절 스타가 된 쇼호스트들은 홈쇼핑을 떠나 단독 채널을 개설하고 스스로 인플루언서로 나서 더 높은 성과를 거두기도 한다. 이렇다 보니 업계 체질 개선의 속도보다 모바일, 온라인 등 미디어 환경의 변화가 더 빨라서 낭패라는 얘기가 나올 정도다.

1995년 첫 홈쇼핑 방송을 시작한 이래, 한때는 1시간에 수십억 원의 매출을 올렸다는 얘기도 들려왔지만, 지금은 홈쇼핑 중심으로 유통 전략을 전개해왔던 제조사들 역시 새로운 판로를 탐색하느라 분주하다. 과거의 영광이나 기존 업태 및 업종에 얽매이지 않는 과감하고 창의적인 대책이 필요한 상황이지만 쉽지는 않다. 누군가 잘못해서가 아니라 시대의 변화가 낳은 결과이기 때문이다.

온라인으로 간 화장품 방문판매

시대의 변화가 느껴지는 또 하나의 사례는 화장품 방문판매의 무대가 온라인으로 옮겨갔다는 점이다. 현재 청장년층에게 '아모레 아줌마'는 추억의 이름이다. 방문판매 아줌마가 집에 와서 엄마나 이웃 엄마에게 마사지해준다거나 샘플을 나눠주면서 영업을 했던 기억이 있는 사람들이 많을 것이다.

그런 방문판매가 팬데믹을 거쳐 관련 법률이 개정되면서 디지털 영업으로 확장될 수 있게 됐다. 1964년 아모레퍼시픽(당시 태평양화학공업)이 처음 방문판매 사업을 시작한 이후 60년 만이다. 아모레퍼시픽의 카운셀러 온라인 판매망인 '에딧샵' 얘기다.

에딧샵은 에딧샵에서 활동하는 이를 가리키는 에디터A-ditor가 직접 선별한 상품과 취향이 담긴 콘텐츠를 올리면 소비자가 해당 에디터의 고유한 인터넷주소URL로 접속해 에딧샵에서 구매하는 방식이다. 기존 방문판매는 대면 방식이라 방문판매원에게 직접 구매가 가능했지만, 온라인으로 판매 채널이 이동하면서 이 같은 방식을 도입한 것이다.

에디터가 자신이 선별한 브랜드와 상품 라인업을 통해 고객 특성에 맞는 상품 포트폴리오를 직접 운영할 수 있고, 콘텐츠를 통해 영업망을 늘릴 수도 있다. 이처럼 영업 방식이 획기적으로 달라지다 보니 MZ세대 젊은 카운셀러 유입을 겨냥하고 있다고 한다. 마사지와 샘플로 인적 영업을 했던 추억의 아모레 방문판매 아줌마가 디지털 채널로 영업하는 젊은 아모레 에디터로 거듭나는 셈이다.

50여 년 만에 성별 기준을 허문 패션 회사

패션과 뷰티 업계에 젠더리스, 젠더 플루이드[3] 트렌드가 도래하고 있다는 이야기는 나온 지 오래됐지만, 실질적으로 체감할 만한 변화는 크지 않았다. 그런데 앞으로는 좀 더 실질적이고 가시적인 변화가 일어날지 모른다. 최근 현대백화점 패션사업부의 파격적인 조직 개편 얘기다. 50여 년 만에 남성패션팀과 여성패션팀을 폐지하고 브랜드 성격에 따라 팀을 나눴다는 것이다. **젊은 세대가 추구하는 패션 스타일이 성별에 따라 나뉘지 않는다는 판단이 변화의 이유라고 한다.**

이는 글로벌 백화점 업계에서도 흔치 않은 일이며, 국내 백화점 업계에서는 최초다. 매장 구성도 백화점은 남성층과 여성층을 나누는 것이 지금까지의 보편이었지만, 현대백화점은 한 브랜드의 남성 라인과 여성 라인을 한곳에 선보이는 복합관을 확대할 계획이라고 한다.

자신을 꾸미는 데 적극적인 남성 그루밍족의 증가를 근거로 **패션과 뷰티 업계에서는 성장 정체를 타개하기 위해 나머지 절반의 시장인 남성 타깃에 눈을 돌리는 경향이 두드러진다.** 여성들의 요가복이나 운동복을 주로 내놓던 애슬레저 패션 기업 안다르와 젝시믹스 등은 남성 카테고리를 내놓으면서 영업 이익이 크게 상승했고 CJ올

---

3 패션 관점에서 젠더리스(gender-less)는 성별을 기반으로 한 디자인이나 스타일의 구분을 피하며, 모든 사람이 입을 수 있는 보편적이고 중성적인 옷차림을 의미한다. 젠더 플루이드(gender-fluid)는 어느 한 성별에 국한되지 않고, 다양한 성별의 특성을 혼합하거나 전환하는 유연한 스타일을 의미한다.

리브영은 20~30대 남성 고객 데이터 분석을 기반으로 남성 타깃 마케팅에 주력하고 있다.

한편, 온라인 라이프스타일과 여성 패션 중심 편집숍 29CM는 최근 오프라인 공간인 '이구성수'에 처음으로 남성 패션 중심의 팝업 전시 '맨즈포뮬라'를 전개했다. 대내외적 변수 증가로 기존에 하던 방식으로는 지속 성장을 꾀할 수 없으므로 업종을 막론하고 경계를 넘나들고 허물고 확장하는 움직임이 나타나면서, 가장 공고했던 젠더 영역에도 비로소 변화가 가시화되는 모양새다.

| 합종연횡, 살아남을 수만 있다면 |

이런 시대에 대응하기 위해 전에 본 적 없던 융복합과 연합의 사례들이 나타나고 있다. 코로나19 시기에 활성화됐던 **브랜드 컬래버레이션과 제휴 사례를 넘어서는 생각지도 못했던 합종연횡의 사례들**이다.

옷을 파는데 커피도 팝니다

디올이나 구찌가 한시적으로 디저트 카페나 레스토랑을 열어 화제가 된 적이 있다. 상품을 판매하기 위한 매장이 아니라 브랜딩 목적으로 아예 별도 F&B 매장을 운영한 것이다. 그런데 최근에는 상품을 판매하는 매장에 카페를 결합하는 패션 브랜드가 늘고 있다.

■ [그림 4] 카페 키츠네 매장

출처: 삼성물산 패션부문

삼성물산의 패션부문은 2018년부터 서울 강남구 가로수길에 위치한 메종키츠네 플래그십스토어에 '카페 키츠네'를 오픈해 운영 중이다. 카페 키츠네는 파리와 도쿄에 이어 국내에 문을 열면서 해외 관광객들까지 찾는 명소가 됐다.

글로벌 패션 브랜드 마시모두띠는 서울 최대 규모 매장인 여의도 IFC몰을 리뉴얼하며 국내 최초로 '마시모두띠 카페'를 선보였다. 프랑스 패션 브랜드 세인트제임스도 전 세계 최초로 부산 빌라쥬 드 아난티에 카페형 매장 '세인트제임스 & 카페'를 오픈했다. 세인트제임스는 의류 매대 옆에 마련된 카페에서 세인트제임스의 시그니처 디자인인 스트라이프로 꾸며진 음료와 디저트 등을 판매하고 있다. 화장품 브랜드 아이소이는 차 브랜드 '티퍼런스'를 운영하며 서울 익선동에 아트갤러리 티카페 '티퍼런스 서울' 복합문화공간을 열었다.

[그림 5] 세인트제임스 & 카페 외관

출처: 아난티 앳 부산 빌라쥬 홈페이지

패션·뷰티 업계가 기존의 주력 사업 분야를 벗어나 식음료 사업을 선보이는 배경은 이미지 제고뿐 아니라 SNS상에서 화제가 되며 방문객 집객 효과, 실제 매출 상승에도 영향을 주고 있기 때문이다. 원래 패션 매장은 의류에 음식 냄새가 배서 음식물을 엄격하게 금지하는 업종 가운데 하나였지만 고객 유인과 집객 목적 앞에는 장사가 없었던 셈이다. 유사한 맥락으로 백화점에서도 층마다 카페를 넣고 있다. 마찬가지로 해당 층에서의 체류 시간을 늘리기 위함이다.

팔리기만 한다면 적진이라도 간다

팬데믹으로 제한되고 있던 해외여행이 증가하고 고물가가 이어지면서 명품 소비가 감소하자 백화점은 물론 발란, 트렌비, 머스트잇 등 온라인 명품 플랫폼도 비상이 걸렸다. 코로나19 기간 중 넉넉한 투자금을 바탕으로 광고 시장에서도 큰손으로 등극했었지만, 경기 둔화와 명품 매출 증가세 둔화 앞에 광고비를 줄이고 생존 방안을 모색하기 시작했다.[4]

머스트잇과 트렌비는 종합몰과 적극적인 제휴에 나섰다. 당장 자사 플랫폼의 트래픽이 떨어지니 제휴를 통해 '고객들이 많이 다니는 길목'에 상품을 갖다 놓기 위한 목적이다. 전문관을 육성하고자 하는 종합몰 입장에서도 명품은 소싱 루트나 정품 감정의 노하우가 필요한 영역이니 제휴의 이점이 있다. CJ온스타일이 먼저 머스트잇에 투자하고 지분을 확보하는 형식으로 제휴에 나섰다.

캐치패션도 SSG닷컴, G마켓, 옥션과 손잡고 그 안에 공식 스토어를 오픈했다. 엄밀히 말하면 원래 적진이었던 곳에 숍인숍을 차리고 들어간 셈이다. 현재로서는 제휴의 이점이 크다지만 결국에는 명품 노하우를 빼앗기거나 자생력을 잃을 수도 있는 위험이 있음에도 지금 살아남기 위해 이를 감수하는 것이다.

한편 SSG닷컴의 여성 패션 플랫폼 W컨셉이 네이버쇼핑의 패션 플랫폼 '패션타운' 내 '소호 & 스트릿관'에 브랜드관을 열어 놀라움을 자아냈다. 네이버쇼핑에서 제품을 검색하면 해당 품목을 판매하는 다른 패션 플랫폼으로 연결해주는 방식은 예전부터 있었지만, 특정 패션 플랫폼이 별도의 브랜드관을 네이버쇼핑 내에 개설한 것은 이례적이라는 시각이 많다. 연간 거래액이 2022년 기준 4,600억

---

4 「잘나가던 명품 브랜드, 백화점서도 안 팔린다」, 《아주경제》, 2023년 7월 30일.

원 규모에 자체 앱까지 갖춘 패션 플랫폼사가 매출의 일정 부분을 수수료로 떼줘야 하는 다른 회사의 패션 플랫폼에 브랜드관을 낸다는 것은 이전에는 거의 없었던 사례다.

W컨셉은 전문몰로서 W컨셉을 콕 집어 찾아온 고객들이 중심이었지만 검색 기반으로 고객층을 보다 확대하기 위해 네이버쇼핑이라는 경쟁사 플랫폼에 입점[5]했다. W컨셉은 '버티컬한 콘셉트'로 인기를 끌었던 플랫폼이다. 그러나 **성장을 지속하기 위해 고객층을 확대하는 것이 더 중요한 과제가 된 것으로 보인다. 관건은 지속 성장이다.**

컬리, CU로 가다

2023년 12월 CU는 서울 도곡동 'CU 타워팰리스점'을 'CU 컬리 특화 편의점'으로 재개장했다.[6] 국내에서 이커머스가 오프라인 채널과 손잡고 정규 매장을 연 것은 처음이다. CU는 컬리를 통해 온라인 영향력 확장을 노리고 있다. 컬리는 강점인 PB 상품의 판매 채널을 오프라인으로 넓히는 것이 목적이다.

이곳에서는 컬리 PB 상품 110여 종을 판매한다. Kurly's(컬리스), KF365(컬리프레시365), KS365(컬리세이프365) 등이 대표적이다. 가격은 컬리 앱과 같다. 컬리의 새벽 배송 서비스인 샛별배송을 통해 물

---

5 「W컨셉, 라이벌 네이버쇼핑 간 이유는」, 《한국경제》, 2023년 12월 19일.
6 「컬리와 CU의 이유있는 '보랏빛 동거'」, 《Biz Watch》, 2024년 1월 10일.

건이 들어온다. 컬리와 CU의 모바일 앱 연동 서비스도 눈여겨볼 점이다. CU 타워팰리스점은 컬리 특화 매장인 동시에 '주류 특화 매장'이다. 포켓CU의 모바일 주류 예약 구매 서비스인 'CU BAR'를 컬리 앱에 도입했다. 포켓CU 앱은 물론이고 컬리 앱에 접속해도 CU BAR를 이용할 수 있다.

컬리가 내세우는 '컬리 PB'의 경쟁력은 높은 품질과 합리적인 가격이다. 현재 컬리는 PB 강화를 공격적으로 추진하고 있다. 컬리 PB는 서울 강남구 등 컬리를 자주 쓰는 사람만 쓴다는 것이 한계였다. 편의점은 컬리의 이런 부족한 부분을 채워줄 수 있다. 편의점은 소비자 접근성이 뛰어난 곳이다. 도심과 지방 등 전국권으로 매장이 촘촘히 뻗어 있다.

CU 입장에서도 손해 볼 것은 없다. 컬리 PB는 '킬러 콘텐츠'가 될 수 있다. 이는 GS25, 세븐일레븐 등 경쟁사들이 갖지 못한 CU만의 확실한 차별화 포인트다. **부족한 부분이 있을 때 예전에는 스스로 만들고 키우려고 했다면 이제는 서로 윈윈할 수 있는 상대를 찾아 제휴하고 연합하는 쪽이 낫다는 생각이 지배적이다.** 급변하는 상황에서 **처음부터 만들고 키우는 사이 골든 타임을 놓칠 수 있다. 이제는 좋은 상품과 좋은 서비스 이상으로 타이밍이 중요하다.**

| 쇼핑, 목적과 발견으로 양분되다 |

요즘 쇼핑은 목적형 쇼핑과 발견형 쇼핑으로 나뉜다. 목적형 쇼핑은 사야 할 것이 명확하고 미리 정해져 있는 쇼핑이다. 품목이 명확하니 속도와 효율이 핵심이다. 검색과 스크롤로 원하는 물건을 빠르게 찾고, 편리하게 비교하고, 신속하게 받아보는 것이 가장 중요하다. 따라서 이 영역은 대체로 이커머스가 거의 완벽하게 커버하는 중이다. 목적을 달성하기 위한 쇼핑에는 많은 선택지가 필요치 않다. 이커머스는 배송에 승부를 걸었던 쿠팡과 검색을 장악한 네이버가 천하를 양분해가는 모양새다.

발견형 쇼핑은 요즘 가장 트렌디한 여흥 가운데 하나다. 특별한 목적 없이 매장을 둘러보다가 마음에 드는 것을 우연히 발견하는 과정 자체가 즐거움이어야 한다. 이런 숙명적 과제를 안고 있는 최전방의 업태 가운데 하나가 백화점이다. 백화점 업계는 2022년 리오프닝과 명품 매출 신장에 힘입어 사상 최대 매출을 기록했으나 2023년 들어 다시 위기 상황에 직면했다.

백화점 산업은 확대 성장의 역사를 뒤로하고 저성장 구조 속에서 점차 경쟁력을 상실하고 있다. 이를 타개하기 위해 롯데, 신세계, 현대 등 주요 백화점들은 **'집객'을 위한 테마파크형 매장, 체험형 콘텐츠, 가변적 구성에 집중하고 있다.**

대홍기획의 조사 결과에 따르면, 트렌드세터의 78%는 쇼핑은 물론 즐길 거리와 먹거리를 갖춘 복합 공간에 가는 것을 즐기는 편이

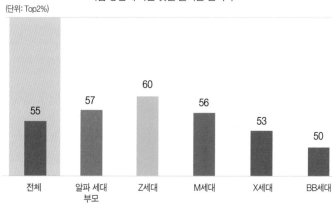

나는 쇼핑은 물론 즐길거리와 먹거리를 갖춘
복합 공간에 가는 것을 즐기는 편이다

(단위: Top2%)

	55	57	60	56	53	50
	전체	알파 세대 부모	Z세대	M세대	X세대	BB세대

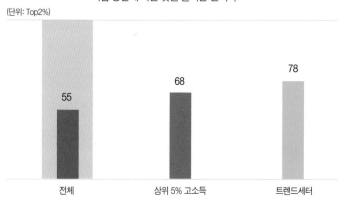

나는 쇼핑은 물론 즐길거리와 먹거리를 갖춘
복합 공간에 가는 것을 즐기는 편이다

(단위: Top2%)

	55	68	78
	전체	상위 5% 고소득	트렌드세터

라고 응답했다. 세대별로는 Z세대가 가장 높고 그다음이 밀레니얼 세대다. 그러한 복합 공간의 대표 격인 여의도 더현대서울은 체험형 매장, 색다른 브랜드 구성, 수많은 팝업스토어를 내세우며 MZ세대 '성지'로 자리 잡았다고들 하는데, 조사 결과에서 복합몰에 긍정적인 세대들이 누구인지 살펴보면 더현대서울의 MZ집객을 위한 마케팅은 충분히 효과적이었던 셈이다. 그 결과, 개점 후 30개월 만에 누적 방문객 1억 명을 돌파하고 33개월 만에 연 매출 1조 원을 달성하는 신기록을 세웠다.[7] 이는 국내 백화점 가운데 최단 기간이다.

산책하는 리테일, 다이소와 올리브영

하지만 모든 리테일 공간이 더현대서울처럼 될 수는 없고 그럴 필요도 없다. 발견형 쇼핑이 꼭 대단한 공간적 경험과 엔터테인먼트적 요소의 구성을 의미하는 것은 아니기 때문이다.

그런 면에서 주목할 만한 오프라인 리테일이 있다면 역시 다이소와 올리브영이다. 두 업체는 나란히 연 매출 3조 원을 바라보고 있다. 다이소는 'MZ들의 놀이터'로 떠오르더니 불황을 맞아 날개를 달았고, 올리브영은 H&B 시장을 평정했다.

그런데 다이소와 올리브영을 소셜데이터로 살펴보면, 재미있는 공통점이 있다. '구경하다', '털다', '산책하다' 등이 공통의 연관어로 나타나고 있다. 목적 없이 구경하다가 나도 모르게 이것저것 털어오

---

7 2021년 2월 26일 개점일 기준, 더현대서울은 2023년 8월 25일 누적 방문객 수 1억 명, 12월 2일 연매출액 (1월 1일~12월 2일) 1조 원을 달성했다.

게 되는 곳이라는 얘기다. 그중에서도 '산책하다'라는 서술어가 공통으로 나왔다는 것은 두 리테일 매장이 소비자들에게 어떤 장소로 인식되고 있는지 가장 명확하게 알게 해준다.

우선 무언가가 필요해서 가는 곳은 아니다. 무언가 멋진 것을 보고 와야겠다거나 즐기고 와야겠다고 작정하고 가는 곳도 아니다. 일정과 일정 사이 짧은 시간에도 가볍게 산책하듯 들르고 가벼운 주머니 사정에도 기분 좋게 무언가를 사서 나올 수 있는 가격대도 포

■ [그림 7] 다이소 & 올리브영 공통 연관어

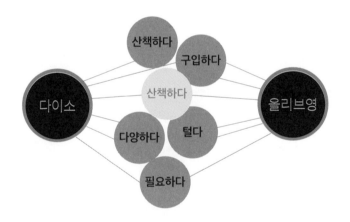

💬 산책의 꽃 다이소 쇼핑

💬 아침에 좀 밍기적거리다가
산책겸 다이소랑 올영좀 들리고
병원가는 중

💬 산책겸다이소...우혜
요즘 우짜다보니 맨날 다이소 가네
구경하고 필요한거 사서 오자 우혜혜

💬 올영으로 산책갔다가
오늘도 일억쓰고 온 사람
나야나

💬 오늘 올리브영 산책에서 건진 것:
도밍고 꿀홍차랑 꿀민트차
아니 이거 밀크티 맛있다거

💬 내 친구 취미가 올리브영 산책 ㅋㅋㅋ

인트다.

트위터리안 리파부(@rifabooo)는 이 모든 의미를 함축한 '다이소-하다'라는 말을 만들었다. 그가 설명하는 이 말의 의미는 "뭔가 사고 싶지만, 딱히 떠오르는 것은 없으며, 돈은 쓰고 싶지만 무리해서 큰돈은 쓰고 싶지 않은 상태"라고 한다. 많은 트위터리안이 공감을 표시했고 이 말은 언론에 소개되기도 했다. 결국 발견형 쇼핑을 만족하는 오프라인 리테일의 조건이란 목적 없이 '산책하듯 둘러보다 발견하는 기쁨을 주는' 것이 핵심이다.

비슷한 맥락에서 요즘 데이트 코스에는 맛집, 카페, 때로는 술만이 아니라 '소품샵'이 낀다고 한다. 행리단길 소품샵, 연남동 소품샵, 성수동 소품샵 등 핫 플레이스의 지역 검색 연관어에 '~소품샵'이 상위권에 랭크된다는 것은 산책하듯 둘러보다가 발견하는 기쁨을 누리는 발견형 쇼핑이 비단 대형 복합몰에 국한되는 것이 아님을 다시 한번 증명한다.

종합몰은 버티컬로, 전문몰은 종합몰로

발견형 쇼핑의 공간은 원래 온라인이었다. 온라인 쇼핑 초창기만해도 사람들은 지역과 시간의 제약을 초월해 하염없이 쇼핑몰 웹페이지를 유영하면서 필요한 것 같기도 한 아이템을 골라 일단 장바구니에 넣었다. 그러나 이제 온라인 몰이란 정확히 내가 원하는 물건을 빨리 사는 곳, 효율성이 가장 중요한 곳이 됐다.

종합몰들이 점차 전문관 중심의 버티컬몰 체제를 갖추는 이유는 온라인 쇼핑이 목적형 쇼핑의 수단으로 전환됐기 때문이다. 다만 온라인 쇼핑의 경우 내 입맛에 맞는 곳을 한번 설정하면 잘 옮기지 않거나(베이비부머 세대와 X세대, 밀레니얼 세대 전반생), 아니면 매번 더 좋은 조건을 찾아 검색해대거나(Z세대 특성) 하다 보니 전반적으로 쿠팡과 네이버가 양분하고 있는 구도를 흔들기는 쉽지 않은 형국이다.

반대로 전문몰들은 종합몰처럼 상품 구색을 확대하고 있다. 대표적으로 무신사는 스트릿 패션 브랜드 전문 이커머스였지만, 베이직 아이템 중심의 PB인 '무신사 스탠다드'를 직접 론칭하더니 '라이프' 카테고리를 확장해 필름카메라, TV, 식기세척기 등 전자제품은 물론 홈인테리어, 침구 등 리빙에 도서, 음반, 티켓도 판매하기 시작했다.

무신사에 자주 오는 고객들의 특성을 데이터를 통해 파악하고 있으니, 이들의 '라이프스타일'에 맞는 상품이라면 뭐든 취급한다는 콘셉트다. 무신사가 취급하는 공연 티켓은 록 페스티벌, 러닝 페스티벌 등 무신사 주 고객들과 결이 맞아 보이는 것들이다.

무신사 외에도 최근 패션, 뷰티 중심의 버티컬 플랫폼들이 일상·문화와 관련된 상품으로 판매를 확대하고 있다. 무신사는 2021년 29CM 인수를 시작으로 라이프스타일 카테고리 확장에 본격적으로 나서고 있다. 라이프스타일이라는 모호하지만 명확한 콘셉트를 활용해서 타깃의 일상, 문화적 취향과 밀접한 상품이라면 무엇이든 입점시킨다는 전략이다.

CJ올리브영도 CJ ENM의 자회사로부터 라이프스타일 커머스 플랫폼 '디플롯'을 인수, 리뉴얼해 선보였다. 기존 헬스앤뷰티[H&B] 사업을 넘어 가구, 인테리어 소품, 주방 소품에 주류까지 판매 품목도 다변화했다. 용도를 나눠 여기서는 이것을 팔고 저기서는 저것을 파는 것이 아니라 좀 된다 싶은 곳에 팔 수 있는 것은 다 팔겠다는 뜻과 다르지 않다. 앞서 언급한 편의점의 변신 역시 일단 트래픽이 나오니 그것을 가지고 팔 수 있는 것은 다 팔아보겠다는 의미다.

결국 쿠팡과 네이버가 이커머스의 본질적 요소인 신속한 배송과 상품 구색(검색)으로 목적형 쇼핑을 커버해버린 까닭에 종합몰은 명품, 뷰티, 패션, 키즈 등 전문관(버티컬 몰) 체제를 가미해 원하는 물건을 찾기에 더 편리한 환경을 조성하려는 것이다. 그리고 전문몰은 이미 확보한 충성 고객들을 자산으로 이들이 현재 누리고 있거나 지향하는 라이프스타일과 유관한 모든 상품을 한 플랫폼 내에서 발견하고 구매할 수 있도록 해 객단가와 고객 생애 가치[LTV][8]를 늘리려는 것이다.

그러나 조금씩 질서를 찾아가던 이커머스 시장에 테무나 알리익스프레스 등 중국 이커머스 회사가 지나치게 저렴한 가격으로 도전장을 내밀면서 시장은 다시 한번 격동하고 있다. 일찍이 아마존 창업자 제프 베이조스가 리테일의 본질을 가격[price]과 편의성[convenience] 그리고 상품 구색[selection]이라 언급한 적이 있는데, 쿠팡과 네이버,

---

8 고객이 기업과의 관계를 유지하는 동안에 기업에 가져다주는 예상 수익의 총합을 의미한다. 고객 생애 가치를 계산함으로써 기업은 특정 고객 또는 고객 그룹이 장기적으로 얼마나 가치 있는지를 평가할 수 있다.

중국 이커머스가 그 본질적 요소들을 모두 장악해버린 상황이다. 이에 따라 향후 이커머스 시장은 한 번 더 격랑과 재편의 시기를 겪을 것으로 보인다.

세대별 욕망의 총합,
한국인은 지금 무엇을 원하는가?

| 한국인의 소비, 지속적 생명력을 가질 비즈니스 레마 6가지 |

소비 행동이 일어나는 현장, 리테일의 변화는 이토록 숨가쁘다. 우선 기술이 변했고 상황이 변했고 생존을 위해 분투하다 보니 사람도 변했다. 시대의 변화와 세대별 욕망이 상호 반응한 결과다. **적응할 틈 없이 빠른 변화, 업종과 업태 간 경계의 붕괴, 영원한 동맹도 라이벌도 없는 합종연횡이 나타난다. 생존, 나아가 지속 성장을 위한 분투의 결과다.** 지속 성장은 기업과 브랜드의 영원한 꿈이지만, 점점 더 쉽지 않은 환경이 돼간다.

그래서 영원한 것이 없다고는 하지만 전 세대를 아우르는 움직임을 살펴봄으로써 한국인의 소비에서 한동안 생명력을 가질 주요한 테마를 몇 가지 선정하고 그 흐름과 방향을 들여다보려고 한다. 메가 트렌드가 없는 것이 이 시대의 특징이라는 점은 대홍기획을 비롯해 여러 기관이 지적한 바 있지만, 세부적인 전술적 차원의 트렌드가 아닌 보다 큰 차원의 테마로 보면 몇 가지 잡히는 지점들이 존재한다.

우선 소비자들의 일상과 밀착된 소셜빅데이터를 통해서 최근 5년간의 소비 관련 키워드 변화로 성장과 상승의 기류를 타고 있는 라이프 시그널[9] 키워드를 확인했다. 그리고 앞에서 살펴보았듯이 15~64세 소비자 2,000명을 대상으로 진행한 정량 조사 결과를 바탕으로 한국인의 소비를 관통하는 소비 동기 7가지를 도출했다. 이를 라이프 시그널과 결합해 지금 활성화되고 있고, 향후 지속될 동력이 남은 것으로 보이는 비즈니스 테마 6가지를 도출했다. 여기서 지속될 동력이라 함은, 한국인이 거기에 시간과 돈을 소비할 가능성을 의미한다.

지속 성장할 비즈니스 테마 6가지는 [그림 8], [그림 9]와 같은 과정을 통해 도출했다. 더 많은 키워드와 데이터에 대한 고려가 이면에 있지만 지면 관계상 간략히 소개한다. 그러면 도출한 비즈니스 테마 6가지를 하나씩 살펴보도록 한다.

---

9 대홍기획이 데이터를 통해 발견한 소비와 라이프스타일의 변화 신호(signal)로 볼 만한 키워드를 가리킨다.

■ [그림 8] 5개년 소비 키워드 변화

2019년		2020년		2021년		2022년		2023년	
1	여행	1	여행	1	여행	1	여행	1	여행
2	운동	2	운동	2	운동	2	운동	2	운동
3	할인	3	할인	3	할인	3	콘서트	3	콘서트
4	다이어트	4	배달	4	캐릭터	4	할인	4	시장
5	콘서트	5	굿즈	5	굿즈	5	캐릭터	5	굿즈
6	휴가	6	집밥	6	콘텐츠	6	굿즈	6	할인
7	인테리어	7	캠핑	7	배달	7	배달	7	물가
8	캐릭터	8	디저트	8	디저트	8	관리	8	관리
9	디저트	9	명품	9	캠핑	9	디저트	9	덕질
10	시장	10	배달	10	부동산	10	시장	10	가성비
11	배달	11	비대면	11	습관	11	모임	11	AI
12	프리미엄	12	부동산	12	덕질	12	가성비	12	제로 NEW
13	덕질	13	덕질	13	시장	13	물가	13	팝업스토어
14	집밥	14	가성비	14	가성비	14	덕질	14	회식
...		...		...		...		...	
34	직거래	34	거리두기	34	음주	34	회식	34	음주
35	핫플레이스	35	콘텐츠	35	페이	35	NFT	35	반려 NEW
36	소확행	36	직거래	36	비대면	36	팬덤	36	콘텐츠
37	관광	37	재택	37	콜라보	37	핫플	37	부동산
38	음주	38	직구	38	친환경	38	회식	38	핫플
39	외식	39	면역	39	면역	39	메타버스	39	오운완 NEW
40	부동산	40	오픈런	40	비건	40	페이	40	무지출 NEW

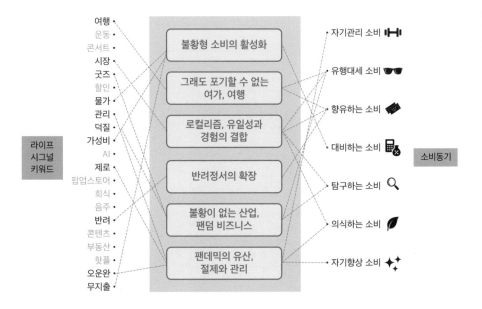

■ [그림 9] 지속 성장할 비즈니스 테마 6가지

라이프
시그널
키워드

여행
운동
콘서트
시장
굿즈
할인
물가
관리
덕질
가성비
AI
제로
팝업스토어
회식
음주
반려
콘텐츠
부동산
핫플
오운완
무지출

불황형 소비의 활성화

그래도 포기할 수 없는 여가, 여행

로컬리즘, 유일성과 경험의 결합

반려정서의 확장

불황이 없는 산업, 팬덤 비즈니스

팬데믹의 유산, 절제와 관리

자기관리 소비

유행대세 소비

향유하는 소비

대비하는 소비

탐구하는 소비

의식하는 소비

자기향상 소비

소비동기

(1) 불황형 소비의 활성화

전 세대를 관통하는 소비 동기 가운데 현재 가장 활성화돼 있는 소비 동기는 대비하는 소비다. 다른 동기들과 달리 **소비자들의 내면적 이유가 아니라 경제 변수라는 외부적 요인에 의해 활성화되는 유일한 소비 동기다.** 따라서 외부 요인의 변화에 따라 얼마든지 강도는 달라질 수 있다.

경제 불황과 저성장 국면은 당분간 혹은 그 이상 지속될 것으로 보이며, 사실 1998년 외환위기 이후 사람들은 부침 없이 지속되는 호황기를 그다지 경험해본 적이 없다. 대부분 좋았으면 다시 곤두박

소비 동기

향유하는 소비 의식 있는 소비 자기 향상 소비 자기 관리 소비 탐구하는 소비 유행대세 소비 대비하는 소비

라이프 시그널 키워드

| 주요 키워드 언급 추이(최근 5년) | 주요 연관어

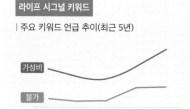

가성비
물가

2019 2020 2021 2022 2023

부동산 **리퍼브** 금리 퀄리티
PB상품 코인
대출 **짠테크 쿨가** 저축 투자 할인
경제 **중고** 앱테크 적금 초특가 대용량
가성비 가격 **거지방** 인플레이션
소비기록 현금 **무지출**

질치고 바닥을 치면 소폭 올라오는 식의 회복을 경험하면서 대다수 사람들에게는 **미래를 낙관하지 않는 심리가 심지가 깊은 돌부리처럼 자리를 잡았다.** 그러면 '대비하는 소비'가 활성화된 결과 나타난 현상과 사례들을 살펴보자.

'양극성 소비'의 보편화

'편향 소비'는 불황기 소비의 특징이다. 돈이 넘칠 때야 원하는 곳에 다 쓰면 되겠지만, 적어지면 '효율의 감각'이 끼어든다. 돈이 부족하니 기본만 쓰면 될 것과 그래도 비싸고 좋은 것을 장만해야 할 것을 구분하는 감각 말이다.

이는 가성비를 따지는 태도나 '가치 소비'와는 다르다. 가성비를

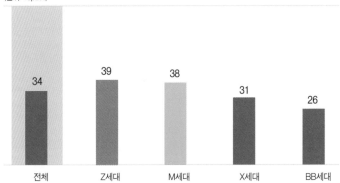

특별하거나 비싼 것으로 장만하거나 누리기 위해 다른
지출을 대폭 줄이는 것은 현명한 소비라고 생각한다

(단위: Top2%)

전체	Z세대	M세대	X세대	BB세대
34	39	38	31	26

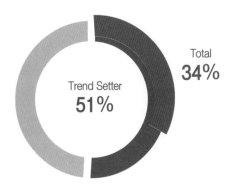

Q. 내가 원하는 것을 장만하거나 누리기 위해
다른 지출을 대폭 줄이는 것은 현명한 소비라고 생각한다(Top2%)

Trend Setter
51%

Total
34%

따진다는 것은 지불 가격 대비 성능이나 품질을 극대화하기 위해 탐색의 노력을 기울이는 것을 말하고, '가치 소비'는 원래 가성비와 가심비 등 본인 기준에 가치 있다고 생각하는 곳에 소비하는 행위를 의미했지만 이제는 친환경, 사회적 책임 등 자신의 신념과 부합하는 곳에 소비함으로써 자신의 정체성이나 사회적 메시지를 드러내는 행위로까지 그 의미가 확장됐다.

그런데 여기서 말하는 **편향 소비는 보편적으로 가성비를 따지는 태도나 가치관을 소비에 투영하는 태도와는 구별되는 것으로, 가용 금액을 효율적으로 소비하기 위한 방편으로 자신의 만족감을 극대화하는 데 방점이 있다.** 대표적인 것이 만성적인 저성장 국면에 접어들면서 소비 여력이 부족한 젊은 세대를 중심으로 극단적 절약과 극단적 '플렉스'[10]를 동시에 하는 사례다.

조사 결과에 따르면 이러한 양극성 소비에 대해서는, 연령이 낮을수록 긍정 인식이 높고, 일반 소비자보다는 트렌드세터 집단에서 현명한 소비로 인식하는 경향이 강한 편이다([그림 10]).

수년 전부터 한 끼에 1인당 30만 원이 훌쩍 넘는 오마카세, 한 그릇에 10만 원을 훌쩍 넘는 호텔 빙수가 순식간에 예약 마감이 될 정도로 인기를 끌었다. 밀레니얼 세대가 다분히 주도한 이 트렌드는

---

10 플렉스(Flex)는 사전적으로 '구부리다', '몸을 풀다'라는 뜻이지만 1990년대 미국 힙합 문화에서 래퍼들이 부나 귀중품을 뽐내는 모습에서 유래돼 젊은 층을 중심으로 '(부나 귀중품을) 과시하다, 뽐내다'라는 뜻으로 쓰이고 있다. 우리나라에서는 2019년 래퍼 염따가 출연한 힙합 서바이벌 프로그램 〈쇼미더머니 8〉에서 "플렉스 해버렸지 뭐야"라고 이야기하며 각종 값비싼 물건을 자랑하기 시작했고, 이후 인터넷 커뮤니티를 통해 '값비싼 물건을 구매한 후 자랑하고 뽐내다'라는 의미 혹은 '(물건을) 질러버렸다'는 의미로 쓰이기 시작했다.

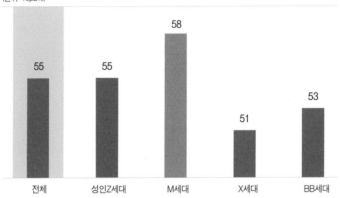

호화롭고 고급스러운 공간이나 제품, 서비스도 경험해보는 것이 필요하다

(단위: Top2%)

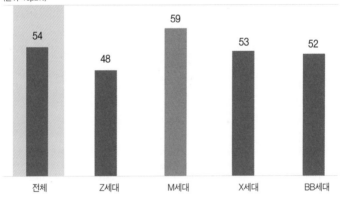

나는 최근 소비지출을 줄이기 위해 노력 중이다

(단위: Top2%)

이미 많은 부를 축적했거나 앞으로 많은 부를 축적할 것으로 예상해 생겨난 것은 아니다. 이들에게 한 번쯤 '플렉스'는 충분히 합리적이며 심지어 필요한 일로 간주된다. 대홍기획의 라이프스타일 조사에서 '호화롭고 고급스러운 공간이나 제품, 서비스도 경험해보는 것이 필요하다'라는 질문에 전체의 54%, 밀레니얼 세대의 58%가 긍정적으로 응답했다. '한 번쯤' 호캉스를 가고 '한 번쯤' 오마카세를 즐기고 '한 번쯤' 호텔 망고 빙수를 먹는 것쯤은 망설이지 않고 기꺼이 즐겁게 소비한다는 의미다.

그런데 고금리가 가시화된 2022년 말부터 고물가가 피부로 와닿기 시작한 2023년이 되면서 사뭇 분위기가 달라졌다. 카카오톡 오픈 채팅방에는 1,000명 이상의 신원을 모르는 사용자들이 모여 서로의 소비를 평가하며 절약을 독려하는 '거지방'이 우후죽순 생겨난 것이다. 물론 '드립과 해학의 민족'답게 거지방은 일종의 유희라고 볼 수 있지만 애초에 이런 방이 왜 생겼는지 생각해본다면 명백히 상황은 달라진 것이다.

어째서 극단적 절약과 극단적 플렉스를 하는 것일까? 모든 것을 적당히 절약하거나 적당히 플렉스하는 것은 안 될까? **이는 현재의 젊은 세대가 이전 세대보다 훨씬 다양한 욕망의 선택지에 노출되고 있는 데서 기인하는 현상이다.** 예전에는 계층별 소비의 모습을 서로 엿보는 것이 쉽지 않거나 아예 접할 수가 없었다. 하지만 지금은 다르다.

이제는 개인의 욕망이 존중받는 것은 당연할 뿐 아니라 고시원에

살더라도 당장 돈을 내기만 한다면 상류층의 소비인들 흉내 내지 못할 것이 없는 세상이다. 결국 저성장 시대에는 **가용 금액의 전체 파이는 달라지지 않는데 개인의 만족감이라는 모호한 기준에 의해 돈이 옮겨 다니는 형국**이 된다. 그래서 경쟁은 더 심화하고, 하루아침에 급부상하거나 아니면 급락하는 등 종잡을 수 없는 격변이 반복되는 이유가 여기에 있다.

중고 거래, 리퍼브 마켓의 부상

코로나19가 갓 발생한 2020년 8월경만 해도 중고 거래나 중고 물건에 대한 수용도는 30% 언저리에 불과했다. 앞서가는 소비 행동을 보여주는 트렌드세터 집단의 긍정 인식도 50%를 채 넘지 않았다. 당근마켓의 MAU가 급상승하던 시점이었지만 팬데믹 초기였기 때문에 침투율이 높지 않았던 것이다.

그러나 팬데믹 3년을 거치면서 중고거래에 대한 인식과 경험률은 완전히 달라졌다. 중고상품 구입에 대한 트렌드세터의 긍정 인식은 80%를 넘고, 상위 5% 고소득자조차 전체 평균 대비 높은 긍정 인식을 가진 것으로 나타난다.

코로나19 이전의 중고 거래에 관한 관심은 대체로 의류이고 목적은 지속 가능성에 있었다. SPA 브랜드, 즉 패스트패션의 환경적 해악에 관심이 고조되고 있었기 때문이다. 이런 분위기를 타고 미국에서는 온라인 유통업체 '스레드업ThredUP'을 필두로 중고 의류 시장이 성장하던 참이었다. 중고 의류는 경제적일 뿐 아니라 의식 있는

중고 거래는 다양한 상품을 보다 경제적으로 경험해 볼 수 있는 효율적 생활 방식이다

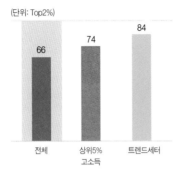

중고 상품 구입은 새 상품을 구입하는 것보다 환경에 부담을 덜 주는 착한 소비라고 생각한다

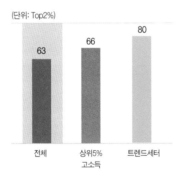

중고 상품을 구입하여 사용하는 것은 실속 있고 현명한 소비라고 생각한다

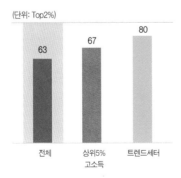

소비 태도를 과시할 수 있는 방법이었다.

그러나 팬데믹 이후 중고 거래의 부상은 지속 가능성에 대한 지향을 일부 포함하지만, 다소 결이 다르다. 당근마켓이 한창 주가를 올릴 때는 집에만 있다 보니 중고로 내다 팔 것만 눈에 보였다든가 이런 우스개도 있었지만, **현재 중고나 재고, 반품 상품 거래 시장이 커지는 것은 고물가로 인한 실속형 소비의 일상화가 절대적이다. 이것은 소득 수준과는 관계가 없다.**

[그림 12]의 설문 결과에서 상위 5% 고소득자조차 60~70% 수준의 동의도를 보이며 중고 거래를 긍정적으로 인식하고 있는 점이 이를 방증한다. 소득 수준과 관계없이 필요 없는 물건은 손쉽게 내다 팔고, 꼭 새것으로 장만하지 않아도 되는 물건 또는 단종되거나 희소성이 있는 물건은 중고 장터에서 시세를 따져서 구매하는 중고 거래가 보편적 소비 방식으로 자리 잡은 것이다.

이런 경향은 중고 거래에 적극적인 젊은 세대에게서 두드러질 뿐 아니라 아직 초등생인 알파 세대에게서도 찾아볼 수 있다. 대홍기획 라이프스타일 조사에 따르면, 알파 세대 부모의 30%는 초등생인 자녀가 최근 1년 이내에 중고 물건을 사거나 판매해본 적이 있다고 응답했다. 또 42%는 알파 세대인 자녀가 중고 물건을 쓰는 데 거부감이 없는 편이라고 응답했다.

이런 트렌드에 따라 중고거래는 당근마켓, 중고나라, 번개장터 등 전문 플랫폼만이 아니라 백화점, 아울렛의 정식 매장을 차지하기에 이르렀다. 신세계사이먼은 파주 프리미엄 아울렛에 재고 쇼핑몰 '리씽크Re:think'를 입점시켰다. 리씽크는 전 세계에서 매입한 재고와 리퍼 상품에 새로운 가치를 부여하고 소비자에게 합리적인 가격으로 재판매하는 유통업체다.

이에 앞서 현대백화점은 백화점 업계 최초로 신촌점 유플렉스 4층 전체를 중고품 전문관 '세컨드 부티크'로 리뉴얼했다. 더현대서울에 중고 거래 플랫폼인 번개장터의 오프라인 콘셉트 스토어 '브그스트 랩'을 오픈하고 다양한 이벤트를 선보이기도 했다. 롯데백화점은 2022년 연말 국내 대표 한정판 거래 플랫폼인 '크림'의 오프라인 공간을 잠실 롯데월드몰에 오픈하기도 했다.

이런 경향은 이커머스 업계에도 나타나는데, 쿠팡은 2023년 3월 반품 제품 전문관 '반품마켓'을 오픈했다. 쿠팡 모바일 앱에서 이용 가능한 반품마켓은 쿠팡에서 판매됐다가 반품된 상품을 회사가 직접 검수해 다시 판매하는 코너다. 가구 업계에도 예외가 아니어서 현대리바트는 2023년 상반기 전문 설치기사가 직접 가구 해체부터 배송·설치까지 원스톱으로 제공하는 중고가구 거래 전문 플랫폼 '오구가구' 서비스를 선보였다.

신세계까사도 17개 아울렛 매장에서 중고·리퍼브 가구를 판매하고 있으며, 이케아코리아도 2020년부터 고객이 사용하던 이케아 가구를 매입해 재판매하는 '바이백 서비스'를 운영하고 있다. 현대자동차가 법률 개정과 더불어 중고차 시장에 진입하는 것도 크게 보면 비슷한 맥락이다.

이처럼 중고 거래는 일반적 유통업의 반열에 올라왔을 뿐 아니라 중고 거래가 빈번한 업종에서는 아예 제조사가 직접 주관하려는 경향이 나타나고 있다. 중고 거래로 인해 자사 외부에서 발생하는 돈의 흐름을 자사 내부로 끌어오는 것은 물론이고 자사 중고 상품의 퀄리티까지도 통제해 고객 관계를 관리하거나 시장의 투명성을 재고하려는 의도도 있다.

KB증권에 따르면, 2008년 4조 원에 그쳤던 국내 중고 거래 시장 규모는 2021년 기준 24조 원으로 커졌고 2023년 기준으로는 30조 원을 넘길 것이라고 한다. **지속 가능성에 대한 우려와 저성장 국면은 앞으로도 계속될 문제이므로 중고 시장 규모는 지속 확대될 전망이다.**

PB 전성시대

고금리가 피부에 와닿기 시작한 2022년 7월에 소비자 심리지수가 급락했다. 2023년 1월에는 첫 달부터 소비자물가가 전년 동기 대비 5.2% 올랐다. 전쟁, 이상기후로 인한 원자재 가격 상승, 고금리 장기화로 2023년 연중 식품과 외식 물가가 상승했다. 소비 심리가 급격히 위축되면서 상대적으로 저렴한 PB 제품의 인기가 크게 치솟았다.

PB는 유통업체가 자체적으로 개발해 자기 브랜드를 붙여 판매하는 상품을 말한다. 대표적으로 코스트코의 '커클랜드', 이마트의 '노브랜드'와 '피코크', 롯데마트의 '요리하다'나 '오늘좋은' 같은 브랜드를 들 수 있다. **불황기에 PB가 각광 받는 것은 자체 상품이므로 중간 유통 마진을 아껴서 더 저렴하게 판매할 수 있기 때문이다.**

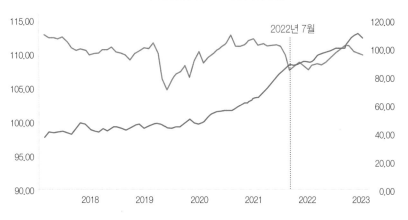

그러나 가격 경쟁력뿐 아니라 자체 브랜드 파워가 커지게 되면 고객 유입이나 고객 충성도 향상까지 바라볼 수 있다. 그런 연유로 대형 마트 중심으로 PB를 육성하는 움직임이 있더니 최근에는 편의점과 이커머스 업계까지 확장되고 있다.

1990년대 말 처음으로 유통업체의 PB가 등장했을 때만 해도 PB는 저렴하지만, NB^{National Brand}(일반 제조사 브랜드) 대비 품질은 떨어진다는 인식이 있었다. 그런데 최근 유통업체들이 내놓고 있는 PB 전략의 특징은 유통 마진이나 가격 경쟁력 강화에만 초점이 있는 것이 아니다. PB임에도 세분화된 마케팅과 차별화 전략을 내세운다. PB는 태생 자체가 유통 과정의 간소화를 통한 가격 경쟁력 강화에 목적이 있는 것인데 말이다. 이유는 이커머스와의 경쟁에서 뒤지지 않기 위함에 있다.

점포도 운영해야 하고 점원도 고용해야 하며 매장 재고에도 한계가 있는 오프라인 유통업체가 이커머스를 이기는 일은 쉽지 않다. 게다가 소비자들도 오프라인보다는 온라인이 더 싸다고 인식하면서 이커머스로 향하고 있으므로, 소비자들을 붙잡기 위해 고품질 PB로 가격 경쟁력은 물론 품질로도 승부를 봐야 하는 상황이다. 그런 까닭에 PB가 프리미엄 라인을 론칭하거나 NB 못지않은 고급화, 프리미엄화에 공을 들이는 사례가 나타난다. 물론 PB는 마진을 낮추는 대신 많이 팔아서 규모의 경제를 실현해야 수익성이 확보되는 만큼 양적 규모를 충분히 키우지 못한다면 PB를 고급화하느라 원가율을 높이는 것은 어리석은 일이다.

어쨌든 지갑이 얇아진 소비자들은 PB에 먼저 손을 뻗고 있다. 2015년 탄생한 이마트 PB브랜드 '노브랜드'는 2023년 역대 최대 매출(약 1.5조 원)을 기록했다. 롯데마트는 가공식품과 일상용품 중심의 '오늘좋은'과 가정간편식HMR PB '요리하다'로 PB 포트폴리오를 대폭 정리하고 2개 PB 운영에 역량을 집중하고 있는데, PB상품 매출이 전년 대비 20% 이상 신장했다고 한다. 편의점 업계에서도 CU와 GS25가 많은 PB 신상품을 쏟아냈고, 2024년에도 PB강화 전략은 지속할 전망이다.

식품과 마트 위주로 벌어지던 PB 경쟁은 가전, 패션, 이커머스로도 확장되고 있다. 롯데하이마트는 가전 PB브랜드 '하이메이드 HIMADE'를 적극적으로 육성 중인데 TV, 에어컨, 세탁기 등 대형 가전의 매출이 크게 신장했다고 한다. 가전조차 삼성과 LG를 포기하고 실속을 택하고 있는 셈이다. 쿠팡 또한 일찌감치 자회사를 통해 곰곰(식품), 탐사·코멧(생활용품) 등의 PB를 운영 중이며, PB 상품은 쿠팡의 매출 확대에 크게 기여하고 있다.

한편 패션 플랫폼 무신사의 의류 PB '무신사 스탠다드'는 유행을 타지 않는 베이직한 기본 아이템으로 2022년 매출 2,000억 원을 돌파했다. W컨셉, 지그재그 등 패션 이커머스들도 PB에 공들이고 있다. 브랜드 입점 수수료가 주 수익원인 플랫폼 입장에서는 PB 육성을 통해 규모를 키우고 수수료 외 수익원을 확보해 이익을 안정화하는 효과가 있다. 무신사 스탠다드와 W컨셉의 프론트로우가 입증했듯이 **플랫폼의 정체성과 콘셉트에 맞게 잘 키운 PB는 고객 록인** lock-in[11]**에도 효과적이다.**

---

11 한번 들어온 고객이 이탈하지 않고 지속 구매를 하게 만드는 것이다.

(2) 그래도 포기할 수 없는 여가, 여행

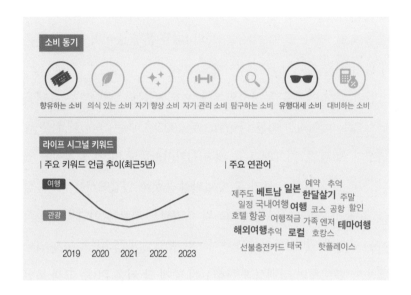

잠재돼 있던 욕망의 최종 목적지

코로나19로 전 세계가 거리 두기와 이동 제한에 걸려 있던 시절, 한 치 앞을 예상하기가 어려운 상황이었지만 단 하나 모든 사람이 예상할 수 있는 명확한 미래가 있었다. 팬데믹이 끝나기만 하면 여행 지출만큼은 엄청난 기세로 회복 혹은 그 이상일 것이라는 점이다.

예상대로 2022년 5월 엔데믹 선언이 있었고 10월에는 일본이 국경을 열었다. 이후 여행 수요는 말 그대로 폭발했다. 한국은행이 발표한 2023 상반기 소비 유형별 이용규모 증감률(신용카드 기준) 자료에 따르면, 여행 지출 비용은 전년 동기 대비 56,6% 증가했다.

혹자는 이것을 보복 소비의 일환이라고 하겠지만 단순히 '보복'으

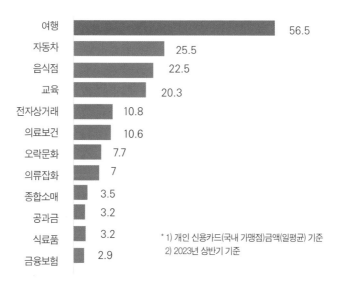

■ [그림 14] 소비 유형별 이용 규모 증감률(전년 동기 대비 %)

소비 유형	증감률
여행	56.5
자동차	25.5
음식점	22.5
교육	20.3
전자상거래	10.8
의료보건	10.6
오락문화	7.7
의류잡화	7
종합소매	3.5
공과금	3.2
식료품	3.2
금융보험	2.9

* 1) 개인 신용카드(국내 가맹점)금액(일평균) 기준
2) 2023년 상반기 기준

로만 보기에 여행은 좀 남다른 구석이 있다. 소비 지향적 성향이 강한 트렌드세터 집단에서조차 2022년 대비 2023년에는 재량 소비의 의지가 대폭 감소했다. 꼭 필요하지 않아도 유행템이나 트렌디한 것이 있으면 사본다는 응답이 2022년 63%에서 2023년에는 50%로 뚝 떨어진 것이다([그림 15]). 소비자들이 체감하는 2023년의 3고(고물가, 고금리, 고환율)의 여파가 상당했다는 뜻이다.

엔데믹 이후 회복을 예상했던 패션과 뷰티 등은 여전히 더뎠던 데 반해 대표적인 재량 소비 영역인 여행에 대한 지출만큼은 그렇지 않았다. 상대적으로 소비 여력이 적은 젊은 세대로 갈수록 그러한 경향이 강해져서 여행만큼은 돈을 아끼지 않는다는 반응이다. 점심

■ [그림 15] 재량 소비에 대한 인식(Top2%)

Q. 꼭 필요한 것은 아니라도 유행하거나
트렌디한 것이 있으면 사보는 편이다
63%
50%
2022
혁신집단
2023
혁신집단

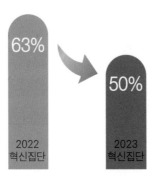

출처: 대홍기획 라이프스타일 조사

■ [그림 16] 여행에 대한 인식

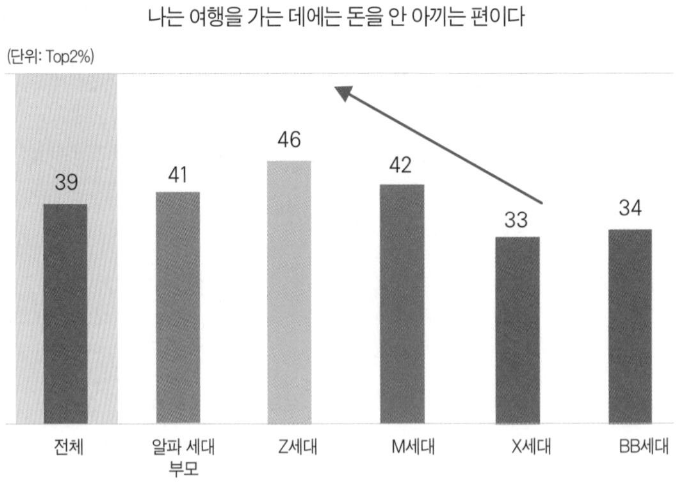

나는 여행을 가는 데에는 돈을 안 아끼는 편이다
(단위: Top2%)
39
41
46
42
33
34
전체
알파 세대 부모
Z세대
M세대
X세대
BB세대

을 편의점에서 때우고 옷이나 화장품은 덜 사더라도 여행만큼은 포기할 수 없는 여가인 것이다.

2022년 10월 일본이 다시 무비자 입국을 허용한 이후 엔저까지 맞물리며, 최근 한국인들의 여행지로는 일본이 압도적이다. 한류의 인기를 타고 일본인들도 우리나라에 많이 방문하지만, 한국관광공사에 따르면 일본에 방문하는 한국인이 일본 관광객의 3배라고 한다. 고환율 탓에 북미나 유럽은 쉽지 않기도 한 까닭에 가깝고 환율도 좋은 일본으로 여행객이 집중되는 경향이 강하다. 일본 내 여행지도 다각화되는 추세이며, 특정 제품은 일본에서 구입하면 한층 저렴하게 구매할 수 있는 탓에 해당 매장에는 한국인들만 가득하다는 목격담이 많이 회자된다.

한편 베트남도 엔데믹 이후 떠오르는 여행지다. 베트남이 인기인 이유도 비슷하다. 동남아 중에서는 비교적 가깝고 물가도 저렴해서 가성비가 좋다. 최근에는 한 예능 프로그램의 영향으로 잘 알려지지 않았던 '달랏' 같은 지역도 새로운 인기 여행지로 떠올랐다.

일본, 베트남 등이 인기 여행지로 떠오르는 현상 속에서 또 하나 읽히는 맥락은, 요즘 여행은 가깝고 돈이 덜 드는 국가로 '자주' 움직이는 것이라는 점이다. 어쩌면 장소보다는 '여행'이라는 행위 자체가 중요해진 탓이 아닐까 생각한다. '장소가 어디든, 비일상을 경험할 수 있는 곳이라면 훌쩍, 이삼일쯤', 이런 심리가 엿보이는 것이다. 목적지를 설정하지 않은 채 일정과 금액이 맞는 항공권을 스카이스캐너를 통해 검색하고 조건 맞는 곳으로 빠르게 떠나는 그런

여행이 대표적이다. 이제 여행은 더이상 연례행사처럼 큰 맘 먹고 벼르다 떠나는 여가가 아니다.

한 달 살기, 한 곳에 머물기, 취미와 결합하기

한 번 더 들여다보면 '여행'의 니즈에서도 색다른 움직임이 관찰된다. 도장 깨기 식으로 다양한 관광지를 빠르게 돌거나 쇼핑에 집중하는 여행보다는 현지인처럼 살아보는 여행, 일반적 관광 코스가 아닌 특별한 테마를 설정하는 등 경험의 깊이에 초점을 맞추는 방향으로 진화하고 있다. 요컨대 **여행의 니즈는 '섭렵에서 경험'으로 진화 중이다.**

대홍기획의 라이프스타일 조사 결과에서도 이러한 경향은 명확했다. 트렌드 세터의 68%가 이제는 여행의 초점을 쇼핑보다 경험에 둔다고 응답한 것이다. 직구를 통해 우리나라에 앉아서도 전 세계 상품을 다 구할 수 있는 세상인데 여행지에 있다 한들 우리나라에서도 구할 수 있는 상품을 쇼핑하느라 시간을 낭비할 필요는 없다. 그래서 쇼핑보다 경험으로 초점이 옮겨갔다는 것이다.

우리나라에 입국하는 유커들에게서도 비슷한 변화가 나타난다고 한다. 면세점을 중심으로 '쓸어 담기' 식 쇼핑을 하던 유커들은 줄어들고 젊은 유커들이 백화점 로컬 매장이나 영 패션 공간에 출몰하고 있다. 물론 그 이면에는 중국 여행객의 주된 특성이 바뀌었고 중국 역시 경제 성장률이 예전 같지 않으며 그밖에도 여러 이유가 존재한다지만, 여행을 다닐 만큼 다녀 본 이후에는 섭렵이 아니라 경험을 택한다는 점은 공통적일 것이다.

한편, 트렌드세터의 67%가 유명 관광지 위주로 돌아보기보다는 현지인처럼 살아보는 여행이 좋다고 응답했으며, 이와 더불어 트렌드세터의 61%가 일반적인 코스보다 특별한 테마가 있는 여행을 선호한다고 응답했다. 테마 여행이란 축구나 음악, 사진, 미술, 역사, 위스키, 트레킹 등 다양한 테마를 앞세워 여행 코스를 일반적인 관광 코스가 아니라 앞에 내건 테마에 부합하는 장소와 경험 중심으로 설계한 여행을 말한다.

인터파크가 2023년 3월 1일부터 12월 15일까지 테마 여행 패키지 이용 데이터를 분석한 결과에 따르면, 테마 여행 고객의 과반수 이상(57%, 인터파크트리플 데이터)이 20~30대였다. 일반적인 패키지 상품의 주 고객이 40~60대 중장년층인 데 비해 상대적으로 젊은 층에서 테마 여행에 대한 니즈는 더 큰 것으로 보인다.

이러한 흐름에 맞춰 하나투어는 유럽 여행 중 런던 토트넘의 손흥민, 파리생제르맹의 이강인, 바이에른 뮌헨의 김민재 경기를 직관하거나 피아니스트 조성진의 공연을 볼 수 있는 유럽 여행 테마 상

■ [그림 17] 여행 니즈의 변화(Top2%)

Trend Setter 68%	Trend Setter 67%	Trend Setter 61%
이제 여행의 초점이 **쇼핑보다 경험**으로 옮겨갔다 (전체 응답자 50%)	유명관광지 위주 보다 **현지인 처럼 살아보는 여행이 좋다** (전체 응답자 41%)	이제 해외 여행을 할 때 **일반적 코스보다 특별한 테마** 선호한다 (전체 응답자 37%)

품을 내놓았고, 모두투어는 셀럽과 함께하는 이색 테마 패키지를 선보였다. 인터파크의 경우 국내외 마라톤 대회와 여행을 결합한 '월드런' 테마 여행의 인기가 가장 높았다고 발표했다. 여행객이 스스로 모든 것을 해결하는 자유 여행의 비중이 더욱 늘고 있는 추세지만, 기획 여행의 측면에서는 향후 이러한 테마 여행 상품의 인기가 더욱 높아질 것으로 예상된다.

(3) 로컬리즘, 유일성과 경험의 결합

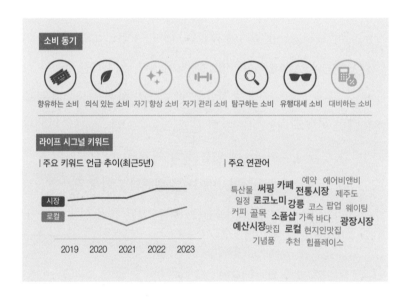

해외여행에서도 그렇지만, 국내 여행에서도 요즘은 로컬 감성을 충분히 만끽하는 것이 중요하게 여겨진다. 그래서 그 지역의 명물 음식이나 특산품을 찾는 것을 넘어서 진짜 그 동네 사람들의 일상

을 느낄 수 있는 곳을 찾아다닌다. **이런 로컬 감성에 대한 갈망은 곧 '진짜'에 대한 갈망이다.**

대단히 특별할 것은 없지만 그 지역에만 있는 책방이나 소품샵을 기웃거리고 전통 시장에 가본다. 관광객을 위해 다듬어진 곳이 아니라 거기밖에 없고 여기서만 경험할 수 있는 진짜 일상이 있는 곳을 찾는다. 꼭 여행지가 아니라도 프랜차이즈나 대형 브랜드보다 동네 식당, 동네 빵집, 동네 책방이 더 힙하게 느껴지는 것은 유일함, 그리고 표준화되지 않은 데서 오는 리얼함과 자연스러움이 한층 매력적으로 느껴지기 때문이다.

힙플레이스가 된 광장시장과 예산시장

힙지로와 힙당동같이 지역 이름 앞에 '힙Hip'이라는 접두사가 붙는 것은 이제 일상적인 현상이 됐다. 힙하다는 것은 아직 대중화되지 않아서 흔하지는 않고, 규격화 혹은 표준화되지 않은 개성과 창의적인 멋이 살아 있다는 뉘앙스가 담겨 있다.

을지로가 '힙지로'가 되는 데 가장 크게 기여한 곳은 1904년에 개장한 광장시장이다. 오랜 역사를 바탕에 둔 광장시장은 빈대떡, 육회 같은 광장시장 하면 흔히 떠오르는 전통적인 먹거리들을 기본으로 젊은 세대를 겨냥한 카페, 소품샵, 인생네컷 등 현대적 콘텐츠가 어우러져 새로운 MZ세대의 놀이터로 거듭났다.

인스타그램에서 '광장시장'을 검색하면 '광장시장 추천 맛집', '광장시장 찐 맛집 지도' 먹거리부터 '365일장', 'KOHIP' 등이 눈에 띈다.

광장시장은 코로나19 이후 단체 여행에서 개별 여행으로 전환한 외국인 관광객들에게 인기 있는 현지 핫 플레이스로도 자리 잡았다. 젊은 세대와 외국인이 몰리자 광장시장에는 대기업과 다양한 프랜차이즈가 뛰어들면서 초기의 힙함이 다소 약해지는 감이 없잖아 있지만, 아직은 힙플레이스로 명맥을 이어가고 있다.

광장시장 초입에 자리잡은 카페 '어니언'은 성수, 미아, 안국동에서 이미 구옥이나 폐공장 등을 개조한 카페로 명성을 얻은 브랜드다. 이들은 광장시장에 들어오면서 60년 된 금은방을 개조해 옛날 목재로 만든 테이블이나 테이프를 둘둘 감은 플라스틱 의자, 박스를 북 찢어 매직으로 쓴 메뉴판 등 지역성을 최대한 살리는 콘셉트로 주목을 받았다. 이처럼 지역성을 살리되 힙함을 잃지 않는 공간들이 광장시장에 속속 생겨나 사람들의 발길을 붙잡고 있다.

광장시장이 서울에서 가장 관심을 받는 전통 시장이라면 지방에서 가장 핫한 전통 시장으로는 '예산

■ [그림 18] 카페 '어니언 광장시장'의 메뉴판

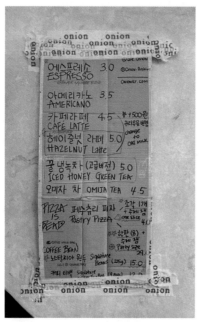

「빈대떡·곱창집 옆 힙한 카페⋯할매 입맛 MZ '광장'
몰려갔다」, 《중앙일보》, 2023년 6월 3일.

시장'이 있다. 이곳은 사업가이자 방송인인 백종원이 자신의 고향이 기도 한 예산에서 예산군과 함께 시장의 리모델링을 주도하며, 과 정을 유튜브로 중계해 크게 주목을 받기 시작했다.

예산시장은 넓은 공간이 있는 장터 광장을 중심으로 안쪽에 식당 26개, 상점이 자리 잡고 있다. 다양한 메뉴와 개성 있는 인테리어가 오래된 낡은 건물과 어우러지면서 독특한 지역색을 구현한다. 현대적인 대형 마트가 한국인의 일상에 들어온 이후 30여 년이 지나는 동안 전통 시장을 모르는 세대가 어느새 다수를 차지하게 되자 좌판을 깔고 음식을 판매하는 시장은 도리어 동남아 야시장처럼 독특하고 이국적이라는 평가를 받으며 새로운 경험을 원하는 사람들이 모여들기 시작했다.

그 결과, 2023년 1월부터 7월까지 무려 137만 명이 넘는 방문객이 예산시장을 찾았다. 예산시장에 관한 관심은 자연스럽게 예산군 전체로 확산해 지역 경제에 활력을 불어넣고, 인구 소멸 위기를 극복하는 데 기여했다. 이처럼 광장시장과 예산시장은 지역의 전통성을 기반으로 현대적 감각을 결합해서 지역만의 독창적인 매력으로 일부러 찾아가고 싶은 명소로 재탄생했다.

강릉 커피와 양양 서피비치

요즘 사람들에게 강릉에 관해 묻는다면 10명 가운데 8~9명은 단박에 '커피'라고 대답할 것이다. 소셜빅데이터로 '강릉'의 연관어를 살펴 보면 단연 가장 높게 나타나는 것이 '커피'다.

순위	음식 연관어
1	커피
2	회
3	순두부
4	빵
5	대게
6	짬뽕
7	해산물
8	라면
9	아이스크림
10	칼국수

커피를 생산하지도 않는 곳이 '커피의 도시'라는 근사한 이름을 얻게 된 기원은 한국전쟁 당시까지 거슬러 올라가야 한다. 당시 유엔군이 강릉에 주둔하면서 커피를 처음 소개했다는 것이 정설이다. 그러다 보니 강릉의 유명한 안목 해변에 많은 커피 전문점이 들어섰고, 커피 전문가들이 모여들기 시작했다. 이어서 전문적인 커피 교육을 하는 곳들도 속속 들어오고 안목 커피거리가 조성되면서 관광객 발길도 이어졌다. 현재 강릉은 카페 거리를 중심으로 인구 22만인 도시에 커피 전문점이 무려 400여 개가 성업 중이다.

안목 커피거리가 지역 명소가 되면서 바닷가라 비수기와 성수기가 극명하게 갈리던 강릉은 사시사철 관광객이 붐비는 도시가 됐다. 2002년 강릉에서 커피 로스터리 공장으로 시작해 우리나라에 스페셜티 커피[12]를 소개한 테라로사 역시 빼놓을 수 없는 로컬 명소다. 테라로사는 층고가 넓고 탁 트인 공간, 고품질 커피로 사람들에게 깊은 인상을 남겼고 강릉을 커피 도시로 만드는 데 핵심적인 역할을 했다.

강릉이 '커피'라면, 양양은 서퍼들의 천국이다. 몇 해 전만 해도 양양은 인기 여행지가 아니었다. 하지만 2015년 국내 최초 '서핑 전용 해변'인 '서피비치'가 개장하면서 젊은 세대가 몰리는 대표 여행지가 됐다. 심지어 2017년 양양고속도로의 완전 개통으로 서울에서 불과 두 시간 만에 갈 수 있다는 접근성이 더욱 큰 힘을 실었다. 이제는 '양양'하면 '서핑'이라는 이미지가 자연스럽게 떠오른다.

서피비치는 입구에 들어서는 순간부터 이국적인 풍경으로 마치 해외 휴양지에 온 듯한 착각을 불러일으킨다. 인스타그램에서 많이 볼 수 있는 'SURFYY BEACH' 간판과 해변가의 썬베드, 파라솔이 있는 풍경이 그 매력을 더한다. 이국적인 풍경도 풍경이지만, 서피비치의 가장 큰 자랑은 일관된 파도 조건으로 서핑 초보자부터 경험자까지 모두 이용할 수 있는 이상적인 서핑 환경을 제공한다는 점이다. 이러한 조건 덕분에 전국 각지에서 수많은 서퍼들이 이곳을 찾고 있다. 사람들이 몰리자 좋은 식당과 바bar 등이 모여들어 상권이 형성되면서, 서피비치는 단순한 서핑 명소를 넘어 휴양과 레저

---

12 전 세계 커피 중에서도 최상급 커피를 뜻한다. 스페셜티 커피 협회(SCA) 기준으로 프래그런스, 아로마, 산미, 보디, 클린 컵 등 객관적으로 평가할 수 있는 10가지 잣대를 세우고 80점 이상의 점수를 딴 커피를 스페셜티 커피라 한다.

가 조화를 이루는 새로운 명소가 되었다.

중요한 건 서피비치가 철저히 기획으로 탄생한 명소라는 점이다. 서피비치는 광고회사 출신 로컬크리에이터[13]의 기획으로부터 출발했다. 기본 콘셉트를 '양양의 보라카이'로 잡고 여행을 좋아하는 젊은 층이 좋아할 만한 이국적인 해변을 만들고자 했다는 것이다. 핵심은 서핑과 비치파티였다. 동남아 이국적 해변에서 즐기던 그곳의 로컬 감성을 그대로 양양에 옮겨온 것이다.

그 결과 첫해 관광객은 1만 명에 불과했지만, 2016년부터 야간에 '코로나 선셋 페스티벌'을 열면서 젊은 층의 관심이 폭발했다고 한다. 2016년 28만 명으로 늘어나더니 2022년엔 190만 명이 넘는 관광객이 찾았다.[14]

서피비치가 성공하자 해변 주변 음식점과 숙박시설에도 변화의 바람이 불기 시작했다. 강릉과 마찬가지로 여름에만 반짝 해수욕객이 다녀가던 해변에서 상시 힙함을 즐기러 오는 젊은 사람들이 넘쳐나는 해변이 되면서 좋은 가게들이 속속 들어오기 시작했다. 그러자 양양군도 힘을 보태 적극적으로 지원하면서 서핑 인구는 매년 증가하는 추세다. 당연한 얘기지만 경제 효과도 상당하다고 한다. 심지어 인구 소멸 위기에 놓여있던 양양군 인구도 증가세라니 잘 기획한 로컬 콘텐츠는 죽어가던 도시도 살려낸다.

---

13 지역 문화적 특성이나 자원 등에 혁신적 아이디어를 접목, 경제적 가치를 창출하는 사람을 말한다.
14 「1만 명→190만 명 폭발…파라솔만 있던 '양양의 보라카이' 기적」, 《중앙일보》, 2023년 6월 1일.

강릉과 양양은 모두 강원도, 그리고 바닷가라는 비슷한 지리적 환경을 가지고 있지만, 지역의 히스토리와 자연적 특징이라는 확실한 콘텐츠를 가지고 사람들이 원하는 좋은 경험과 공간을 설계했다. 그리고 그 결과 각기 뚜렷한 지역색을 갖게 되면서 지속 가능한 지역 브랜딩에 성공한 대표적인 사례다.

지역색 짙은 상품에 돈을 쓰는 사람들

지역색은 그 지역만의 독특한 분위기와 특성을 의미한다. 이는 해당 지역의 문화, 전통, 삶의 방식을 반영하며 방문객들에게 새로운 경험과 추억을 제공한다. 예전에는 지역색이라는 용어가 부정적인 의미로 여겨졌을 수도 있으나 요즘은 그 반대다.

지역의 독특한 특성이 강할수록 오히려 강점으로 작용한다. 지역색이 뚜렷한 곳에서는 그 지역만의 스토리와 매력을 발견할 수 있으며, 이것이 그 지역을 특별하게 만든다. 그리고 유일함, 리얼함에 매료되는 요즘 사람들은 지역색이 뚜렷한 상품에 쉽게 지갑을 연다.

여기에 가장 크게 반응하는 것은 유통·식품업계다. 제품명이나 가게 이름에 지역명을 붙이거나 로컬을 테마로 스페셜 한정 상품을 내놓는 사례가 많다. 몇 년 전에는 '로컬'과 '이코노미'를 합성한 '로코노미'라는 신조어가 등장하기도 했다.

가장 쉽게 볼 수 있는 사례 중 하나가 지역 농산물을 내세우는 것이다. 맥도날드에서 출시한 '진도 대파 크림 크로켓 버거'는 출시 한 달 만에 150만 개가 팔렸다. 롯데 웰푸드에서 한정 출시했던 '제주 감귤 빼빼로'는 품절 대란이었다. 우도의 특산물인 땅콩과 버터·캐러멜로 만들어 제주 파리바게뜨에서만 살 수 있는 쿠키 '제주 마음샌드'는 오픈런을 일으킬 만큼 인기가 대단했다.

리서치 기업 엠브레인이 성인남녀 1,000명을 대상으로 진행한 설문조사에 따르면, 10명 가운데 8명(81.6%)이 '로코노미 식품을 구매한 경험이 있다'고 답했다. '기간 또는 지역 한정판으로 출시된 로코노미 식품이 있다면 한 번쯤 구매해보고 싶다'는 응답도 80.3%에 달했다.

돈만 내면 뭐든 곧바로 손에 들어오는 자본주의의 극단에 오면 똑같은 것을 소유하는 것은 더는 흥미롭지 않다. **생활 수준이 높아질수록, 물질이 풍족할수록 사람들은 물건이 아닌 감각이나 의미에**

무게를 둔다. 그래서 하나밖에 없는 것, 거기 밖에 없는 것, 기간이나 수량이 한정돼 있어서 돈을 줘도 모두가 가질 수는 없는 것이 각광 받는다.

그러므로 '거기'에만 있는 것, '거기'서만 살 수 있는 것, 돈 주고도 못 살 직접 경험을 설계하는 로컬리즘은 앞으로도 세대를 관통하는 소비의 동력이 될 것으로 보인다.

(4) 반려 정서의 확장

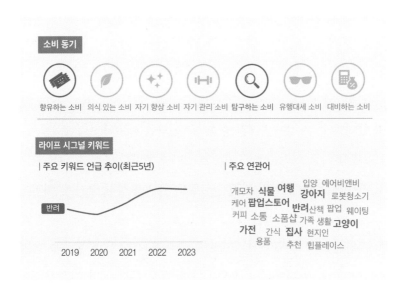

반려동물과 함께하는 트렌디 라이프

고양이를 기르는 사람들이 부쩍 늘면서 이를 부러워하는 사람들이 읊조리던 "나만 없어 고양이"라는 말이 급기야 네이버 오픈사전에까지 등록됐다. 처음엔 고양이를 키우지 않아서 외롭다거나 고양이를 키우는 사람이 부럽다는 의미로 담백하게 사용되던 말이었겠지만 나중에는 어떤 흐름에 나 혼자 뒤처진 것 같거나 소외된 것 같은 느낌을 유머러스하게 표현하는 관용구로 자리를 잡았다. 현재 의미야 어떻든 그런 관용구가 생길 정도로 개나 고양이를 반려동물로 기르는 건 대세 중의 대세다.

농림축산식품부는 2022년 기준 국민 4명 중 1명(25.4%)은 개나 고양이 등 반려동물을 기르고 있다고 발표했다. 2023년 서울과 수도권에서 시행한 대홍기획의 라이프스타일 조사 결과에서는 반려동물을 키운다는 응답이 한층 높게 나타났다. 밀레니얼과 Z세대에서는 44%, 알파 세대 부모에서는 무려 54%로 나타났고, 트렌드세터 집단에서도 55%다. 사실 엄청난 비율이다. 수도권에서는 반려동물과 함께 하는 가정이 2, 3집 중 1집은 된다는 얘기다.

그래서 지금 반려동물을 키우고 있다면 트렌디한 삶을 살고 있다고 자부해도 좋다. 이와 관련된 산업도 빠르게 성장 중이다. 이커머스 업체 G마켓에 따르면, 2023년 1~3분기 기준 '개모차', 즉 반려동물용 유모차 판매량이 처음으로 유아용 유모차 판매량을 넘어섰다고 한다. 반려동물용 유모차와 유아용 유모차 판매량 합계를 100으로 봤을 때, 반려동물용 유모차 판매 비율이 57%, 유아용 유모차가 43%로 나타났는데,[15] 2021년에 33%, 2022년에 36%였던 반

---

15 「저출산 여파? '개모차'가 유모차보다 더 많이 팔려」, 《헬스조선》, 2023년 12월 27일.

려동물용 유모차 비중이 2023년에는 급격히 증가해 유아용 유모차를 역전해버린 것이다.

신한카드 빅데이터 연구소에 따르면 동물병원, 애견호텔, 애견카페, 애견미용 등 반려동물에 대한 지출은 2022년 기준 1인당 연 평균 35만여 원에 달했다고 한다.[16] 또한 반려동물 관련 신규 가맹점 수의 증가세도 가파르다. 특히 애견호텔과 애견교육 시설은 211%와 275%, 애견목욕 시설과 애견카페는 144%와 50% 급증해 개와 고양이가 특급 대우를 받으며 반려동물로 확실히 자리 잡은 걸로 나타난다.

반려동물에 대한 인식과 지위의 변화는 단순히 애완견에서 반려견으로 호칭이 변화된 것에 그치지 않는다. '우리 집 막내', '내 동생'이라고 부르는 만큼 반려동물을 기르는 데 자녀나 가족처럼 신경 쓰는 모습은 더이상 낯설지 않다. 마치 자녀를 좋은 유치원에 보내려 애를 쓰듯, 인기 있는 강아지 유치원은 대기 명단까지 있는 상황이다. 일명 '개치원'으로 불리는 강아지 유치원 프로그램을 살펴보면, '기다려' 같은 기본 훈련부터 친구들과의 놀이, 간식 시간, 낮잠과 산책 등이 포함되어 있으며, 담당 교사가 하루 일과를 빼곡히 기록해 보호자에게 전달하곤 한다. 반려동물이 세상을 떠날 때는 전용 수의를 입히고 장례를 치르며, 지인들에게 부고를 알리고, 직장에 반려동물의 사망 소식을 전하고 연차를 사용하는 것도 이제는

---

16 「집사들, 반려동물 위해 '1인 연평균 35만 원' 긁었다」《경향신문》, 2023년 4월 17일.

드문 일이 아니다.

펫 콘텐츠가 리테일의 앵커 테넌트로

반려 인구가 늘면서 반려동물과 함께 갈 수 있는 여행지, 식당 등을 찾는 수요도 늘어났다. 몇 년 전에 비하면 반려동물과 동반 입장이 허용되는 시설이 크게 증가한 편이다. 네이버는 2023년 3월부터 애견 동반 카페, 식당, 숙소를 찾을 수 있는 '갈수있어 강아지도' 서비스를 제공하고 있다. 또한 신세계 프로퍼티가 운영하는 복합몰 스타필드 하남은 반려동물을 동반할 수 있다는 점이 집객의 중요 포인트로 작용했다. 심지어 최근 갤러리아 명품관에서는 반려동물 전문 브랜드 페스룸의 팝업 스토어가 열리기도 했다.

한편 현대백화점은 2023년 9월 자체 펫 편집숍 '위펫'을 론칭하고 더현대서울에 첫 매장을 열었다. 반려동물 전문 매장을 20~30대 젊은 세대들을 끌어들이는 '앵커 테넌트anchor tenant'[17]로 삼겠다는 의도다. 앞서 언급한 조사 결과에도 나타나듯 젊은 세대들은 반려동물을 상대적으로 더 많이 키우는 편이고, 미래 세대인 알파 세대는 형제자매 대신 반려동물과 함께하는 비중이 더욱 높은 편이다.

2집 중 1집이 반려동물을 키우고, 외동이 대다수인 알파 세대가 동생처럼 여기며 반려동물을 키우는 형편이니 펫 콘텐츠는 충분히 리테일의 집객용 콘텐츠로 기능을 할 수 있을 것으로 보인다. 실제

---

17 대형 쇼핑몰이나 상업 시설에서 많은 고객을 끌어들이는 역할을 하는 매장으로 쇼핑센터의 트래픽(방문객 수)과 전반적인 매출에 큰 영향을 미치며, 다른 매장에도 긍정적인 파급 효과를 주는 매장을 의미한다.

로 현대백화점이 더현대서울과 판교점 등에서 운영 중인 라이프스타일 편집숍 '위마켓'의 지난 3년간 구매 고객을 분석해보니, 펫 관련 브랜드 팝업 스토어 매출의 77%를 20~30대 고객이 차지했다고 한다.

최근 오프라인 리테일 매장들이 리뉴얼하는 사례가 많다. 반려동물 동반 허용 공간으로 아예 리뉴얼하는 곳도 적지 않은 편이고, 그렇지 않다고 해도 반려동물 관련 매장을 넣는 것은 필수다. 롯데마트 서울역점은 '제타플렉스 서울역'점으로 리뉴얼하면서 펫 토탈 스토어 '콜리올리'를 입점시켰다. 콜리올리는 최근 화제가 되고 있는 '멍와인'과 '멍맥주'를 킬러 상품으로 내놓고 병원·미용실·보험·장례 등 전반적인 반려동물 케어 서비스를 제공한다.

롯데프리미엄아울렛 파주점도 3층을 전면 리뉴얼하면서 반려동물과 동반 식사가 가능한 공간인 '펫 그라운드'를 별도로 조성했다. 심지어 스타벅스도 '더북한강R점'을 리뉴얼하면서 반려동물 친화 매장으로 기획하고 기존 일반 메뉴 주문 공간을 없애 고객과 반려동물이 함께할 수 있는 공간을 추가하는 한편 반려동물 정수기 등 다양한 편의시설을 갖췄다. 이처럼 여행지나 식당은 물론 백화점, 마트, 아울렛 같은 오프라인 리테일 공간에서도 펫 콘텐츠는 고객 유입에 매우 중요한 요소로 간주된다.

반려식물을 넘어 반려로봇, 반려가전까지

요즘 반려의 대상은 개, 고양이 등 동물에 국한된 것만은 아니다.

최근 반려식물을 키우는 '식집사'들의 존재감도 상당하다. 물론 우리나라 가정에서 한두 개의 식물, '엄마적 표현'을 빌자면 '화초'를 키우는 것은 오래 전부터 일반적인 일이었다. 그러나 굳이 최근 '반려식물'이라는 용어를 사용하며 이전과 달라진 점이라면, 키우는 사람의 마음가짐이 달라졌다고나 할까. 설명을 하기 전에 우선 반려식물을 키우는 어느 반려인이 쓴 게시글을 읽어보자.

> "이렇게 폭풍 성장해준다니 식집사는 뿌듯하고 뭉클하고 신기한 마음 가득 이대로 건강하게 무럭무럭 자라주렴 #반려식물 #소소하게 #즐기는 #플랜테리어"

도도한 성격의 고양이를 키우는 사람들이 스스로를 '집사'라고 칭하는 것은 일반적이지만, 식물을 키우는 사람들도 자신을 '식집사'라고 칭하며 정서적 교감을 형성하는 경향이 나타나는 것이다. 식집사들도 강아지 반려인이나 고양이 집사 못지않게 반려식물에 진심이다. 식물 생장에 좋은 영양제나 물 주는 법 등은 물론 식물에 관한 깊은 탐구와 탐색을 바탕으로 상상을 초월하는 전문 지식을 보유한 식집사들이 많다고 한다.

반려 영역에 동식물 같은 생명체만 포함되는 것은 아니다. 최근 주목해볼 만한 반려 대상은 '반려가전'이다. 반려가전으로 자주 지칭되는 것은 로봇청소기가 많고 AI스피커도 종종 그렇게 불린다. 반려가전에 대한 마음이 담긴 SNS 게시글을 읽어보자.

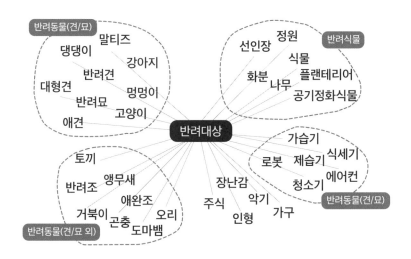

"청소 중에도 걸레가 더러워졌다 싶으면 알아서 걸레도 빨아서 다시 닦고 #반려가전 이모님 중에 최고인 듯 게다가 인공지능 AI가 날이 갈수록 발전하니까 왠지 살아 있는 생명체 같고 앞에 막고 서 있으면 안절부절하는 게 진짜 살아 있는 반려동물 같아. 오늘도 외출 전에 켜두고 다녀오니 깨끗하게 청소해 두고 알아서 걸레 빨고 쉬고 있네 귀여워 #반려가전"

"반려동물도 반려식물도 없지만 부르면 대답하는 스피커가 제 반려가전이에요. 귀엽고 소중해"

반려가전에 대한 애정에는 절반쯤 장난기가 섞여 보이지만, 어쨌든 나 대신 해야 할 일을 혼자서 발발거리며 해주는 전자제품이 귀엽다고 표현하는 건 애착을 느낀다는 의미다.

'반려'의 마음이란 애정과 애착의 마음을 동반하기에 중요하다. 혼자 있고 싶지만 연결되고 싶고, 함께 있어도 혼자이고 싶은 요즘 사람들에게 '반려'의 정서란 내가 통제할 수 있고 순수한 기쁨만을 주는 편리한 애착 관계로서 1인가구, 비혼주의, 딩크족의 증가와 함께 한층 탄력을 받을 수 있는 심리다.

팬데믹 이후 전통적 관계가 옅어지면서 도리어 '반려'의 대상은 더욱 확장되고 대상에 대한 애착은 한층 깊어지는 경향을 띤다. 이제는 생명체를 넘어 가전에까지 확장된 반려의 정서는, 고령화와 길어진 삶을 배경으로 사람들 사이에 더욱 깊고 넓게 침투할 것으로 보인다.

(5) 불황이 없는 산업, 팬덤 비즈니스

역주행 신드롬의 동력

'역주행'이란 발표한 지 오랜 시간이 지난 음악이나 콘텐츠가 갑자기 시간을 거슬러 인기를 얻는 현상을 말한다. EXID의 〈위아래〉, 브레이브걸스의 〈롤린〉, 2PM의 〈우리집〉은 3대 역주행곡으로 유명하다. 모두 발매한 지 꽤 시

출처: 이준호 2024 콘서트 직접 촬영

소비 동기

향유하는 소비　의식 있는 소비　자기 향상 소비　자기 관리 소비　탐구하는 소비　유행대세 소비　대비하는 소비

라이프 시그널 키워드

| 주요 키워드 언급 추이(최근5년)

콘서트
굿즈

2019　2020　2021　2022　2023

| 주요 연관어

대리찍사 초동판매량
티켓팅 **포카 팬덤 콘서트** 주말
팬미팅 케이팝 덕질
멤버 광고 소통앱 음반 최애 **직캠**
역주행 인증 **굿즈** 트위터 시그
위버스 서포터 생일카페

간이 지난 곡들이 유튜브 알고리즘의 묘한 작용으로 재조명을 받고 신드롬을 일으킨 사례로 화제가 됐다.

이러한 역주행 현상은 단순히 과거의 명곡들이 재발견되는 것을 넘어, 콘텐츠가 시공간을 넘어 다양한 방식으로 소비될 수 있음을 증명하는 사례다. 또 유튜브 같은 소셜미디어 플랫폼의 영향력이 아티스트와 대중 사이의 상호 작용을 어떻게 변화시킬 수 있는지를 보여주는 사례이기도 하다.

2020년 초 화제가 됐던 2PM의 〈우리집〉 역주행 과정을 살펴보면 요즘 화제가 만들어지는 메커니즘을 알 수 있다. 역주행의 메인 콘텐츠는 유튜브의 팬 계정인 '누너건nuneogun'에 업로드된 '[우리집] 150905 DMC 페스티벌 2015 K-pop 슈퍼콘서트_준호직캠_by

Nuneogun'이라는 제목의 무대 영상이었다. 제목 그대로 2015년에 업로드된 영상이다. 그러니까 해당 곡의 활동기로부터 거의 만 5년이 다 돼가는 시점에 역주행이 일어난 것이다.

한편 이 채널은 2PM 멤버 가운데 한 명인 이준호의 '직캠(직접 촬영한 캠 동영상)'만 올리는 팬 계정으로 유명하다. 무려 2013년부터 꾸준히 이준호가 하는 대부분의 무대 직캠을 찍어 올리고 있다. 이전의 EXID도 팬이 올린 멤버 중 한 명의 직캠 영상이 역주행의 핵심이었다. **이처럼 역주행은 통상 '팬 메이드**fan-made**' 콘텐츠로부터 비롯된다.**

'우리 집 준호'는 하나의 고유명사처럼 회자되기 시작했다. 보고 또 보고 댓글 달고 공유하고 그러다 보면 이준호의 과거 무대 영상들, 소속사 JYP엔터테인먼트가 2PM 공식 채널에 올렸던 자컨(자체 콘텐츠의 준말), 이준호가 출연했던 드라마나 영화의 클립이나 몰아보기 영상들이 고구마 줄기처럼 따라온다. 그걸 점점 더 많은 사람들이 돌려보면서 오래 전에 업로드된 영상들에는 '시간을 넘어서' 새로운 댓글들이 달리고 그것이 또다른 재미와 화제를 불러일으키며 계속해서 새로운 시청자, 새로운 팬을 유입시켰다.

정작 신드롬의 주인공은 당시 군 복무 중이어서 이런 관심에 바로 부응할 수가 없었지만, 기존 팬덤은 물론 역주행 영상에 매료된 새로운 뉴비(뉴 비지터) 팬들은 주접 댓글, 짤, 재가공 영상 등 파생 콘텐츠를 생산하면서 화제성을 키우는 데 일조했다. 이어서 각 방송사의 유튜브 채널에서는 그 화제성에 편승해 과거 예능 프로그램

등에 출연한 2PM 혹은 이준호의 출연 분량을 재편집한 영상들을 재업로드하면서 덩달아 높은 조회 수를 기록했다. 한편 TWICE 모모, Stray Kids 등이 〈우리집〉 안무를 커버하는 챌린지에 참여하면서 상승 트렌드에 한층 힘을 실었다.

하지만 지속적으로 새로운 팬들을 유입시키고 화제성을 끌어올린 데는 무엇보다 팬 메이드 콘텐츠의 역할이 컸다. 특히 '준호 입덕 영상 리스트', '우리집 같이 보면서 반응하기', '왜 일찍 못알아봤는지 자책하기' 등 파생 콘텐츠가 무수히 생산되면서 '우리집 준호' 열풍은 단순히 그 곡, 그 무대의 화제에 그치지 않고 점점 더 폭발력을 더 하면서 이어질 수 있었기 때문이다.

이렇게 해서 2020년 상반기부터 시작됐던 '우리집 준호' 열풍은 2021년 초 역주행 신드롬의 주인공 이준호가 전역하기까지 무려 1년여 동안 이어졌다. 요즘처럼 빠르게 트렌드가 바뀌는 시절에 정말 쉽지 않은 일이다.

이를 입소문의 메커니즘으로 치환해보면 **화제가 지속적으로 확대 재생산되고 신드롬이 탄생하려면 관심이라는 자원을 계속 끌어모으는 것이 중요하다. 그러나 같은 콘텐츠로는 높은 관심을 유지하기는 어렵다. 금세 소비되고 휘발되므로 관심을 이어가려면 화제의 국면이 조금씩 다른 사안으로 변형되거나 새로운 뉴스가 추가되면서 계속 새로운 관심을 끌어내는 과정이 필요하다.**

'우리집 준호' 신드롬은 댓글, 커버, 팬들의 파생 콘텐츠가 계속해서 새로운 국면을 만든 셈이다. 결국 **역주행을 일으키고 그것을 신**

드롬으로 만든 것은 팬 메이드 콘텐츠, 팬덤의 힘이 컸다. 물론 신드롬 이후 꾸준히 좋은 작품과 공연을 해내면서 그 화제성과 인기를 이어간 데는 아티스트 본인의 능력과 노력이 주효했다.

팬덤의 힘은 자발성이다. 누가 시키지도 않고 그것을 한다고 누가 보상하는 것도 아니지만 여러 포털과 SNS에서 '최애' 이름을 검색하는 것으로 하루를 시작한다. 이들은 '최애' 관련 언론 기사에 '좋아요'를 누르고, 공식 계정에서 올려준 콘텐츠를 소비하고, 그 콘텐츠들을 GIF(움짤)라든가 2차 콘텐츠를 만들어 트위터, 오픈 채팅방, 익명 커뮤니티 등을 통해 공유하며 시간을 보낸다.

최애 생일에는 '최애 없는 생일 카페'를 열고, 데뷔 몇 주년 기념일이라든가 좋은 날을 맞으면 대형 전광판이라든지 지하철 광고판이라도 사서 최애의 체면을 살려준다. 최애가 컴백하거나 투표수로 정하는 인기상 후보에라도 올라가는 날에는 현생과 덕질을 병행해야 하는 팬들의 일상은 숨 가쁘게 돌아간다.

■ **[그림 20] 뉴욕 타임스퀘어 팬 서포트 광고 사례**

출처: 이준호 인스타그램

놀라울 만큼 조직적이고 아티스트에 대한

열정은 선호를 넘어 자기희생적 헌신에 가까운 K-팬덤 문화는 이런 식으로 거의 30여 년에 걸쳐 형성되고 발전해왔다. 2022년 4월 발표된 유안타증권의 리포트는 이를 두고 '케이팝 아이돌 팬덤은 열정적이고 자발적인 무보수 크리에이터'라고 정의해 크게 공감을 얻었다. 팬덤 비즈니스는 그래서 '마음의 비즈니스'라고 불린다.

팬덤 문화의 르네상스

2000년대 초, 음반에서 음원의 시대로 넘어가며 음반 시장이 침체하고 레코드 가게가 사라지는 시기가 있었다. 2001년 god 4집, 김건모 7집 이후로 한동안 '밀리언셀러'는 나타나지 않았다. CD 플레이어를 MP3 플레이어와 아이팟이 대신하면서 음반이 팔리지 않는 시기가 잠시 도래했던 것이다.

2001년 이후 처음 음반 밀리언셀러를 기록한 것은 3세대 아이돌 EXO였는데, 2013년 정규 1집 음반이 100만 장을 돌파하는 기록을 세운다. 그러나 요즘은 아무리 밀리언셀러를 기록하더라도 음반 구매는 더이상 음원을 듣기 위한 목적이 아니다. 이는 팬덤 문화의 발전과 관계가 깊은데, 간략히 흐름을 짚어보도록 하자.

흔히 말하는 아이돌 1세대는 1990년대 후반부터 2000년대 초반 활동한 H.O.T와 젝스키스, S.E.S와 핑클 등이다. 이때의 팬들은 공식 팬클럽을 중심으로 그룹별 '공식 컬러'의 우비와 풍선을 상징으로 오프라인과 PC 통신을 기반으로 활동했다.

2세대는 동방신기, 원더걸스, 빅뱅, 소녀시대 등이 활동한

2000년대 중반 이후로 보고 있다. **이 시기는 인터넷의 보급으로 엔터테인먼트 업계가 큰 변화를 겪었다. CD는 MP3로 대체되고, 오프라인만큼이나 온라인을 통한 팬덤 활동이 보편화되기 시작했다.** 더욱이 합법적인 디지털 음악 시장이 등장하면서 멜론이나 벅스 등의 음반 사이트가 급성장하게 된다. 빅뱅의 〈거짓말〉, 원더걸스의 〈텔미〉, 소녀시대 〈GEE〉 등이 이 시기 가장 사랑받던 곡들이다.

3세대 아이돌은 엑방원(EXO, 방탄소년단, 워너원)과 TWICE, BLACKPINK 등으로 대표된다. 이 중 EXO가 10여 년 만의 밀리언 셀러가 됐던 주인공이다. 숱한 화제와 논란을 낳았던 Mnet 〈프로듀스101〉의 첫 보이 그룹 워너원은 아이돌 팬덤이 기획자로 변모해 직접 아이돌을 투표하고 데뷔시킨 뒤 성공을 거뒀다는 점에서 큰 의미를 지닌다.

한편 세계에서 가장 유명한 보이 밴드 방탄소년단과 팬덤 아미 ARMY는 떼려야 뗄 수 없는 관계다. 실제로 영미권 언론이 처음으로 방탄소년단에 관심을 두기 시작한 것은 아미의 힘이 컸다. 방탄소년단이 있는 곳이면 어디든 나타나고, 적극적인 호위병을 자처하며, 이토록 열정적이고 충성도가 높은 팬덤은 영미권에서는 처음 보는 놀라운 존재였다.

2020년 관세청이 발표한 음반 수출액 현황에 따르면, 2020년 11월 기준 우리나라의 음반 수출액은 약 1,350억 원으로 2019년 대비 78.2%가 급증한 수치이다. 수출 대상 국가도 2017년 78곳에서 2020년 114곳으로 증가했다. 한터 글로벌이 2021년 7월 공개

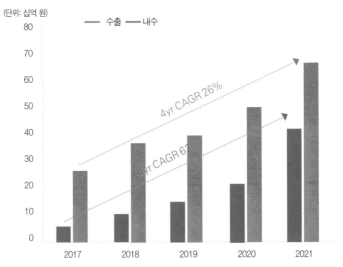

출처: JYP Ent, 대신증권 Research Center

■ [그림 22] SM엔터테인먼트 해외 음반 매출 성장 추이

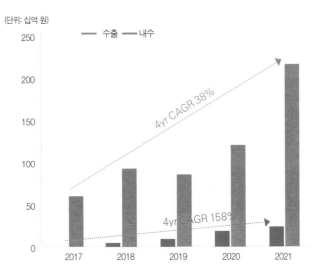

출처: SM, 대신증권 리서치센터
주: 음반이 주요 제품으로 반영되는 총 제품 매출 수치

한 케이팝 리포트에 따르면, 2021년 상반기 국내 앨범 판매량은 총 1,940만 5,514장이었고, 이는 2020년보다 34.25% 성장한 수치였다. 이례적인 앨범 판매량 증가에서 부쩍 늘어난 해외 진출까지 세계적인 케이팝 붐의 기운을 타고 우리나라 음악 산업 총매출액은 역대 최고치를 갱신했다.

케이팝 앨범은 단순히 음악을 저장한 물리적 매체를 넘어 팬을 위한 굿즈 같은 형태로 진화해왔다. 요즘 앨범은 음원이 담긴 CD가 아니라 포토 카드, 포스터, 책갈피, 엽서, 스티커 등 추가 부속물이 핵심이다.

국내 팬덤 경제의 부상은 포토 카드 언급량 추이와 맥을 함께 한다. 트위터에서 '포토 카드' 언급이 급격히 치솟은 시점이 2020년 10월이다. 포토 카드는 아이돌의 사진(셀카) 명함 규격으로 인쇄한 카드형 굿즈로 '포카'라고 부른다. 크기는 천차만별이지만 5.5cm×

■ [그림 23] 트위터 '포토 카드/포카' 언급량 추이(2014~2023)

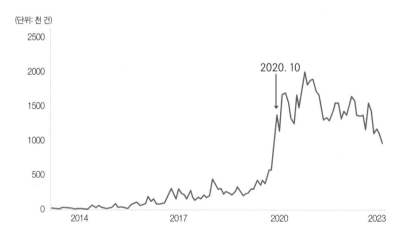

8.5cm가 대중적이다. **우리나라 아이돌 가운데 가장 먼저 포토 카드를 도입한 음반은 2010년 1월 발매된 소녀시대 정규 2집 'Oh!'로 알려져 있다.** 이 음반은 판매량 약 18만 장을 기록해 그해 골든디스크 시상식에서 걸그룹 최초로 음반 대상을 받았다. 포토 카드는 팬덤 문화, 팬덤 이코노미 성장의 신호탄이었다.

음반 안에 담긴 구성품은 원하는 멤버를 선택할 수 없고 랜덤으로 들어 있어서 원하는 멤버의 포토 카드를 구하려면 골수 팬들은 수십 장씩 앨범을 사들이는 '앨범깡'을 하기 시작했다. 특정 멤버의 전 음반 포카를 모으는 걸 '드볼'이라고 하는데, 만화 『드래곤볼』에서 소원을 빌기 위해 드래곤볼 7개를 모으는 개념을 차용한 뒤 줄여서 부르는 것이다. 혼자 구매하는 것으로는 이 '드볼'을 달성하기가 쉽지 않아 팬들끼리 모여서 대량 구매를 한 후 분철[18]하기도 한다. 그래도 안 되면 X(트위터)나 포카마켓, 당근마켓, 번개장터 등에서 거래를 시도한다. 거래에서 인기가 높은 포토 카드는 '이번 포카 시세가 한남더힐', '우리 애 포카 시세 트리마제'라고 부를 정도로 높은 가격을 형성하게 된다.

실제 방탄소년단 정국의 버터플 이벤트 포토 카드가 한화 450만 원 이상, NCT 2020의 스페셜 이어북 포토 카드는 멤버에 따라 한

---

18 멤버 수에 맞춰 음반을 구매하면 포토 카드를 겹치지 않게 보내주므로 팬들이 모여 원하는 멤버의 포카를 나눠 갖는 것을 말한다. 멤버가 10명인 그룹이라면 총대가 분철할 사람을 모집한 뒤 음반 가격 + 배송비를 받고 음반 10개를 일괄 구매해서 포토 카드를 각각 나눠준다. 멤버 수에 맞춰 앨범을 구매해도 랜덤으로 주는 판매처는 총대가 참여 인원의 1순위 멤버를 받고 최대한 맞춰 포토 카드를 보내준다.

화로 200만 원 이상에 거래됐다. 분석가로서는 X(트위터)의 포토 카드 거래 언급량이 너무 많아 소셜빅데이터 분석을 할 때 '포토 카드'와 '포카'를 포함한 게시글은 반드시 정제해서 제외하는 편이다. 아이돌 멤버가 광고한 브랜드를 분석할 때는 더욱 그렇다.

이런 상황이다 보니 주객이 전도돼 우스갯소리로 포토 카드를 얻기 위해 앨범을 구매한다고 할 정도다. 알파 세대에게 캐릭터와 콘텐츠 IP가 갖는 구매 유도의 힘을 이야기하면서 포켓몬빵 사례를 언급했지만, 아이돌 포토 카드 역시 다르지 않다. 예전에는 '음반 판매량'이 음악의 인기 척도였지만 지금은 유튜브 뮤직이나 스포티파이 앱에서 음원을 듣는 것이 일반적이다. 그래서 음반 판매량은 일명 '초동'이라고 부르는 음반을 발매한 후 일주일간의 판매 집계, 즉 아티스트 팬덤의 화력을 입증하는 것, 팬 사인회 응모권 획득, 아티스트 판매 성적 경쟁 등을 위한 수단 이상의 의미를 갖지 못하는 실정이다. 이런 이유로 케이팝 데이터를 집계하는 서클 차트에 따르면, 2018년 2,282만 장이었던 음반 판매량은 2023년 약 1억 1,600만 장으로 6배 가까이 증가했다.

한국소비자원이 2023년 유료 팬덤 활동 경험이 있는 만 14세 이상 남녀 402명을 대상으로 한 설문조사에 따르면, 음반을 구매한 목적이 '굿즈 수집'이라고 답한 이들은 과반인 52.7%(212명, 중복 응답)였다. 포토 카드를 갖기 위해 음반을 수십 수백 장을 사고 둘 곳이 없어 대량으로 음반을 버리는 일도 많다 보니 환경 문제까지 거론되는 형편이다.

■ [그림 24] 하이브리드 공연 진행 시 공연 매출 효과

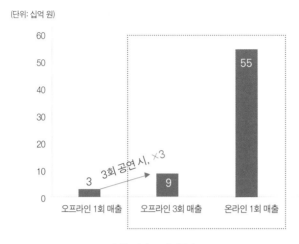

(단위: 십억 원)

출처: 하이브, 대신증권 Research Center
주: 1Q22 BTS PERMISSIO DACE ON STAGE 서울 공연 매출 추정

코로나19 시기에 비대면 팬덤 서비스와 디지털 플랫폼 활용에 최적화된 환경을 갖추게 되면서 케이팝 팬덤은 오히려 성장의 모멘텀을 맞았다. '비욘드 라이브beyond live' 같은 무관객 온라인 콘서트 중계가 팬데믹 기간에 시작된 것이다. 수익 면으로 따져보면 라이브 콘서트 1회에 수천 명에서 1만 명 내외의 팬들이 15~20만 원의 티켓을 사서 들어오는 것 대비 5만 원 내외의 티켓을 사서 전 세계 수억명이 라이브 뷰잉으로 콘서트를 보는 쪽의 경제 효과가 훨씬 크다. 안전사고도 없고 그 밖에 예상할 수 없는 돌출 상황도 덜하다.

커뮤니티나 개인 SNS로 뿔뿔이 흩어져 있던 팬들을 한데 모아 시너지를 노리는 팬 커뮤니티 서비스도 활성화되고 있다. 우선

2020년 5월 SM엔터테인먼트가 론칭한 팬 커뮤니티 애플리케이션 '리슨'의 서비스 중 가장 뜨거운 것이 '디어 유 버블'이다. '최애와 나만의 프라이빗 메시지'를 표방하며 케이팝 아티스트와 팬의 직접적인 소통을 목표로 하는 해당 서비스는 출시하자마자 높은 성과를 거뒀다.

하이브가 기획하고 개발한 위버스는 프라이빗 메시지뿐 아니라 예매, 굿즈, 독점 콘텐츠까지 모든 것을 일원화한다는 구상으로 만든 팬 플랫폼이다. 이처럼 팬덤 비즈니스는 앨범과 공연 티켓은 기본이고 이제는 굿즈, 즉 머천다이즈 시장과 온라인 유료 콘텐츠 판매까지 촘촘하게 파이프라인이 연결돼 있고 팬덤 없이는 시장 자체가 유지되기 어렵다.

팬덤 문화는 더이상 일각의 아이돌 문화가 아니다. 아이돌 팬덤뿐 아니라 다양한 분야로 확산하면서 새로운 경제적 가치를 창출하는 새로운 산업으로 진화하고 있다. 물질과 기능으로는 차별화가 어려운 포화의 시대, 지속 성장의 힘은 사람들의 애착과 마음으로부터 나온다. 단순히 케이팝 팬덤이 아니라 사람들을 사로잡는 마음의 비즈니스로서 팬덤 경제와 문화의 흐름에 대한 이해가 필요한 시점이다.

코어 팬덤Core Fandom을 공략하라

현재 케이팝 산업은 과거 대중적 인기에 의존하던 시대에서 벗어나, **좀더 전략적이고 체계화된 팬덤 비즈니스로 진화 중**이다. 이러한 변화의 중심에는 '코어 팬덤'이 있다.

코어 팬덤이란 아티스트나 그룹에 대해 특히 깊은 애정과 충성도를 가진 팬들의 집단을 가리키며, 이들은 단순히 음악을 즐기는 것을 넘어서, 아티스트의 다양한 활동에 적극적으로 참여하고 지원한다. 이들은 아티스트의 음반 및 굿즈 구매, 콘서트 및 팬 미팅 참석은 물론이고, SNS나 각종 커뮤니티에서 '영업'을 자처하며 아티스트의 홍보에도 열을 올리는가 하면, 백상예술대상 등 오직 시청자 투표로 인기상을 정하는 시상식에서 '우리 애 인기상 받는 걸 봐야'겠다며 현생을 제쳐놓고 밤낮으로 투표에 매달리는 골수 팬들이다.

앞에서 언급한 팬 메이드 콘텐츠를 자발적으로 제작하고, 사비를 들여 생일 카페를 주최하거나 주요 도시 번화가에 전광판 광고를 집행하는 사례 또한 코어 팬덤의 활약상이다. 보통 애정으로는 쉽지 않은 일이다.

그래서 **요즘 케이팝 시장에서는 대중성 확보보다 코어 팬덤 구축과 관리를 더 중요하게 여긴다.** 코어 팬덤이 탄탄하면 그것만으로도 충분히 지속 가능한 수익성을 확보할 수 있어서다.

하이브의 '위버스'나 SM의 '디어유 버블' 등의 유료 팬 플랫폼들은 아티스트와 관련된 상품과 콘텐츠 등 모든 소비들을 독립적인 팬덤 생태계 내로 끌어와 코어 팬덤을 그 안에 록인Lock-in하려는 비즈니스 모델이다. 이러한 팬 플랫폼에는 여러 아티스트들이 브랜드처럼 입점해 있고, 팬들은 최애 아티스트와 소통하기 위해 접속 권한을 구입한다.

　IBK투자증권이 2023년 1월 발표한 리포트[19]에서는 케이팝 아티스트의 지속가능성을 판단할 때 현재의 활동성 지표(앨범 판매량, 공연 모객 수, SNS 팔로워 수, 유튜브 조회수 등)가 아니라 '코어 팬덤'을 지표로 활용할 것을 제안했다. 엔터사 매출의 상당 부분은 코어 팬덤으로부터 발생한다. 하이브, SM, JYP, YG 등 주요 케이팝 기획사 4사의 코어 팬덤 규모는 약 350만 명으로 추정된다고 한다. 따라서 **코어 팬덤을 지표로 활용하라는 제언은 아티스트가 얼마나 알려졌느냐, 얼마나 화제가 되느냐를 떠나서, '진짜 돈을 쓸 찐 팬을 얼마나 가지고 있느냐'를 보라는 의미다.**

　코어 팬덤의 개념은 아이돌 산업에만 해당하는 것은 아니다. 인플루언서 업계에서도 수익성의 측면에서는 대중성보다 팬덤의 성향이 더 중요하게 여겨진다. 물론 팔로워 수가 많을수록 파급력이 높은 건 사실이지만, 팔로워 수가 다소 적더라도 팬덤의 추종성이 열

---

19 「지갑 여는 '찐팬'이 K엔터기업의 진짜 경쟁력이다」, 《아시아경제》, 2023년 1월 5일.

렬하다면 단순 팔로워 숫자 대비 높은 구매 파워로 이어질 수 있어서다. 고객과의 인게이지먼트 측면에서는 팔로워들과 친밀감과 신뢰도가 높은 마이크로 인플루언서가 더 효율적이라는 이야기도 있다.

기업이나 브랜드 입장에서는 브랜드 팬덤 혹은 브랜드 커뮤니티의 구축 관점에서 코어 팬덤의 개념을 응용해볼 수 있다. 물론 브랜드가 팬덤을 갖는다는 건 매우 어려운 일이다. 팬덤의 힘이 자발성에 있는데, 브랜드가 만드는 커뮤니티나 멤버십이 자발적 애착으로 무장한 팬덤의 마음을 갖기는 쉽지 않기 때문이다.

그러니 사람들의 마음을 끄는 것들의 근원에 어떤 감성들이 있는지 거꾸로 유추해볼 필요가 있다. 사람들의 애착과 추종을 끌어모으는 것들에는 어떤 공통점이 있을까?

덕후노믹스, 소비를 촉진하는 감성

사람들의 마음을 끄는 감성을 유추하기 위해, 먼저 2023년 한 해 가장 힙했던 장소에서 가장 핫했던 팝업에 대해 이야기해보자. 2023년 개점 1년 만에 매출 1조를 찍은 더현대서울이 이례적으로 2023년 팝업 매출 Top3를 공개했다.[20] 더현대서울은 특히 연중 색다른 팝업을 개최해 MZ 고객을 끌어모으는 데 성공했다고 호평을 들은 바 있다.

---

[20] 「MZ세대를 알려면 여기로… '더현대 서울' 팝업 매출 탑3 [여기힙해]」, 《조선일보》, 2024년 1월 8일.

출처: 웨이크원

　우선 1위는 보이그룹 '제로베이스원' 팝업이다. 더현대서울은 아이돌 팬덤이야말로 보장된 집객의 카드라는 점을 깨달은 것으로 보인다. 제로베이스원 이외에도 많은 케이팝 아이돌들이 더현대서울에서 팝업을 열었다. 이제는 아이돌들이 팝업을 여는 것이 하나의 루틴이 된 느낌마저 든다.

　여하튼 '제로베이스원'은 2022년 오디션 프로그램 〈보이즈 플래닛〉을 통해 선발된 9인조 보이 그룹으로 이들의 데뷔 앨범은 발매 하루 만에 약 124만 장의 판매량을 기록하며 단숨에 '밀리언셀러'에 올랐다. 데뷔 앨범으로 밀리언셀러 반열에 오른 건 역대 K팝 그룹 중 최초라고 한다. 2022년 11월 6일 발매된 미니 2집 〈멜팅 포인트〉 역시 발매 하루 만에 약 145만 장을 돌파한 데 이어 첫 주 동안 총

■ [그림 26] '빵빵이' 팝업

213만 1,352장이 팔렸다. 2개 앨범 연속 단 하루 만에 밀리언셀러에 직행하고, 더블 밀리언셀러에 올린 것 역시 K팝 그룹 중 최초다. 그런 제베원의 굿즈를 판매하는 팝업이 더현대서울 팝업 매출 1위에 오른 것이다.

2위는 애니메이션 유튜브 전문 채널 '빵빵이의 일상' 속 캐릭터인 '빵빵이' 팝업이다. 거의 200만 구독자를 자랑하는 인기 유튜브 캐릭터 '빵빵이'의 1주년 기념 팝업이었는데, 4일간 1만 명이 넘는 고객들이 방문했다고 한다.

3위는 〈슬램덩크〉 팝업이었다. 2023년 1월 국내 개봉한 애니메이션 〈더 퍼스트 슬램덩크〉의 인기가 팝업 스토어로 이어졌다. 영하 7도의 날씨에도 사람들은 만반의 준비를 갖추고 기꺼이 오픈런에 참여했다.

〈슬램덩크〉가 처음 연재된 것이 1990년, X세대와 일부 밀레니얼

■ [그림 27] 〈더 퍼스트 슬램덩크〉 팝업

에게는 추억과 전설의 콘텐츠다. 당시 〈슬램덩크〉의 추억을 가진 이들이 영화관으로 몰려와 〈더 퍼스트 슬램덩크〉의 누적 관객 수는 480만 명에 달했다. 또한 이와 별도로 톱 3안에는 랭크되지 않았지만 2023년 연말 크게 화제를 불러일으킨 에버랜드 판다 푸바오 팝업 스토어도 빼놓기 어렵다.

이쯤 되면 명확해진다. 2023년 인기 팝업의 테마가 모두 팬덤과 덕후의 영역이라는 것 말이다. 푸바오 팝업도 다르지 않다. 모두 팬덤과 덕후들의 마음을 뺏었다. **더현대서울의 발표 내용을 근거로 덕후들의 마음을 뺏은 근원적 감성을 더듬어 가다보면 3가지 키워드가 잡힌다. 바로 '사랑', '귀여움', '그리움'이다.**

'사랑'의 감정은 코어 팬덤의 화력을 이야기한 부분에서 충분히 실체가 드러났다. **기꺼이 자신의 시간과 돈을 들여 아티스트의 상업적 성공과 성장을 지원하는 팬덤의 헌신은 '사랑'에 가까운 애착이**

다. 그리고 다양한 캐릭터들, 특히 푸바오의 인기에서는 **'귀여움'**이 **사람들을 무장해제 시키고 지갑을 기꺼이 열게 만드는 감성**이라는 걸 이해할 수 있다. '귀여움'은 특히 요즘과 같은 불황기에 힘을 발휘하는 감성이라고 한다. 마지막으로 '그리움'은 오히려 이렇게 표현하는 것이 더 이해가 쉬울 듯하다. **'노스탤지어', 바로 향수의 감정**이다. 예전에 겪어본 사람들이 갖는 그리움의 마음, 간접 경험이나 시공을 넘은 콘텐츠 접촉을 통해 실제 겪어본 적 없지만 왠지 알 것 같고 그립게 느껴지는 마음, 〈슬램덩크〉와 같이 세월을 뛰어넘어 사람들을 공명하게 하는 뛰어난 IP가 소환하는 감성이 바로 그것이다. 이는 몇 년간 미지근하게 때로는 뜨겁게 유지되고 있는 레트로(복고) 트렌드와 연결된다.

사람들의 마음을 끄는 감성이란, 바꿔 말하면 소비를 촉진하는 감성이다. 소비를 촉진한다는 건 스스로 기꺼이 지갑을 열게 만든다는 얘기다. 지금은 선택지가 너무 많아서 혹은 모든 것이 상향 평준화가 된 시대라서, **상품의 완성도나 차별성으로 경쟁우위를 얻을 수 없기 때문에 이성적 설득보다 감성적 소구를 통해 마음을 얻는 것이 유리하다.**

그래서 팬덤이 어떻게 비즈니스가 되는지, 덕후들의 마음을 끄는 것들은 어떤 공통점이 있는지 눈여겨보기를 바란다. **팬덤 비즈니스는 곧 마음의 비즈니스다. 덕후노믹스는 좋아하는 것에 돈을 쓰는 것이다.** 그런 마음과 행태들이 젊은 세대뿐 아니라 중·노년에게도 확산되고 있는 점도 중요하다. 그리고 **그 마음의 근원에는 사랑, 귀여**

움, 그리움(향수)이 존재한다. 저성장과 불확실성이 만연한 시대, 결국 이 감성들을 잘 활용하는 것이 생존과 성장의 관건이 될 것이다.

(6) 팬데믹의 유산, 절제와 관리

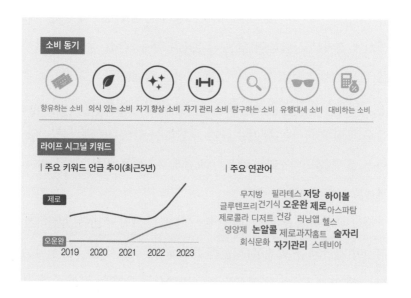

제로 열풍, 성분 조절 식품의 부상

식품·음료 업계에 제로 열풍이 거세다. 탄산음료와 소주, 커피까지 설탕을 없애 칼로리를 낮춘 제품을 속속 출시하고 인기를 끌고 있다. 이전에도 다이어트 콜라나 제로 콜라가 없었던 것은 아니지만 맛이 떨어져서 소비자들의 외면을 받았던 것도 사실이다.

요즘 나오는 제로 슈거 제품들은 그 맛이 획기적으로 개선됐다는 평이다. 젊은 세대를 중심으로 제로 슈거, 제로 칼로리 음료나 주류를 찾는 음직임이 두드러지자 신제품뿐 아니라 기존 제품들이 제로 라인업을 갖추고 있다. 유로모니터에 따르면, 탄산음료 시장에서 제로 슈거 제품의 점유율은 2022년 32%에서 2023년 3월 말 기준 41.3%까지 성장했다고 한다.

주류 업계에서도 제로 슈거, 제로 칼로리, 무알코올 제품이 성장하고 있다. 무알코올 제품은 술을 잘 못 하는 사람들이 찾기도 했지만, 알코올이 빠지면 칼로리가 낮아지므로 열량을 낮추기 위해 마시는 사람들도 많다. 각 사에서는 도수 0, 저칼로리, 과당 제로 등 다양한 포인트로 제로 혹은 라이트 제품들을 내놓고 있다. 한편 음료와 주류뿐 아니라 간식류에도 설탕 제로를 강조한 제품이 나와 눈길을 끌고 있다.

재미있는 것은 기존에 있었던 제로 슈거 제품들이 '다이어트'라는 이름을 달고 있었던 데 반해 최근에는 모두 '제로'를 강조하고 있다는 점이다. 꼭 체중 조절을 위해 식단 관리를 하는 사람들만 찾는 제품이 아니라는 점이 제품명에까지 영향을 미치고 있는 것으로 보인다. 이는 우리나라에만 국한된 현상은 아니다. CNN에 따르면, 2019년부터 2021년까지 미국 음료 시장에서 '다이어트 콜라' 점유율은 3.3% 하락한 반면 '코카콜라 제로'는 3% 증가했다고 한다.

이와 같은 **성분 조절 식품들이 각광을 받는 것은 팬데믹 이후 건강에 대한 민감성이 높아진 것과 관련이 깊다.** 민감성이 높아졌을 뿐 아니라 성분과 원산지 등 디테일을 따지는 등 건강 관리의 결이 촘촘해진 것이 특징적이다. 코로나19가 발생했을 당시 면역력에 대한

	2022년 (Top2%)	2023년 (Top2%)	차이 (2023년-2022년) (%p)
약이나 건강기능식품보다 매일 좋은 식품을 섭취하는 것이 건강 관리에 더 중요하다고 생각한다	66	69	3
나는 건강을 위해 식재료의 질과 영양소를 신경 쓰는 편이다	49	53	4
나는 건강 관련 정보(질병, 영양제 정보 등)를 평소에도 적극적으로 찾아보는 편이다	45	48	3
나는 식재료나 식품 구입 시 음식의 구성 성분(탄수화물, 단백질, 지방)의 구성비나 열량을 살핀다	38	43	6

환기가 급격히 일어난 영향으로, 아플 때 치료하는 것이 아니라 아프기 전에 관리를 잘 해야 한다는 인식이 강화된 영향일 것이다.

대홍기획 라이프스타일 조사에 따르면, 약보다 좋은 식품을 평소에 섭취하는 것이 중요하다는 생각, 식재료의 질과 영양소, 구성 성분을 꼼꼼히 살핀다는 응답이 2022년 대비 2023년에 모두 상승했다. 엔데믹 선언이 있었지만 건강 관리에 대한 생각은 마치 팬데믹이 남긴 유산처럼 계속해서 사람들의 식습관에 소비에 영향을 미치고 있다고 볼 수 있다.

그런 연장선상에서 제로 슈거 음료와 식품에 대한 향후 이용 의향 역시 음료 67%, 식품 58%로 높은 편이었는데, 주목해야 할 점은 그러한 의향이 **젊은 세대에 국한된 것이 아니라 모든 세대에 걸쳐 고르게 높다는 점이다.**

	전체	알파세대 부모	Z세대	M세대	X세대	BB세대
	(1349)	(114)	(210)	(493)	(310)	(275)
제로슈거 음료류 향후 이용 의향 (Top2%)	67	69	67	68	64	66
제로슈거 식품류 향후 이용 의향 (Top2%)	58	57	58	60	54	58

글로벌 시장조사업체 스태티스타는 제로 슈거 음료 시장은 2024년 330만 달러에서 2033년 1,320만 달러로 3배 이상 성장할 것으로 예상했다. 현재 열풍에 가까운 제로 슈거 트렌드는 앞으로도 지속될 것으로 전망된다.

소버 큐리어스Sober Crious, 음주를 절제하는 트렌드

팬데믹 기간 중 사람들이 집에 오래 머물게 되면서 가장 크게 영향을 받은 것 중 하나가 음주 문화 혹은 음주 습관이다. 원래 음주는 어느 문화권에서나 친목이나 비즈니스 등 사회적 행위에 가까운 편인데, 사람들이 한동안 집에 머물며 대면하지 않게 되면서 여기에도 근본적인 변화가 초래됐다.

우선 많이들 지적하는 부분이 혼술, 홈술 트렌드의 부상이다. 집에서 보내는 무료한 시간을 많은 사람들이 술과 함께 보냈다. 평소 사회적 행위로서 음주를 할 때에는 내 취향과 관계없이 주종이 정

■ [그림 28] 음주량 감소 여부 및 의식적 감소 여부 (2022 vs. 2023)

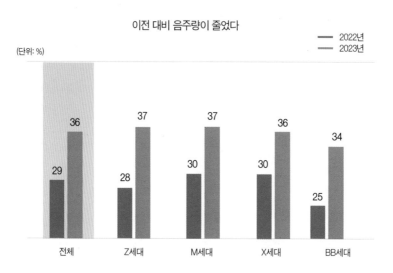

이전 대비 음주량이 줄었다

(단위: %)

— 2022년
— 2023년

	전체	Z세대	M세대	X세대	BB세대
2022년	29	28	30	30	25
2023년	36	37	37	36	34

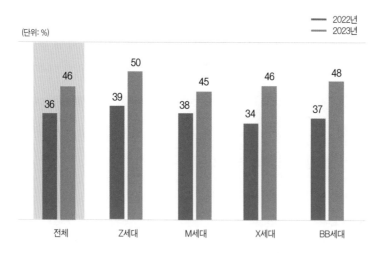

최근에 의식적으로 음주량이나 음주횟수를 줄이고 있는 편이다

(단위: %)

— 2022년
— 2023년

	전체	Z세대	M세대	X세대	BB세대
2022년	36	39	38	34	37
2023년	46	50	45	46	48

해지고 메뉴가 정해지는 경우가 많았지만 혼자 집에서 즐기게 되면서 우선 주종이 다양해졌다. 오랫동안 소주, 맥주 중심이던 것이 와인, 위스키, 전통주 등으로 스펙트럼이 넓어졌고, 마침 주세법 개정과 함께 수제 맥주가 편의점에 들어오면서 다양한 술을 섭렵하듯 경험하는 양상이 나타나기도 했다.

그런데 재미있는 건 주종은 다양해졌지만 음주량은 줄거나 의식적으로 줄이는 경우가 많더라는 것이다. 그리고 그런 경향은 엔데믹이 선언된 현재 오히려 더욱 심화됐다. 심지어 이런 추세는 전 세대에 걸쳐 공통적이다.

그러나 젊은 시대를 중심으로 음주량과 관계없이 예전보다 다양한 종류의 술을 마신다는 응답이 높게 나타난다. 이는 앞서 말한

■ [그림 29] 음주량 감소 여부 및 의식적 감소 여부

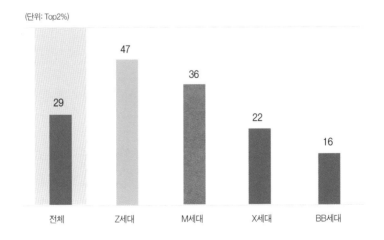

음주량과 관계없이 예전보다 다양한 종류의 술을 마시는 편이다

(단위: Top2%)

29	47	36	22	16
전체	Z세대	M세대	X세대	BB세대

팬데믹 기간 중 혼술, 홈술 트렌드가 초래한 근본적 변화 중 하나다. 또한 음주 행위가 기성세대에게는 사회적 행위였지만 현재 젊은 세대에게는 개인적 취향과 더 밀접한 것으로 변모한 징후이기도 하다.

이와 관련해 해외에서 먼저 떠오른 트렌드가 소버 큐리어스Sober Curious다. '소버 큐리어스'는 술에 대한 호기심을 가지면서도 건강과 명료한 정신 상태를 유지하기 위해 의식적으로 음주량을 조절하는 태도, 혹은 그런 사람들을 지칭한다. 요컨대 술이 건강이나 다음날 스케줄 등에 영향을 주지 않을 정도로 적당히 마시고 의식적으로 조절한다는 뜻이다. 이는 특히 Z세대의 주된 트렌드로 소개되었지만 위에 제시한 데이터에서도 확인할 수 있듯이 전 세대로 확산되는 양상이다.

그래서인지 다시 사람들이 대면할 수 있게 되었지만 사람들은 좀처럼 밤늦게까지 술자리를 갖지 않게 됐다. 예전 같으면 새벽까지 주종을 바꾸거나 섞어가며 달렸을 텐데, 이제는 회식도 1차로 가볍게 혹은 점심 회식으로 바꾸는 식이다. 꼭 회식만 그런 것도 아닌 것이, 요즘 20~30대 사이에는 모임을 하더라도 1차만 하고 2차로는 케이크 등 디저트를 먹거나 볼링 게임을 하는 등 취하지 않고 가볍게 마무리하는 것이 대세라고 한다.

그런 영향인지 소셜빅데이터 분석 결과에 따르면 '술자리' 언급량의 증가세가 완만하게 둔화되는 움직임이 포착된다. 물론 팬데믹 시기에 급격히 가라앉았던 것이 회복되는 추세는 있었지만 2023년

■ [그림 30] '술자리' 언급량 추이

들어 언급량 추이의 기울기를 보면 완만한 유지 보합세에 가깝다.

과음하지 않는 트렌드는 숙취해소제 시장 성장세의 둔화로도 확인할 수 있다. 나이스지니데이타에 따르면, 편의점 숙취 해소제 결제액 월별 추이는 2022년 회복세를 보이며 대폭 상승한 반면 2023년엔 소폭 하락하며 일정 수준을 유지하는 데 그치고 있다. 한편 연도별로 살펴보면 2022년 대비 2023년의 성장세가 확연히 둔화된 점이 확인된다.

■ [그림 31] 편의점 숙취 해소제 결제액 월별 추이

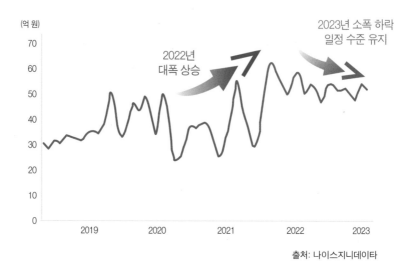

출처: 나이스지니데이타

■ [그림 32] 편의점 숙취 해소제 결제액 연도별 추이

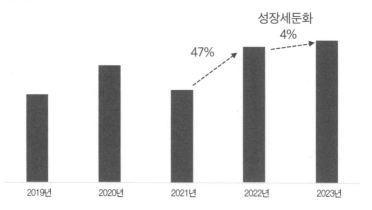

출처: 나이스지니데이타

정리해보자면, 팬데믹은 여러 측면에서 많은 변화를 초래했지만, 특히 건강에 대한 의식, 건강을 관리하는 태도에 중요한 흔적을 남긴 것으로 보인다. 팬데믹 이전과 비교해 보면 우선 건강 자체에 대한 민감성이 매우 강화된 것은 데이터로 굳이 확인하지 않아도 알 수 있는 사실이다.

그리고 관리 방법에 대해서는 사후 대처가 아니라 사전 관리가 현명하다는 의식, 그래서 평소 식습관과 생활습관에서 절제하고 관리하는 태도가 현명하다는 자각이 강화된 것으로 보인다. 또한 이런 자각은 오히려 젊은 세대에게서 더욱 두드러지는 것이 특징적이다. 건강도 건강이지만 전날의 음주 때문에 다음날 일정에 지장을 받고 싶지 않다는 '갓생'스러운 의식이 느껴지기도 한다. 그런 의미에서 다시 주점에서 술을 많이, 늦게까지 먹는 건 40대 이상 기성세대뿐인 것 같다는 '느낌적 느낌'은 기분 탓만은 아닌 듯하다.

더불어 음주 문화의 변화에서 사회적social 행위의 개인적personal 행위로의 변화, 사회적 관계보다는 자기 자신을 중심에 놓는 태도, 외부 요인에 영향을 받지 않고 자신의 생활과 의식을 관리하려는 절제의 태도가 읽힌다. 또한 여러 데이터는 그러한 흐름이 앞으로도 지속될 것임을 드러낸다.

시대와 세대가 교차하며 그려내는
대한민국의 소비 지형도

이 책은 2021년 초 롯데그룹 브랜드마케팅 워크숍 당시 내가 발표한 '데이터 세대론'의 결론인 "세대가 아니다, 시대다"라는 명제로부터 출발했다. 클리셰처럼 MZ세대 담론이 언급되던 시점이었다.

'세대가 아니라 시대'라는 결론은 MZ가 특별해서 그런 게 아니라 '하필 지금 이 시대를, 하필 젊은이로 보내고 있어서' 그렇다는 얘기를 압축했던 것인데, MZ 고유의 특성이라고 일컬어지는 특성과 관련 데이터를 면밀하게 들여다보니, 클리셰처럼 쓰이는 이야기들 중에도 '그냥 젊어서 그런 것'과 '사실이 아닌데 곡해하는 것', 그리고 정말로 다름 아닌 'MZ라서 그런 것'이 섞여 있었다.

젊어서 그런 것과 아예 곡해하는 것을 빼고 나면 비로소 그 세대만의 것이 남는데 그것은 그들의 삶 속에 당시 그 세대가 지나온 과거와 현재의 시대 경험이 만들어주는 흔적이나 인장 같은 것임을 깨닫게 됐다. 사람들은 살아온 경험을 바탕으로 지워지지 않는 흔적 같은 특성을 생각과 행동에 새기게 된다. 이는 이들의 소비와 라이프스타일, 투자 결정이나 직업 선택 등 인생의 다양한 측면에 알게 모르게 영향을 미친다. 특히 IMF나 금융위기, 팬데믹 같은 거대한 이벤트는 많은 사람들에게 더 강렬하게 영향을 미쳐서 흐름을 가속하거나 바꿔버리기도 한다.

특정한 시대 경험이 세대별 경제 관념이나 소비 행동을 어떻게 바꾸는지, 세대를 시대로, 시대를 세대로 그려내고자 하는 구상은 그렇게 시작되었다. 같은 시대, 같은 사건이라도 각 세대의 연령과 라이프스테이지, 지나온 경험 수준이 다르면 영향을 받는 강도도 다를 것이라는 가설적 아이디어를 떠올리게 되었고, 이것을 데이터로 도출하는 방법론을 궁리하게 됐다. 특정 세대를 두드러지게 조명하는 것이 아니라 동일 선상에서 각 세대를 비교 분석할 수 있어야 했다.

그렇게 해서 고안한 것이 전 세대를 개별적으로 비교하면서도 합으로서의 전체를 조망하는 방법론, 지금 한국인의 소비를 관통하는 7개의 소비 동기를 도출하고 각 세대에서 어떤 소비 동기가 상대적으로 돌출하는지 살펴보는 방법론이었으며, 이는 '데이터 세대론' 발표 이후 2, 3년간 사고 실험처럼 머릿속으로 구상했던 것인데, 이번 기회에 그것을 직접 실현해보고 책으로 정리할 수 있게 되어 뿌

에필로그: 시대와 세대가 교차하며 그려내는 대한민국의 소비 지형도

듯하고 감사할 따름이다. 다만 현업에 쫓겨 집필하느라 미처 다 담아내지 못한 생각들이 여전히 남아 있어서 아쉬움도 크지만 언젠가 좋은 기회가 다시 있으리라 생각한다.

세대별 특성과 트렌드에 대해서는 좋은 자료가 정말 많이 나와 있지만 각 세대를, 그리고 각 세대의 합으로서의 전체를 보는 자료는 흔치 않다는 점에서 우리는 이 책이 유용할 수 있다고 믿는다. 세대 담론을 바탕으로 한국 사회의 소비 지형도를 그려내고자 한 우리의 첫 시도가 이전과 사뭇 다른 불확실성 속에서 마케팅과 비즈니스를 설계하는 사람들에게 도움이 되기를 바란다.

세대욕망

1판 1쇄 인쇄 | 2024년 3월 5일
1판 1쇄 발행 | 2024년 3월 15일

지은이 대홍기획 데이터인사이트팀 강승혜 · 이수진 · 채수정
펴낸이 김기옥

경제경영팀장 모민원
기획 편집 변호이, 박지선
마케팅 박진모
경영지원 고광현
제작 김형식

본문 디자인 푸른나무디자인
표지 디자인 MALLYBOOK
인쇄·제본 민언프린텍

펴낸곳 한스미디어(한즈미디어㈜)
주소 04037 서울특별시 마포구 양화로11길 13(서교동, 강원빌딩 5층)
전화 02-707-0337 | **팩스** 02-707-0198 | **홈페이지** www.hansmedia.com
출판신고번호 제 313-2003-227호 | **신고일자** 2003년 6월 25일

ISBN 979-11-93712-15-3 03320